世界近现代超级工程概览

胡文瑞　王基铭　刘　合　唐立新 等 著

科学出版社

北　京

内 容 简 介

本书系统研究了从近代到现代、地区至全球的各类超级工程。本书深入分析这些工程如何推动科技与生产力飞跃、塑造历史进程并影响人类社会，揭示其作为人类智慧结晶所反映的时代与地域特征。研究强调超级工程需统筹巨额投资、庞大团队与先进技术管理的复杂性。其核心价值在于为未来项目的科学决策提供借鉴，强调在遴选时需综合评估其社会、经济、文化、科技影响及可持续性，倡导通过创新引领发展，为人类创造更大价值。

本书可供土木工程、水利工程、能源矿业工程、运载工程、制造工程、信息通信工程的管理人员、技术人员和研发人员参考，也可作为相关专业师生的参考书，以及喜爱工程建设的广大读者的阅读资料。

图书在版编目（CIP）数据

世界近现代超级工程概览 / 胡文瑞等著 . -- 北京 ：科学出版社，2025. 5. -- ISBN 978-7-03-082040-2

Ⅰ. F282

中国国家版本馆 CIP 数据核字第 202507ZX30 号

责任编辑：吴凡洁 冯晓利/责任校对：王萌萌
责任印制：师艳茹/封面设计：有道设计

科 学 出 版 社 出版

北京东黄城根北街 16 号
邮政编码：100717
http://www.sciencep.com

北京汇瑞嘉合文化发展有限公司印刷

科学出版社发行 各地新华书店经销
*

2025 年 5 月第 一 版 开本：787 × 1092 1/16
2025 年 5 月第一次印刷 印张：18
字数：311 000

定价：200.00 元
（如有印装质量问题，我社负责调换）

作者简介 //

胡文瑞

　　毕业于东北石油大学，中国工程院院士，教授级高级工程师，博士生导师，国务院有突出贡献专家，第十届全国人民代表大会代表，中国共产党第十六次全国代表大会代表。曾任长庆石油勘探局局长、长庆油田公司总经理、中国石油专业公司总经理、中国石油天然气股份有限公司副总裁、中国石油企业协会会长、中国矿业联合会副会长、中国石油和化学工业联合会副会长、中国企业技术创新委员会副主任委员、中国工程院工程管理学部第七届主任。全国企业现代化管理创新成果审定委员会主任。全国五一劳动奖章获得者。主要研究方向是非常规油气勘探开发、新能源、工程管理与造物实践。

王基铭

　　毕业于华东化工学院，中国工程院院士，教授级高级工程师，博士生导师，炼油、石油化工及工程管理专家。曾任上海石化董事长，上海赛科石油化工有限责任公司董事长，中国石油化工集团有限公司副总经理，中国石油化工股份有限公司副董事长、总裁，中国可持续发展工商理事会执行理事长，中国工程院工程管理学部第五届主任，第十届、第十一届全国政协委员。现任华东理工大学理事会名誉理事长、中国石油化工集团有限公司科学技术委员会顾问、中国企业联合会特邀副会长、中国可持续发展工商理事会会长。中国石化大型装备国产化的杰出推动者和重大贡献者。主要研究方向是炼油化工产业智能化和煤化工产业化。

刘合

　　毕业于大庆石油学院，中国工程院院士，教授级高级工程师，博士生导师，能源与矿业工程管理专家。曾任大庆油田副总工程师和中国石油勘探开发研究院副总工程师。现任国家油气战略研究中心副主任、国际燃气联盟（IGU）执委。国家科学技术进步奖特等奖（1项）、二等奖（4项），国家技术发明奖二等奖（1项）获得者；光华工程科技奖、孙越崎能源大奖获得者。主要研究方向是采油工程技术及装备研发、工程管理创新与实践。

唐立新

　　毕业于东北大学，中国工程院院士，IEEE Fellow，教授，博士生导师。现为东北大学副校长（科技规划、国际合作）、第十四届全国人民代表大会代表、辽宁省第十四届人民代表大会常务委员会委员。东北大学控制科学与工程（自动化）国家一级重点学科负责人、控制科学与工程国家"双一流"学科建设领导小组组长、人工智能与大数据研究院院长、智能工业数据解析与优化教育部重点实验室主任、工业智能与系统优化国家级前沿科学中心主任和首席科学家。现任国务院学位委员会第八届控制科学与工程学科评议组成员、教育部科学技术委员会人工智能与区块链技术专业委员会副主任、国家工业互联网战略咨询专家委员会委员。兼任中国金属学会副理事长、中国运筹学会副理事长兼智能工业数据解析与优化专业委员会主任、清华大学自动化系咨询委员会委员、北京大学大数据分析与应用技术国家工程实验室技术委员会委员。2017年获全国五一劳动奖章。主要研究方向是工业智能与系统优化理论方法。

"超级工程丛书"编委会

本书编委会

主　编：胡文瑞　　王基铭　　刘　合　　唐立新

副主编：王俊仁　　许　特　　郎　劲　　鲍敬伟
　　　　汪恭书　　杜金铭

编　委：张家宁　　王　坤　　许美玲　　郭庆新
　　　　李鑫荣　　祁奕颖　　赵心雨

示了其背后的科学原理和技术支撑；通过对比分析不同历史时期、不同地域的超级工程，揭示了其分布规律及演化趋势，展现了超级工程与人类文明发展的紧密联系；精选了多个具有代表性的超级工程案例，如中国的三峡大坝、美国的胡佛水坝、法国的埃菲尔铁塔等，通过详细剖析其建设背景、技术难点、解决方案及社会影响，让读者能够直观感受到超级工程的魅力与力量；进一步将不同领域的超级工程进行对比分析，探讨其共性与差异，揭示其背后的深层次原因；聚焦于超级工程建造过程中的技术创新与独特方法，如超高层建筑施工技术、大型桥梁建设技术等，展示了人类在工程技术领域的卓越成就；总结了超级工程建设过程中的成功经验与失败教训，提炼出对未来工程建设的宝贵启示，并展望了超级工程未来的发展方向与重点领域，如绿色建筑、智慧城市、太空探索等，为读者描绘了一幅未来工程建设的宏伟蓝图。

值得一提的是，本书不仅是对现有超级工程的全面梳理与总结，更是对已经出版的《超级工程概论》的延伸与拓展。在继承前作精华的基础上，我们更加注重对超级工程最新发展动态的关注与追踪，力求为读者呈现一个更加全面、深入、前沿的超级工程世界。同时，我们也希望通过本书的出版，激发更多读者对超级工程的兴趣与热情，推动相关领域的研究与发展。

最后，我们要特别感谢本书的撰写团队。在过去的五年时间里，他们不辞辛劳、默默耕耘，用智慧和汗水凝聚成了这部沉甸甸的著作。正是有了他们的辛勤付出与无私奉献，才使得《世界近现代超级工程概览》得以顺利问世。在此，我们向所有参与本书撰写的同仁表示最诚挚的感谢与崇高的敬意！同时，我们也期待广大读者能够喜欢这本书，从中汲取到知识与力量，共同为人类的进步与发展贡献自己的力量。

作　者

2024 年 12 月

目 录 CONTENTS

第 1 章

概　　述

人类社会步入工业文明以来，以科学技术作为第一生产力，不断拓展对未知事物的认知和探索，以自然科学与工程科技的发现创造为核心，不断增强人类认识自然与改造自然的能力，集中展现在以科技认识向工程建设转化的创造实践中。世界近现代在全球领域重大科学工程、运载工程、水利工程、防御工程与土木工程中，涌现了一大批具有跨时代意义、里程碑作用的超大、超复杂、超难度的工程项目。这些工程规模巨大、决策流程复杂、涉及技术种类众多、组织结构庞大、历时漫长、参与人员众多，例如美国的加利福尼亚州南水北调工程、纽约帝国大厦、金门大桥，英国的英吉利海底隧道[1]，巴拿马的巴拿马运河，巴西的伊泰普大坝等。这种大型工程要求针对工程实践进行精准的决策、计划、组织、指挥、协调与控制，包括工程建设项目决策的技术经济论证和实施，重要复杂工程装备的设计、制造及生产，产业、工程和科技的重大布局与发展战略的研究等。先进的工程设计、实施和管理方法能给人类社会进步发展带来意想不到的效益。

近代以来，作为最大同时也是发展得最快的发展中国家，中国大地上各种类型的工程如雨后春笋，无论是规模或水平都逐渐走向世界巅峰。以长江三峡、青藏铁路、大型油气田、西气东输、上海中心大厦、港珠澳大桥以及北京大兴国际机场等为代表的若干超级工程的实施，对整体提升综合国力起到了至关重要的作用。超级工程涉及面广、投资巨大，无论在设计建设阶段还是最终实施运行阶段，都影响整个国家的政治、经济、军事、科技、教育和文化等多方位的发展与进步。研究世界范围内的超级工程，解析超级工程建设过程中的内在规律与发展路径，有利于把握人类工程科技的发展趋势，从而揭示人类认识论、价值论的演进方向，从工程科技视野揭示国民经济发展与社会整体变革的基本道路，为全球可持续发展、均衡发展与高质量发展提供工程科技发展方案与建设规划。

研究世界近现代超级工程，不仅有助于为现代化建设提供工程科技发展启示，还有助于推动中国工程建设能力与建设质量全方位进入世界一流序列。中国作为当今世界上最具活力的经济体之一，在工程建设需求、工程建设规模、工程建设能力方面占据重要地位。进一步加强世界近现代超级工程研究，有助于全方位掌握世界同领域工程建设状态，补齐国家发展短板，降低工程建设风险，提升工程建设质量。

（1）揭示世界近现代超级工程的发展规律。

世界近现代超级工程往往是技术创新的试验场和孵化器。从蒸汽机的发明推动铁路网的形成，到电力的广泛应用促进了电气化时代的到来，再到信息技术革命让全球互联互通成为可能，每一次技术上的重大突破都伴随着超级工程的诞生与发展。这些工程不仅验证了新技术的可行性，还促进了技术的进一步成熟与普及，形成了技术推动工程、工程反哺技术的良性循环。世界近现代超级工程的建设往往源于经济社会发展的迫切需要。一方面，为了促进区域经济发展、缓解资源分配不均等问题，政府和企业会投资兴建大型基础设施项目，如跨海大桥、高速铁路等，以优化资源配置、提升运输效率。另一方面，随着人口增长和社会进步，人们对生活质量、公共安全等方面的要求不断提高，超级工程如污水处理系统、城市防洪工程等应运而生，成为保障社会稳定和民生福祉的重要基石。超级工程往往承载着国家的长远发展战略和全球视野。世界近现代超级工程是展现国家实力、提升国际地位的重要手段。如中国的三峡工程[2]、港珠澳大桥等，不仅解决了国内的实际问题，也向世界展示了中国在大型工程建设方面的卓越能力。同时，随着全球化的深入发展，超级工程越来越呈现出跨国界、跨领域的特点，如国际空间站、跨国油气管道等，这些工程促进了国际的合作与交流，推动了全球治理体系的完善。

（2）理解世界时代变迁的窗口。

世界近现代超级工程是工业化与现代化进程中的标志性成果。从工业革命时期的纺织厂、钢铁厂到现代社会的电子信息产业园区、智能城市，超级工程见证了人类生产方式和生活方式的巨大变革。通过这些工程，我们可以清晰地看到工业化与现代化如何改变了人类社会的面貌，推动了人类文明的进步。随着全球化的加速推进，世界近现代超级工程在促进区域一体化方面发挥着越来越重要的作用。跨国界的基础设施项目如高速公路网、电网互联等，不仅加强了地区间的经济联系，还促进了文化、人员、技术的交流与融合。这些工程成了全球化与区域一体化进程中的重要里程碑，为构建人类命运共同体提供了坚实的物质基础。

（3）指导未来建设的启示。

面对资源约束趋紧、环境污染严重、生态系统退化的严峻形势，未来的超级工程建设必须更加注重可持续发展与环境保护。这要求我们在规划、设计、施工、运营等各个环节中融入绿色理念，采用低碳技术、循环经济等模式，减少对自然环境的影响，实现经济效益、社会效益和环境效益的协调统一。科技创新是超级工程持续发展的不竭动力。未来的超级工程建设应加大对新技术、新材料、新工艺的研发和应用力度，推动产业结构的优化升级。同时，要注重培养创新型人才，建立完善的创新体系，为超级工程的持续发展提供强有力的人才支撑和智力保障。在全球化的背景下，超级工程的建设越来越需要国际的合作与共享。这要求我们在规划超级工程时充分考虑国际因素，加强与国际社会的沟通与合作，共同应对全球性挑战。同时，要秉持开放包容的理念，推动技术、经验、资源的共享与交流，促进全球治理体系的完善和发展。

因此，研究世界近现代超级工程不仅有助于揭示其发展规律、理解时代变迁，更对指导未来建设具有重要的现实意义和深远的历史意义。未来我们应继续秉承创新精神、坚持可持续发展原则、加强国际合作与交流，共同推动超级工程事业的繁荣发展，为构建人类命运共同体贡献智慧和力量。

未来的超级工程必将如同今日的制造工程一样，成为拥有世界范围供应链的产品制造工程。这种发展趋势迫使工程建设越来越趋向采用跨区、跨国的国际化合作方式。中国未来将成为超级工程的建设大国与强国，拥有最顶尖的工程科技、工程技术以及工程管理理论，从而成为超级工程建设最强有力的竞标者与合作伙伴。因此，以现代最新工程科技视角解析世界近现代超级工程的建设内涵与规律，是中国未来占据世界超级工程建设市场、输出中国标准、中国工程、中国管理、中国文化的前提和基础，我们只有站在世界范围内审视和比较各类型超级工程的建设历史、建设风险、管理缺陷，才能认清中国超级工程的位置，从而依托中国超级工程建设全新经验与中国超级工程建设的最新技术，立足合作立场，强化工程实践，围绕人类文明赓续的大目标，基于工程全生命周期管理，挖掘在世界范围内超级工程未来养护与维修的合作可能。

《世界近现代超级工程概览》旨在集中探讨以下几个问题：近现代超级工程的发展历程是怎样的？这些超级工程是如何影响世界历史和经济发展的？超级工程背后的主要推动力量是什么？这些超级工程对当代社会和未来发展有何影响？我们将梳理国内外关于世界近现代超级工程的典型案例和研究成果，包括但不限于学术论文、新闻报道、历史记录和政府报告等，特别关注超级工程的发展历程、影响因素、推动力量的深入探讨和分析。针对世界近现代超级工程的选取采用定量＋定性的研究方法。定量研究主要通过收集和分析大量与世界近现代超级工程相关的数据，如投资额、建设时间、技术难度、经济效益等，以揭示其发展规律和趋势；定性研究主要通过深入访谈、实地考察和案例分析等，对超级工程的历史背景、推动力量、影响和未来趋势进行深入探讨。在此基础上，对超级工程案例的相关数据进行整理和分析，运用统计方法和可视化工具，对数据进行深入挖掘和分析，清晰、准确地呈现世界近现代超级工程的分布与演化等建设发展规律，并最终总结世界近现代超级工程的发展历程和趋势，世界近现代超级工程对世界历史和经济发展的影响，推动世界近现代超级工程的主要力量及其作用机制，世界近现代超级工程对当代社会和未来发展的影响和启示。

1.1 概念

人们容易将重大工程与超级工程混淆。重大工程通常是指涉及国家战略或民生需求的重大项目，具有较高的政治、经济和战略意义。这些工程项目的投资额巨大，通常在数十亿甚至上百亿元人民币以上，需要大量的资金投入。而超级工程则更侧重于在技术精度、作业难度等方面均位居世界前列的工程项目 [3,4]。例如，中国的三峡大坝、港珠澳大桥等都是超级工程的代表。

详细地说，重大工程和超级工程在规模、复杂度、投入、影响等方面存在明显的区别。

规模和复杂度：重大工程通常是大型公共工程，规模较大，涉及多个领域和方面，如交通和基础设施、公共服务、生态环境等。这些工程项目的建设周期较长，需要复杂的组织和管理。而超级工程则更侧重于在技术精度、作业难度等方面均位居世界前列的工程项目。这些工程项目的规模和复杂度都非常大，需要采用最先进的技术和设备，涉及多学科交叉和高水平人才的支持。

投入和难度：重大工程通常需要大量的资金投入，因为它们需要解决的是国家或地区的重要问题，具有较高的战略意义。而超级工程则需要更加巨大的资金和技术投入，建设周期更长，难度更大，需要面对的技术和经济风险也更高。

影响和意义：重大工程的建设对政治、经济、社会等方面都会产生重要影响，它们是国家或地区的重要战略举措之一，对于推动经济发展、改善民生等方面具有积极作用。而超级工程则不仅会对本国或本地区产生重要影响，还会对全球产生重大影响，具有世界性的意义和价值 [5,6]。例如，中国的三峡大坝是世界上最大的水电站之一，三峡工程培养的水电专家参与非洲、南美洲多个大型水电站建设，如埃塞俄比亚吉布Ⅲ水电站、阿根廷圣克鲁斯水电站。中国水电标准（如百万千瓦机组设计规范）被国际电工委员会（IEC）采纳，成为全球行业规范。

《超级工程概论》中对超级工程进行定义：

超级工程是特定团体（国家、政府、巨型财团）策划与组织，为了人类或民族生存和发展，实现特定的目的，运用科学与技术，投入超大规模的人力、物力、财力，有计划、有组织地利用资源，所进行的造物或者改变事物性状的集成性活动，是将人类的思考发明通过交叉、集成方法实现出来的过程，是人工选择和自然选择的结果，是具有超大规模、超复杂技术融合、超高风险、超大影响力的实体工程。

而作为超级工程一部分的世界近现代超级工程应该具有以下特点：

（1）规模巨大：超级工程通常涉及巨大的工程量和投资额，例如中国三峡大坝、港珠澳大桥等。

（2）技术难度极高：超级工程需要采用最先进的技术和设备，涉及多学科交叉和高水平人才的支持，例如高铁、直流高压输变电等。

（3）战略性和民生相关性：超级工程通常具有战略性和民生相关性，例如战略性工程和阶段性民生相关工程等。

（4）复杂性和组织难度：超级工程需要复杂的组织和管理，涉及多个领域和方面，例如大型公共基础设施、能源等领域。

（5）具有世界性影响：超级工程不仅会对本国或本地区产生重要影响，还会对全球产生重大影响，具有世界性的意义和价值。

综合以上针对超级工程的描述，我们认为世界近现代超级工程是从 1640 年英国资产阶级革命以来，由政府和民间资本为主导，为了实现人类美好的物质文化生活，实践新技术、新材料、新工艺的创新精神；具有超大规模投资、超复杂技术融合、超高风险的、超大影响力的、超强争议性的，对于人类经济、社会、文明发展，对于世界工程建设、工程科技、工程管理起到至关重要的作用，具有划时代意义的超大型实体工程。

1.2　分类

世界近现代超级工程，作为人类智慧与科技进步的集中体现，不仅展现了人类对自然界的深刻理解和改造能力，也推动了社会经济的飞速发展和文明的持续进步。

1.2.1　按照自然属性分类

这些超级工程，按照其自然属性和主要功能，可以细分为土木工程、水利

地下空间开发方面的卓越能力。

（4）机场：作为现代交通体系的重要组成部分，机场不仅是旅客出行的起点和终点，也是城市对外开放的窗口。超级机场如北京大兴国际机场等，以其庞大的规模、高效的运营和先进的设施，成了全球航空业的标杆。

（5）防洪除涝：通过修建堤防、水库等工程设施，可以有效削弱洪水灾害对人类社会的影响。超级防洪工程如荷兰的三角洲工程等，不仅提高了防洪标准，还改善了区域生态环境。

（6）水资源管理：旨在解决水资源分布不均的问题。超级调水工程如中国的南水北调工程、美国的加利福尼亚州调水工程等，通过长距离输水管道或运河，将水资源从丰水区调配到缺水区。

（7）水电站：利用水流的重力或动能发电，是一种清洁、可再生的能源利用方式。超级水电站如巴西的伊泰普水电站等，不仅为当地提供了充足的电力供应，还促进了区域经济的可持续发展。

（8）运河：通过人工开挖或疏浚河道，实现不同水域之间的通航。超级运河如巴拿马运河、苏伊士运河等，不仅缩短了海上航程，还促进了国际贸易的繁荣。

（9）矿产：包括金属矿产、非金属矿产，是工业生产的重要原料。超级矿产工程如美国罗切斯特煤矿等，以其庞大的规模和高效的开采技术，为全球工业发展提供了坚实的物质基础。

（10）核电站：利用核能发电，具有高效、清洁的特点。超级核电站如法国的格拉沃利讷核电站等，在保障能源安全、减少温室气体排放方面发挥了重要作用。

（11）石油、天然气、化工：这些领域涉及能源开采、加工和转化等多个环节。超级油气田如沙特阿拉伯的加瓦尔油田等，以及大型化工项目如中国的神华煤制油项目等，为全球经济发展提供了强大的能源支撑。

（12）港口：作为海上交通的门户，港口是货物集散和转运的中心。超级港口如中国的上海港、新加坡港等，以其庞大的吞吐量和高效的作业流程，成了全球贸易的重要节点。

（13）铁路：铁路工程如中国的高铁网络、日本的新干线等，以其高速、便捷的特点，极大地改善了人们的出行条件。

（14）航空航天：包括飞机、火箭、卫星等航空航天器的研发与制造。超级航空航天工程如美国的阿波罗登月计划、中国的空间站等，不仅推动了人类对宇宙的探索与认知，还促进了相关科技领域的快速发展。

（15）制造工程：涉及装备制造等多个领域。随着科技的进步和全球化的加速，制造工程已经从传统的劳动密集型向技术密集型、智能化方向转变。

（16）信息通信：支撑着信息的传输、处理和利用。随着互联网的普及和移动通信技术的发展，信息通信工程在推动社会信息化、智能化方面发挥着越来越重要的作用。

1.2.3　按照年代时间分类

世界近现代超级工程的时间划分，主要基于历史发展的阶段性特征和科技革命的标志性事件。以 1640 年英国资产阶级革命为近代起点，这一时期标志着世界历史从封建社会向资本主义社会的过渡，同时也开启了工业革命的大门。随后，随着科技的飞速发展和全球化的加速推进，超级工程的建设也进入了新的阶段。1917 年，俄国十月革命标志着世界近代史的结束和现代史的开始，这一时期内，两次工业革命极大地推动了生产力的进步，超级工程的建设规模和复杂度也随之提升。进入 21 世纪后，随着信息技术的迅猛发展，超级工程的建设更加注重智能化、绿色化和可持续化，因此将 2001 年至今划为当代。

1）近代（1640 ～ 1917 年）：工业革命的辉煌篇章

近代超级工程的建设深受工业革命的影响。第一次工业革命以蒸汽机的广泛应用为标志，推动了纺织、煤炭、冶金等行业的快速发展。这一时期的超级工程多集中于基础设施建设，如运河的开凿、铁路的铺设等，这些工程不仅促进了资源的流通和市场的扩大，也为后续的经济增长奠定了坚实基础。随着科学技术的不断进步，近代超级工程在技术创新方面取得了显著成就。工程师们开始运用新的材料、工艺和设计理念，使得工程结构更加坚固、功能更加完善。例如，埃菲尔铁塔的建成，不仅展示了钢铁材料的强大潜力，也标志着建筑技术的一次重大飞跃。近代超级工程往往是国家意志和力量的集中体现。国家通过投资建设大型工程，不仅促进了经济的发展和社会的进步，也增强了国家的综合实力和国际地位。例如，美国的巴拿马运河等工程，都是国家为了战略需要而进行的重大投资。

2）现代（1918 ～ 2000 年）：科技与创新的黄金时代

现代超级工程的建设受益于第二次工业革命和后续科技革命的深化。电力、石油、化学等产业的兴起，为超级工程的建设提供了更加丰富的能源和材料资源。同时，电子、计算机等新技术的发展，也为工程设计、施工和管理带来了革命性的变化。与近代相比，现代超级工程的规模和复杂度显著提升。随着全球化和城市化的加速推进，人们对基础设施的需求日益增加，超级工程的建设也更加注重整体性和系统性。例如，美国的胡佛大坝、中国的长江三峡大坝等工程，都是集防洪、发电、航运等多种功能于一体的大型综合性工程。随着环境问题的日益严峻，现代超级工程的建设开始注重环保和可持续发展。工程师们在设计、施工和管理过程中，充分考虑了生态环境的影响和保护措施，力求实现经济效益与生态效益的双赢。

3）当代（2001年至今）：智能化与可持续的未来展望

当代超级工程的建设更加注重信息化与智能化的融合。随着信息技术的迅猛发展，超级工程在设计、施工和管理过程中广泛应用了数字化、智能化技术。例如，中国的港珠澳大桥在建设过程中采用了建筑信息模型（BIM）技术，实现了工程设计的精确模拟和优化；同时，还引入了智能交通系统，提高了大桥的运营效率和安全性。面对全球气候变化的挑战，当代超级工程的建设更加注重绿色化和低碳化。工程师们在设计中充分考虑了节能减排和生态环保的要求，采用了多种绿色建筑材料和技术手段。中国的南水北调工程也采用了多种节水技术和生态修复措施，减少了水资源浪费和生态破坏。随着全球化的深入发展，当代超级工程的建设越来越呈现出国际合作与共赢的趋势。各国在资金、技术、人才等方面加强交流与合作，共同应对全球性挑战和问题。例如，国际空间站的建设就涉及多个国家和地区的合作。

1.3 特征

世界近现代超级工程以其规模之巨、影响之深、技术之先、创新之多，成为历史长河中不可忽视的璀璨明珠。这些工程不仅展现了人类对自然的改造能力，更体现了科技进步对社会发展的深远影响。

1）世界范围内规模巨大

世界近现代超级工程的首要特征在于其规模之巨。这些工程往往跨越地域、耗资巨大、建设周期长，其规模和影响力远远超出了单一国家或地区的范畴。例如，中国的三峡大坝，作为全球最大的水力发电站，其建设规模之庞大、投资之巨，令人叹为观止。大坝高 185m，长 2309m，总库容达 393 亿 m^3，相当于 157 个西湖的容量。这样的规模不仅在国内，甚至在全球范围内都是前所未有的。此外，像美国的"阿波罗登月计划"、中国的"南水北调"工程、欧洲的"国际空间站"等，都以其庞大的规模和复杂的工程系统，成为世界级的超级工程。这些工程的建设不仅需要巨额的资金投入，还需要庞大的劳动力资源和先进的技术支持，充分体现了人类社会的巨大组织能力和协作精神。

2）世界范围内影响力重大

世界近现代超级工程的影响力远远超出了其本身的工程范畴，它们往往成为推动社会进步、促进经济发展的重要力量。以中国的"南水北调"工程为例，该工程不仅解决了北方地区水资源短缺的问题，还促进了沿线地区的经济发展和生态环境保护。同样，美国的"阿波罗登月计划"不仅推动了航天技术的飞速发展，还激发了全球人民对太空探索的热情和想象力。世界近现代超级工程的影响还体现在其对全球政治、经济、文化等各个方面的深刻影响上。例如，欧洲的"高速铁路网"建设不仅提高了欧洲各国的交通效率，还促进了区域经济一体化和文化交流。这些工程不仅改变了人们的生活方式，还深刻地影响了世界政治经济格局的演变。

3）各个国家都有不同特征和独创性

虽然世界近现代超级工程在全球范围内具有共同的特征和影响力，但各个国家在具体实施过程中却展现出了不同的特征和独创性。这既与各国的国情、历史文化背景有关，也与各国的科技水平、经济实力密切相关。例如，中国的超级工程往往注重实用性和经济效益。无论是三峡大坝、南水北调工程还是港珠澳大桥等，都以其巨大的经济效益和社会效益而著称。而美国的超级工程则更加注重技术创新和领先地位。从阿波罗登月计划到 F-35 战斗机项目，再到 SpaceX 的火星探测计划等，都展现了美国在科技领域的领先地位和创新能力。欧洲的超级工程则更多地体现了国际合作和共享的理念。例如，"国际空间站"[7] 的建设就涉及多个国家和地区的合作与参与。这种跨国界的合作不仅促进了科技交流和技术创新，还推动了全球范围内的和平与发展。

4）凝聚了世界性的前沿技术

世界近现代超级工程的建设往往需要大量的技术支持和创新突破。这些工程不仅推动了相关技术的快速发展和应用，还凝聚了世界性的前沿技术成果。以中国的"天问一号"火星探测任务为例，该任务不仅成功实现了火星的软着陆和巡视探测，还应用了多项前沿技术如深空探测技术、自主导航与制导技术等。这些技术的成功应用不仅为中国在航天领域树立了新的里程碑，也为全球航天技术的发展贡献了新的经验和智慧。同样，美国的"猎鹰重型火箭"和 SpaceX 的"星舰"项目等也凝聚了世界性的前沿技术成果。这些技术不仅在航天领域具有重要意义，还对未来人类的太空探索和发展产生了深远的影响。

世界近现代超级工程的实施得益于科技的飞速发展，新材料、新工艺和新技术的应用使得这些工程成为可能。同时，超级工程的建设和运营也进一步推动了科技的进步和创新。超级工程的建设过程也是新制造技术应用的试验场。在超级工程的建设过程中，会遇到各种复杂的技术问题和挑战，需要不断探索和创新解决方案。这些实践经验为新制造技术的进一步发展和完善提供了宝贵的数据和反馈。另外，超级工程的成功实施也彰显了新制造技术的实力和优势。通过超级工程的示范效应，能够进一步推广新制造技术的应用，促进制造业的整体升级和转型。超级工程与新制造之间是相互促进、共同发展的关系。超级工程的建设需求推动了新制造业的发展，而新制造技术的应用又为超级工程的实施提供了有力保障。

5）体现不同工业革命的标志性成果

世界近现代超级工程与不同工业革命的标志性成果紧密相连。从第一次工业革命的蒸汽机到第二次工业革命的电力技术，再到第三次工业革命的计算机技术和空间技术等，每一次工业革命的标志性成果都在超级工程中得到了充分的应用和体现。第一次工业革命时期，蒸汽机的广泛应用推动了机器制造业的快速发展和工业生产方式的变革。在这一时期建设的许多超级工程如英国的运河网络、铁路系统等都充分体现了蒸汽机技术的成果和应用。第二次工业革命时期，电力技术的广泛应用极大地推动了工业生产和社会生活的变革。在这一时期建设的超级工程如美国的胡佛大坝、德国的鲁尔工业区等都充分展现了电力技术的成果和应用。进入第三次工业革命以来，计算机技术和空间技术的广泛应用更是推动了超级工程的快速发展和创新突破。从美国的阿波罗登月计划到中国的嫦娥探月工程，再到火星探测任务等无不体现了这些技术的成果和应用。这些技术的快速发展和应用不仅推动了超级工程的建设和发展，还为人类社会的未来发展提供了新的动力和方向。

第 2 章

标准与方法

　　本章致力于构建一套全面而严谨的评估框架，旨在为世界近现代超级工程案例的遴选与剖析确立标准。我们精心设计了一套多维度评估指标体系，该体系综合考量了投资规模之巨、工程之战略重要性、技术挑战之复杂、社会影响力之深远、环保与可持续发展之平衡、经济效益之显著以及风险管理之成效等关键要素。通过融合定量分析与定性评判的科学方法，深入剖析每一维度，力求精准捕捉超级工程的独特魅力与深远意义。在制定标准的过程中，紧密依托世界近现代超级工程的共性特征与专属定义，多维度、多层次地展开评估。其中，投资规模作为衡量超级工程体量的硬指标，我们依据权威研究与数据，科学界定了其门槛标准。进而，深入探讨了工程重要性，这不仅关乎国家或地区的战略部署与经济效益，更是超级工程价值的集中体现。通过实际案例的剖析，明确了工程重要性的评价标准与权重分配，确保评估的公正性与准确性。技术复杂性，作为超级工程不可或缺的核心特征，我们通过详尽的案例分析，提炼出了一套行之有效的评价方法与判断准则。同时，我们也未忽视社会影响力、环保与可持续发展、经济效益及风险管理等维度的考量，它们共同构成了超级工程综合价值的完整图景。在案例甄选环节，遵循严格的筛选条件与优先级排序，采用多元化数据收集与信息整合策略。首先，通过广泛的文献回顾与实际案例的对比分析，筛选出了一系列符合标准的超级工程候选名单。随后，系统收集并整理了相关数据与信息，为后续分析奠定了坚实基础。在此基础上，进一步引入专家咨询与实地考察等多元化手段，对候选案例进行了深入剖析与对比研究。经过一系列严谨的综合评价与对比分析，最终选取出一系列极具代表性的超级工程案例。这些案例横跨土木、水利、能源矿业、运载、制造及信息通信等多个领域，展现了人类智慧与勇气的辉煌篇章，同时也为全球超级工程的未来发展提供了宝贵的借鉴与启示。

2.1　选取标准

2.1.1　土木工程入选标准

1）规模宏大与结构复杂

　　土木工程作为人类改造自然、创造生活环境的重要手段，其最显著的特征之一就是规模宏大。无论是高耸入云的摩天大楼，如帝国大厦、哈利法塔，还是横跨江河湖海的大桥，如明石海峡大桥、港珠澳大桥，抑或是深埋地下的隧道，如英法海底隧道、圣哥达基线隧道，都以其巨大的体量和复杂的结构彰显着土木工程的非凡魅力。这些超级工程的结构复杂性也是其显著特征之一。它们往往需要承受巨大的荷载，抵抗自然环境的侵蚀，因此必须采用先进的设计理念和施工技术。例如，高层建筑需要考虑风压、地震等多种因素，大桥需要应对水流、船撞等挑战，而隧道则需要解决地质、渗水等难题。

2）技术创新与材料革新

土木工程的发展离不开技术创新和材料革新。随着科技的进步，新的设计理念、施工技术和材料不断涌现，为土木工程的发展提供了强大的动力。例如，现代高层建筑广泛采用钢结构、钢筋混凝土结构等新型结构形式，使得建筑更加坚固、轻盈；大桥的建设则采用了预应力混凝土、悬索结构等先进技术，实现了跨越更大跨度的可能；而隧道的掘进则借助了盾构机、钻爆法等先进设备和技术，提高了施工效率和安全性。材料的革新也是土木工程发展的重要推动力。从传统的砖石、木材到现代的钢材、混凝土、玻璃等，材料的进步使得土木工程更加多样化、功能化。例如，钢材的广泛应用使得建筑更加坚固、抗震；混凝土的发展则使得大坝、桥梁等工程更加耐久、稳定；而玻璃等新型材料的应用则使得建筑更加美观、节能。

3）多功能性与综合性

土木工程不仅具有单一的使用功能，往往还集多种功能于一体，形成综合性的工程体系。例如，现代城市中的建筑往往不仅是居住或办公的场所，还融入了商业、娱乐、文化等多种功能；大桥除了作为交通通道外，还可能成为城市的地标性建筑或旅游景点；而隧道则可能同时承担交通、排水、通信等多种功能。这种多功能性与综合性使得土木工程更加复杂、更具挑战性，但同时也为其带来了更多的发展机遇和可能性。例如，综合性建筑可以吸引更多的人流和商机，促进城市经济的发展；多功能大桥可以提高城市的交通效率和旅游吸引力；而综合性隧道则可以更好地满足城市的基础设施需求。

4）经济效益与社会价值

土木工程作为重要的基础设施和公共建筑，对经济的发展和社会的进步具有巨大的推动作用。一方面，它的建设和运营可以带动相关产业的发展和就业的增加；另一方面，它也可以提高人们的生活质量和幸福感。例如，高层建筑的建设可以带动建筑、材料、机械等相关产业的发展和就业的增加；大桥的建设可以改善交通条件，促进区域经济的发展和旅游业的繁荣；而隧道则可以缩短交通距离和时间成本，提高城市的交通效率和竞争力。同时，这些土木工程也可以为人们提供更加舒适、便捷、安全的生活和工作环境，提高人们的生活质量和幸福感。

2.1.2 水利工程入选标准

1）规模宏大与复杂性

水利工程的规模通常十分宏大，无论是运河、防洪除涝工程，还是水电站、水资源管理工程，都涉及巨大的投资、广阔的占地面积和复杂的工程体系。例如，苏伊士运河和巴拿马运河作为连接两大洋的重要通道，其建设规模之大、技术之难、影响之广，都堪称世界工程史上的奇迹。同样，像三峡水利工程这样的巨型水电站，其建设规模和技术难度也是前所未有的。水利工程的复杂性不仅体现在建设过程中需要克服各种自然和人为的困难，还体现在工程运营和维护的长期性、系统性。例如，治黄工程、治淮工程等防洪除涝工程，需要综合考虑流域内的水文、地质、气象等多种因素，制定科学合理的治理方案，并长期进行监测和维护。

2）技术创新与引领

水利工程是技术创新的重要领域，许多超级工程都代表了当时乃至现在的最高技术水平。例如，胡佛大坝的建设过程中采用了大量先进的工程技术和设备，如大体积混凝土浇筑技术、高效排水系统等，这些技术的创新和应用不仅提高了大坝的防洪能力，还为后来的水利工程提供了宝贵的经验和技术借鉴。水利工程的技术创新不仅体现在工程本身的建设和运营过程中，还体现在对相关产业和领域的引领和推动作用。例如，抽水蓄能电站工程群的建设和运营推动了电力工业的发展，提高了电力系统的稳定性和调节能力[8,9]；而像丘吉尔瀑布水电站、古里水电站等巨型水电站的建设和运营，则推动了水电技术的发展和应用，为清洁能源的开发和利用作出了重要贡献。

3）多功能性与综合性

水利工程通常具有多种功能和综合效益。除了基本的防洪、除涝、灌溉、供水等功能外，许多水利工程还兼具发电、航运、旅游等多种功能。例如，三峡水利工程不仅具有巨大的防洪和发电功能，还改善了长江的航运条件，促进了当地旅游业的发展。水利工程的综合性还体现在其对经济、社会、环境等多方面的影响上。一方面，水利工程的建设和运营需要大量的投资和人力资源，对当地经济发展具有显著的推动作用；另一方面，水利工程的建设和运营也会对环境和社会产生一定的影响，如生态破坏、移民安置等问题，因此需要综合考虑各种因素，制定科学合理的规划和管理方案。

4）环境影响与可持续性

水利工程的建设和运营对环境有着显著的影响。一方面，水利工程可以改变水流状态、水位、水质等自然条件，对生态环境产生一定的影响；另一方面，水利工程的建设和运营也会占用大量的土地和其他自然资源，对当地的社会经济和生活方式产生影响。因此，在水利工程的规划和建设过程中，需要充分考虑环境保护和可持续发展的要求，采取科学合理的措施减少对环境的影响。随着全球对环境保护和可持续发展的重视，越来越多的水利工程开始注重绿色发展和可持续发展。例如，在水资源管理工程中，采用节水技术、提高水资源利用效率等措施可以减少对水资源的浪费和污染；在水电站建设中，采用环保材料和节能技术可以减少对环境的破坏和污染。

5）经济效益与社会价值

水利工程作为重要的基础产业之一，对国民经济的发展具有巨大的推动作用。一方面，水利工程的建设和运营可以为国家和企业带来巨大的经济收益；另一方面，水利工程也可以带动相关产业的发展和就业的增加。例如，大型水电站的建设和运营可以为当地提供大量的电力供应，促进工业和商业的发展；而像南水北调这样的巨型水资源管理工程，则可以为北方地区提供稳定的水源保障，促进农业和城市的发展。除了经济效益外，水利工程还具有突出的社会价值。例如，防洪除涝工程可以减少洪涝灾害对人民生命财产的损失，灌溉工程可以提高农业生产效率和质量，供水工程可以保障人民日常生活的用水需求等。因此，水利工程的建设和运营不仅具有经济效益，还具有重要的社会价值。

2.1.3 能源矿业工程入选标准

1）超大规模与复杂性

能源矿业工程往往具有超大规模，无论是煤炭、石油、天然气等矿产资源的开采，还是核电站、风电场、光伏电站等电力设施的建设，都涉及巨大的投资、广阔的占地面积和复杂的工程体系。例如，阿巴拉契亚煤田横跨美国东部 9 个州，总面积达 18 万 km^2，几乎与我国广东省的面积相当；加瓦尔油田作为世界最大的陆地油田之一，其石油产量长期处于世界前列。能源矿业工程的建设和运营涉及多个领域和学科，包括地质勘探、开采技术、加工处理、输送分配、环境保护等多个环节。这些环节相互关联、相互影响，形成了一个复杂而庞大的工程体系。例如，核电站的建设不仅需要高精尖的核工程技术，还需要配套的安全保障系统、废物处理系统以及运行维护体系等。

2）技术创新与引领

能源矿业工程是技术创新的重要领域，许多超级工程都代表了当时乃至现在的最高技术水平。例如，科拉超深井的钻探过程中采用了大量先进技术和设备，收集了大量珍贵的岩心样本和地球物理数据，为人类对地球内部的认识和探索作出了巨大贡献[10]。能源矿业工程的技术创新不仅推动了工程本身的进步，还引领了相关产业的发展。例如，大庆油田在钻井技术方面的不断创新，不仅提高了油田的开采效率和经济效益，还推动了我国石油工程技术的发展和应用。

3）环境影响与可持续性

能源矿业工程的建设和运营对环境有着显著的影响。一方面，矿产资源的开采和能源的生产会对当地的生态环境造成破坏；另一方面，能源的生产和消费过程也会产生大量的温室气体和污染物，对全球气候和环境造成威胁。因此，能源矿业工程在建设和运营过程中必须充分考虑环境保护和可持续发展的要求。随着全球对环境保护和可持续发展的重视，越来越多的能源矿业工程开始注重绿色发展和可持续发展。例如，许多风电场和光伏电站的建设都采用了环保材料和节能技术，减少了对环境的破坏和污染；同时，一些油田和煤矿也开始探索资源循环利用和清洁生产的新模式。

4）经济效益与社会价值

能源矿业工程作为重要的基础产业之一，对国民经济的发展具有巨大的推动作用。一方面，矿产资源和能源的生产和销售为国家和企业带来了巨大的经济收益；另一方面，能源矿业工程的建设和运营也带动了相关产业的发展和就业的增加。能源矿业工程不仅具有显著的经济效益，还具有突出的社会价值。例如，电力设施的建设为城乡居民提供了稳定可靠的电力供应；油气资源的开发为国家能源安全提供了有力保障；同时，一些能源矿业工程还成为当地经济发展的重要支柱和民生工程的重要组成部分。

2.1.4 运载工程入选标准

1）规模宏大与跨越性

运载工程的首要特征便是其规模宏大与跨越性。无论是横跨大洋的巨型轮船、穿越山脉的铁路隧道，还是翱翔太空的宇宙飞船[11-13]，都以其巨大的体量和跨越性的结构彰显着人类的智慧与力量。以新加坡港为例，这座港口以其巨大的吞吐量和高效的物流系统成为全球重要的航运中心之一。其规模之大，设施之先进，都彰显了运载工程在港口建设方面的卓越成就。而西伯利亚大铁路，则以其跨越数千公里的长度和穿越复杂地形的勇气，成为了人类铁路建设史上的里程碑。

2）技术创新与智能化

运载工程的发展离不开技术创新和智能化水平的提升。随着科技的进步，新的设计理念、施工技术和智能化系统不断涌现，为运载工程的发展注入了强大的动力。在航空航天领域，技术创新尤为突出。以卫星号运载火箭为例，其采用了先进的推进技术和材料科学，实现了高效、可靠的太空运载[14]。而在铁路工程方面，日本新干线以其高速、平稳、安全的特点成为全球铁路技术的典范，其背后离不开先进的轨道技术、车辆设计和信号控制系统的支持。智能化技术的应用也是运载工程发展的重要趋势。以洋山深水港为例，这座港口通过引入自动化、信息化技术，实现了更高效、更精准的货物管理[15]。而智能交通系统则在全球范围内得到广泛应用，通过实时监测交通流量、路况等信息，为驾驶员提供最佳的行驶路线和交通信号控制。

3）多功能性与综合性

运载工程不仅具有单一的运载功能，往往还集多种功能于一体，形成综合性的工程体系。例如，现代港口不仅是货物装卸的场所，还融入了物流、仓储、加工、贸易等多种功能；高速铁路除了作为客运工具外，还可能承担货运、旅游观光等多种任务；而航空航天工程则可能同时涉及卫星通信、地球观测、太空探索等多个领域。这种多功能性与综合性使运载工程更加复杂、更具挑战性，但同时也为其带来了更多的发展机遇和可能性。例如，综合性港口可以吸引更多的货流和商机，促进区域经济的发展。多功能高速铁路可以提高交通系统的整体效率和服务水平，而综合性的航空航天工程则可以推动科技创新和产业升级。

4）经济效益与社会价值

运载工程作为重要的基础设施和公共服务设施，对经济的发展和社会的进步具有巨大的推动作用。一方面，它的建设和运营可以带动相关产业的发展和就业的增加；另一方面，它也可以提高人们的生活质量和幸福感。例如，港口的建设和运营可以促进国际贸易和区域经济的发展；高速铁路的建设可以缩短城市间的时空距离，促进区域一体化和经济发展；而航空航天工程的发展则可以推动科技创新和产业升级，提高国家的综合竞争力。同时，这些运载工程也可以为人们提供更加便捷、高效、舒适的出行和物流服务，提高人们的生活质量和幸福感。

2.1.5 制造工程入选标准

1）技术创新与高度集成化

近现代超级工程中的制造工程，无一不彰显着技术创新的力量。无论是波音747 大型商用宽体运输机、图 160 超音速战略轰炸机[16]，还是 GE90 航空发动机[17]、MQ-9 无人机[18]，这些工程都代表了当时乃至现在最先进的制造技术水平。技术创新不仅体现在产品的设计和功能上，更体现在制造过程中。例如，使用先进的材料、优化生产工艺、引入自动化和智能化设备等，都极大地提高了制造效率和产品质量。与此同时，这些超级工程还展现出了高度集成化的特征。一个复杂的产品往往由成千上万个零部件组成，而这些零部件又需要通过精密的制造和组装过程才能形成一个完整的产品。这种高度集成化不仅要求制造工程在各个环节上都要有极高的精度和可靠性，还要求各个环节之间要有良好的协同和配合。

2）规模宏大与跨领域合作

近现代超级工程中的制造工程往往规模宏大，涉及众多领域和学科的交叉合作。以国际热核实验反应堆（ITER）为例，这是一个旨在实现可控核聚变反应的国际合作项目，涉及核物理、材料科学、工程学等多个领域，其制造工程的复杂性和规模都堪称前所未有。同样，像诺克·耐维斯号超级油轮、941 型战略核潜艇[19]等大型装备的制造，也需要跨学科的知识和技术支持。这种跨领域的合作不仅体现在技术和知识上，还体现在资源和人力上。许多超级工程都需要大量的资金、物资和人力资源的投入，因此需要政府、企业、科研机构等多方面的合作和支持。

3）经济效益与社会价值

近现代超级工程中的制造工程不仅具有巨大的经济效益，还具有深远的社会价值。从经济效益来看，这些工程往往能够带动相关产业的发展和就业的增加。例如，波音 747 飞机的制造不仅为航空公司提供了先进的飞行器，还为航空制造业和相关产业链带来了巨大的商业机会和就业岗位。从社会价值来看，这些超级工程往往能够推动社会的进步和发展。例如，国际热核实验反应堆的研究不仅有望为人类提供清洁、安全的能源解决方案，还可能对全球能源格局和环境保护产生深远影响。同样，像本田 ASIMO 机器人这样的高科技产品 [20]，不仅展示了人类科技的进步和创新能力，还可能为医疗、教育、娱乐等领域带来革命性的变化。

4）智能化与自动化趋势

近现代超级工程中的制造工程还呈现出了智能化和自动化的趋势。随着人工智能、物联网、大数据等技术的不断发展和应用，制造工程开始越来越注重智能化和自动化的应用。例如，通过使用智能机器人、自动化生产线、数字化管理系统等技术和设备，可以大大提高制造过程的效率和精度，降低人力成本和安全风险。这种智能化和自动化的趋势不仅有助于提高制造工程的竞争力和创新能力，还有助于推动制造业的转型升级和高质量发展。在未来，随着技术的不断进步和应用场景的不断拓展，智能化和自动化将成为制造工程发展的重要方向之一。

2.2　选取方法

2.2.1　选取流程

世界近现代超级工程案例的选取流程是一个系统而严谨的过程，它涉及多个环节以确保最终选取的案例具有代表性、影响力和教育意义。以下是一个概括性的选取流程，包括分类、排序、初选和录取四个主要步骤：

（1）分类：将候选的超级工程案例按照一定的标准进行分类，以便后续的管理和分析。例如，可以按照工程的自然属性或单体功能（如桥梁、隧道、水电站等）、所在地区（如亚洲、欧洲、美洲等）、建设时间（如近现代、当代等）进行分类。根据制定的分类标准，对候选的超级工程案例进行逐一归类。这一步骤可能需要借助专业的工程数据库、历史文献、新闻报道等资源来完成。

（2）排序：在分类的基础上，对同一类别内的超级工程案例进行排序，以便后续的初选工作。根据超级工程的规模、技术难度、经济效益、社会影响等因素设定排序指标。这些指标应该能够全面反映超级工程的价值和重要性。通过查阅历史文献、新闻报道、专业报告等途径收集候选超级工程案例的相关数据。根据设定的排序指标和收集到的数据，对候选案例进行打分或排名。这一步骤可能需要采用一定的数学模型或算法来确保得分的公正性和准确性。

（3）初选：在排序的基础上，筛选出一定数量的候选超级工程案例并进入下一轮的录取阶段。根据超级工程案例的选取目的和实际需求设定初选标准。这些标准可能包括工程的创新性、历史意义、教育价值等方面。结合排序结果和初选标准对候选案例进行综合评估。这一步骤可能需要邀请相关领域的专家、学者或行业领袖参与评估工作以确保评估的权威性和公正性。根据综合评估的结果确定进入下一轮录取阶段的候选超级工程案例名单。

（4）录取：在初选名单中选取最终的超级工程案例并公布结果。邀请权威专家、学者或行业领袖对初选名单中的候选案例进行最终评审。这一步骤可能需要采用现场答辩、会议讨论等形式来确保评审的全面性和深入性。根据最终评审的结果确定最终的超级工程案例录取名单。

2.2.2 实施方法

世界近现代超级工程案例选取的方法可以根据研究目的、实际情况和需求进行选择和调整。在选取过程中，需要综合考虑各种因素和评价标准，确保选取的超级工程案例具有代表性和典型性。以下是具有代表性的选取方法：

1. 初选方法

1）认可法

认可法通常基于广泛的社会共识和权威机构的认定。在选取世界近现代超级工程案例时，会优先考虑那些在全球范围内被广泛认可、具有重大历史意义和影响力的工程项目。这些项目可能因其技术创新、经济贡献、社会影响等方面获得国际社会的普遍赞誉和认可。

2）推荐法

推荐法依赖于专家、学者、行业领袖以及政府机构等的推荐。在世界近现代超级工程案例的选取过程中，会邀请相关领域的权威专家组成评审团，根据他们的专业知识和经验，推荐具有代表性的工程项目。这些推荐往往基于项目的创新性、规模、技术难度、经济效益等多个维度进行考量。

3）层次分析法

层次分析法（analytic hierarchy process，AHP）是一种定性和定量相结合的分析方法，适用于处理复杂的决策因素。在选取世界近现代超级工程案例时，可以运用层次分析法将复杂的选取过程分解为多个层次和因素，如技术创新性、经济贡献、社会影响、环境可持续性等。然后，通过构建判断矩阵、计算权重和进行一致性检验等步骤，最终确定各个工程案例的优先级和排名。

4）打分法

打分法是一种直观的评估方法，通过设定一系列评估指标和评分标准，对每个工程案例进行打分。在选取世界近现代超级工程案例时，可以设计包含技术创新、经济效益、社会影响、环境友好度等多个维度的评分标准，并邀请专家或相关机构根据这些标准对每个项目进行打分。最后，根据总得分的高低来确定哪些项目应被选入超级工程案例集。

5）论证法

论证法强调通过充分的论据和逻辑推理来支持选取决策。在选取世界近现代超级工程案例时，会收集大量关于候选项目的资料和数据，包括项目背景、建设过程、技术创新点、经济效益分析、社会影响评估等。然后，通过组织专家论证会或进行深入研究，对候选项目的各个方面进行深入剖析和比较，最终基于充分的论据和逻辑推理来确定哪些项目符合超级工程的标准和要求。

2. 录取方法

本书中，世界近现代超级工程的选取采用专家打分法，即邀请在相关领域具有深厚造诣和丰富经验的学者、工程师或行业领袖参与评估。专家不仅熟悉工程技术的最新进展，还能够准确把握超级工程背后的科技价值和社会影响。因此，他们的意见和打分具有高度的专业性和权威性，能够确保选取过程的科学性和准确性。在超级工程的评估中，专家们的专业判断能够深入到项目的每一个细节，从设计理念的创新性到施工技术的难度，从资源利用效率到环境影响评估，全方位、多角度地进行考量。这种专业性的评估避免了非专业人士可能存在的偏见和误解，使得选取结果更加符合工程实际的要求和社会的期待。

专家打分法通过制定明确的评估标准和评分指标，为每位专家提供了统一的评判依据，请参照表 2.1。这些标准和细则通常基于广泛的研究和实践经验，能够客观反映超级工程的各项指标和特性。在评估过程中，专家们需要严格按照这些标准和细则进行打分，减少了主观臆断和人为干预的可能性。此外，为了确保评估的公正性，专家打分法还强调评估过程的透明度和可追溯性。评估结果通常会以书面形式记录下来，并接受相关方面的监督和审查。这种公开透明的评估机制不仅有助于增强公众对选取结果的信任度，还能够促进评估工作的不断改进和完善。

表 2.1 超级工程选取指标

指标	指标要点
工程规模	工程的规模代表了工程建设的复杂度。其中包含工程的建筑面积、投资金额、设计与建设周期,以及工程的资源消耗
工程科技	工程科技是世界近现代超级工程核心科学技术的体现,包含核心科学技术、标志性成果
工程管理	世界近现代超级工程的工程管理必须是规范的、有条理的,具有高标准的
科技影响	评估世界近现代超级工程的核心科学技术在国家重大需求及行业中的价值与引领作用
经济影响	评估世界近现代超级工程建设对区域及行业的经济影响
社会影响	评估世界近现代超级工程给国家、社会、居民生活及生态环境带来的重要影响

2.3　选取结果

世界近现代超级工程排行榜(按时间排序)如表 2.2 所示。

表 2.2　世界近现代超级工程排行榜(按时间排序)

序号	名称	类型	年代(建设时间)	国家	入选理由	评分
1	圣保罗大教堂	土木工程(建筑)	1675 年	英国	世界近现代第一大圆顶教堂	89.67
2	白金汉宫	土木工程(建筑)	1703 年	英国	世界现存规模最大、最为豪华的皇宫之一,英国最知名的地标建筑之一	90.87
3	圆明园	土木工程(建筑)	1707 年	清朝(中国)	当时世界最大的博物馆式的园林,被誉为"万园之园""一切造园艺术的典范"	92.15
4	爱丽舍宫	土木工程(建筑)	1718 年	法国	法国总统官邸以及巴黎最重要的建筑之一,法国最著名、最具有政治意义的建筑	89.62
5	阿巴拉契亚煤田	能源矿业工程(矿产)	1750 年	美国	当时世界产量最大的煤田	89.44
6	伦敦大英博物馆	土木工程(建筑)	1753 年	英国	世界历史最悠久、规模最宏伟的综合性博物馆	90.89
7	冬宫	土木工程(建筑)	1754 年	俄国(俄罗斯)	俄国新古典主义建筑艺术中最伟大的建筑	85.28

序号	名称	类型	年代 （建设时间）	国家	入选理由	评分
8	凯旋门	土木工程 （建筑）	1806 年	法国	世界最大的圆拱门	87.62
9	新加坡港	运载工程 （港口）	1819 年	新加坡	世界第一大转运港口，世界最大的集装箱港口之一	89.41
10	苏伊士运河	水利工程 （运河）	1859 年	埃及	世界历史最悠久、通航船舶吨位和货物运量最大、效益最显著的海运河	93.25
11	巴黎歌剧院	土木工程 （建筑）	1861 年	法国	当时世界最大的歌剧舞台	90.46
12	圣家族教堂	土木工程 （建筑）	1882 年	西班牙	世界上唯一一座还未完工就被列为世界文化遗产的建筑	89.68
13	埃菲尔铁塔	土木工程 （建筑）	1889 年	法国	当时世界最高建筑，法国文化象征之一、巴黎城市地标之一	91.90
14	西伯利亚大铁路	运载工程 （铁路）	1904 年	俄国 （俄罗斯）	当时世界最长的铁路	91.90
15	奥林匹克号邮轮	制造工程 （装备制造）	1908 年	英国	世界第一艘邮轮	88.64
16	福特汽车生产线	制造工程 （装备制造）	1913 年	美国	世界上第一条生产流水线	90.82
17	巴拿马运河	水利工程 （运河）	1914 年	巴拿马	连接太平洋和大西洋航运要道的"世界桥梁"	88.64
18	百眼巨人号航空母舰	制造工程 （装备制造）	1917 年	英国	世界第一艘航空母舰	90.69
19	克莱斯勒大厦	土木工程 （建筑）	1926 年	美国	世界最高砖造建筑物，汽车制造帝国的标志	90.26
20	帝国大厦	土木工程 （建筑）	1931 年	美国	美国纽约的地标式建筑，是保持世界最高建筑地位最久的摩天大楼	87.77
21	胡佛大坝	水利工程 （防洪除涝）	1931 年	美国	当时世界建筑高度最高、储水量最大、灌溉面积最大、发电量最多的水利枢纽工程	89.37
22	旧金山金门大桥	土木工程 （桥梁）	1933 年	美国	世界大型悬索桥工程的杰出代表，美国旧金山的象征	90.82

续表

序号	名称	类型	年代（建设时间）	国家	入选理由	评分
23	曼哈顿工程	制造工程（装备制造）	1942 年	美国	世界上第一次核爆炸研制工程	93.10
24	鹿特丹港	运载工程（港口）	1947 年	荷兰	当时世界第一大港口，有"欧洲门户"之称	91.32
25	雪山调水工程	水利工程（水资源管理）	1949 年	澳大利亚	当时世界大型跨流域、跨地区调水工程	88.82
26	治黄工程	水利工程（防洪除涝）	1950 年	中国	世界历史上规模最大的黄河治理工程	91.15
27	治淮工程	水利工程（防洪除涝）	1950 年	中国	世界历史上 300 多万人参与的规模最大的淮河治理工程	89.20
28	加瓦尔油田	能源矿业工程（石油）	1951 年	沙特阿拉伯	世界上产量最大的油田	88.37
29	大迪克桑斯坝	水利工程（防洪除涝）	1953 年	瑞士	世界最高的混凝土重力坝，欧洲最高的水坝	89.29
30	卡拉库姆运河	水利工程（运河）	1954 年	苏联（土库曼斯坦）	世界最大的灌溉及通航运河之一	91.56
31	大庆油田	能源矿业工程（石油）	1955 年	中国	世界最大的陆相油田，中国第一超大油田，创造了中国石油工业的奇迹	90.11
32	荷兰三角洲工程	水利工程（防洪除涝）	1956 年	荷兰	世界最大型的海上防洪工程	88.78
33	加利福尼亚州调水工程	水利工程（水资源管理）	1957 年	美国	世界最大调水工程之一	93.16
34	卫星号运载火箭	运载工程（航空航天）	1957 年	苏联（俄罗斯）	人类历史上第一枚运载火箭，把世界第一颗人造地球卫星送入轨道	88.88
35	成昆铁路	运载工程（铁路）	1958 年	中国	世界难度最大的铁路工程，被誉为 20 世纪人类征服自然的三大奇迹之一	89.09
36	悉尼歌剧院	土木工程（建筑）	1959 年	澳大利亚	被誉为大洋洲乃至南半球最著名的公共建筑，入选联合国教科文组织的《世界遗产名录》	90.11

序号	名称	类型	年代 （建设时间）	国家	入选理由	评分
37	丘吉尔瀑布水电站	水利工程（水电站）	1960 年	加拿大	世界最大的地下电站之一，北美最大的土木工程项目	89.71
38	沙皇炸弹	制造工程（装备制造）	1961 年	苏联（俄罗斯）	世界体积、质量和威力最强大的炸弹	88.76
39	东方号宇宙飞船	运载工程（航空航天）	1961 年	苏联（俄罗斯）	世界第一艘载人飞船	91.47
40	东方号系列运载火箭	运载工程（航空航天）	1961 年	苏联（俄罗斯）	世界第一种载人航天运载工具，也是世界上发射次数最多的运载火箭系列	90.44
41	古里水电站	水利工程（水电站）	1963 年	委内瑞拉	当时世界第一大水电站	88.89
42	日本新干线	运载工程（铁路）	1964 年	日本	世界第一个投入商业运营的高速铁路系统	90.74
43	阿波罗号宇宙飞船	运载工程（航空航天）	1966 年	美国	世界首次把人类送上月球的航天运载工程	93.01
44	波音 747 大型商用宽体运输机	制造工程（装备制造）	1966 年	美国	世界首架载客量超过 400 人的大型客机	91.99
45	土星 5 号运载火箭	运载工程（航空航天）	1967 年	美国	人类历史上使用过的自重最大、推力最大的运载火箭	91.85
46	萨扬－舒申斯克水电站	水利工程（水电站）	1968 年	苏联（俄罗斯）	世界最高的重力拱坝	88.67
47	抽水蓄能电站工程群	水利工程（水电站）	1968 年	中国	世界最大规模的抽水蓄能电站工程群	88.58
48	阿斯旺高坝	水利工程（防洪除涝）	1970 年	埃及	当时世界一座大型综合利用水利枢纽工程	90.16
49	长庆油田	能源矿业工程（石油）	1970 年	中国	世界最大的非常规油气田	89.35
50	科拉超深井	能源矿业工程（矿产）	1970 年	苏联（俄罗斯）	世界上最深的参数井，井深 12263m	89.78
51	图 160	制造工程（装备制造）	1970 年	苏联（俄罗斯）	世界最大的可变后掠翼超音速战略轰炸机	89.30
52	古里核电站	能源矿业工程（电力）	1972 年	韩国	世界目前在运行的最大核电站	89.32

续表

序号	名称	类型	年代 （建设时间）	国家	入选理由	评分
53	北海油田	能源矿业工程 （石油）	1973 年	英国、挪威、丹麦、荷兰、德国	当时世界最大的海上油田，著名的石油集中产区	89.66
54	美国世贸大厦	土木工程 （建筑）	1973 年	美国	当时世界第一高楼，有"世界之窗"之称，"Twin Towers"（双子大厦）在"9·11"事件中被撞毁	90.49
55	罗贡坝	水利工程 （防洪除涝）	1975 年	苏联 （塔吉克斯坦）	世界最高的土石坝，也是世界最高坝	87.94
56	伊泰普水电站	水利工程 （水电站）	1975 年	巴西与巴拉圭	当时世界装机容量第二大、发电量第二大水电站	88.25
57	柏崎刈羽核能发电站	能源矿业工程 （电力）	1975 年	日本	当时世界发电能力最大的核电站	88.32
58	诺克·耐维斯号	制造工程 （装备制造）	1976 年	新加坡	当时世界最大的原油运输船	89.42
59	"和平号"空间站	运载工程 （航空航天）	1976 年	苏联 （俄罗斯）	世界首个人类可长期居住的空间站	88.89
60	法国 TGV	运载工程 （铁路）	1976 年	法国	世界最高时速铁路干线，时速达到了 574.8km	88.78
61	941 型战略核潜艇	制造工程 （装备制造）	1977 年	苏联 （俄罗斯）	目前已知建造和服役过体积最大、排水量最大的核潜艇	88.80
62	三北防护林工程	其他工程	1978 年	中国	世界最大的人工林业生态工程	92.78
63	杰贝勒阿里港	运载工程 （港口）	1979 年	阿拉伯联合酋长国	世界最大的人工港	89.93
64	格拉沃利讷核电站	能源矿业工程 （电力）	1980 年	法国	世界首座压水堆核电站	88.10
65	Alta 风能中心	能源矿业工程 （电力）	1980 年	美国	当时世界最大、目前第二大陆上风电场	89.27
66	哥伦比亚号	运载工程 （航空航天）	1981 年	美国	世界第一架正式服役的航天飞机	91.50

续表

序号	名称	类型	年代（建设时间）	国家	入选理由	评分
125	大兴国际机场	土木工程（机场）	2014年	中国	世界规模单体最大、施工技术难度最大、无结构缝一体化航站楼	88.64
126	苹果飞船总部大楼	土木工程（建筑）	2014年	美国	世界有史以来智能化程度最高的建筑，具有最大的碳纤维独立屋顶	89.90
127	5G移动通信	信息通信工程	2016年	中国	世界覆盖面最广、最成熟、最先进的通信技术	92.33
128	Hornsea One海上风电场	能源矿业工程（电力）	2018年	丹麦	当时世界最大的海上风电场	87.83
129	北溪二号	能源矿业工程（天然气）	2019年	俄罗斯	世界最长、输气量最大的海上跨国天然气管道	88.67
130	海洋奇迹号	制造工程（装备制造）	2019年	法国	世界最大最豪华的邮轮	87.71
131	24000标准箱超大型集装箱船	制造工程（装备制造）	2019年	中国	世界装箱量最大的集装箱船，被誉为海上"巨无霸"	87.90
132	SCC98000TM履带起重机	制造工程（装备制造）	2020年	中国	世界起重能力最强（4500t）的起重机	88.30
133	W12000-450超大型平头塔机	制造工程（装备制造）	2020年	中国	世界首台超万吨米级的上回转超大型塔机	87.30
134	SWDM1280旋挖钻机	制造工程（装备制造）	2020年	中国	世界动力头扭矩最大、施工孔径最大的旋挖钻机，被誉为"国之重器"	87.15

资料来源：胡文瑞，王基铭，刘合等.超级工程概论.北京：科学出版社，2023.

第 3 章

分布与演化

本章聚焦于剖析世界近现代超级工程布局与演进的内在规律与鲜明特性。通过广泛文献的系统梳理与具体案例的深入剖析，深入探索了超级工程在不同地理疆域及历史长河中的发展轨迹。

开篇，我们明确界定了超级工程的定义及其核心特征，并细致描绘了其在全球地理空间中的分布图景，揭示了显著的集聚效应及区域间的不均衡性。欧美、东亚等地成为超级工程建设的热点区域。同时，超级工程依据其所属领域（如交通、能源矿业、水利等）展现出独特的地理分布模式，体现出明显的网络联结与通道效应。

随后，本章深入剖析了超级工程随时间推移的演化历程。通过跨时代对比分析，我们将其发展历程精练概括为四个阶段：工业化起步阶段，超级工程建设主要集中在欧美发达国家，规模尚小；高速发展期，数量激增，投资规模空前膨胀；成熟与扩展期，不仅在数量上达到顶峰，更在地域覆盖与领域拓展上实现飞跃；转型重构期，伴随着全球经济格局的变迁与新兴经济体的崛起，超级工程建设的重心悄然东移，向新兴力量倾斜。

综合评估与对比分析后可知，政策导向、经济发展水平以及技术创新是推动超级工程地理分布与时间演化的三大关键要素。政策环境为超级工程的孕育与成长提供了坚实的支撑与保障，经济发展水平是驱动超级工程建设需求与投入规模的根本动力，技术创新是推动超级工程持续进化、引领未来的不竭源泉。

通过对世界近现代超级工程地理分布与时间演化的深度剖析，我们不仅揭示了其时空分布的奥秘、演进的趋势以及背后的驱动力，更为深入理解超级工程的发展规律、把握未来趋势提供了宝贵的洞见，同时也为相关政策制定与实际操作提供了强有力的理论支撑与实践指南。

3.1 地理分布

入选世界近现代超级工程的案例一共 134 项，按洲的分布，其中欧洲有 45 项，北美洲有 25 项，亚洲有 55 项，南美洲有 3 项，大洋洲有 2 项，非洲有 4 项。按国家分布，中国最多，有 41 项，占世界近现代超级工程总数的约 30.6%；美国次之，有 23 项，占超级工程总数的约 17.16%；英国 9 项、法国 10 项、苏联 16 项，各占超级工程总数的 6.7%、7.5% 和 11.9%；日本有 4 项，巴西、阿拉伯联合酋长国、瑞士和沙特阿拉伯分别有 3 项；澳大利亚、埃及、俄罗斯、荷兰、新加坡各有 2 项；韩国、巴拿马、土库曼斯坦、丹麦、德国、加拿大、利比亚、摩洛哥、西班牙和委内瑞拉 11 国各有一项。

1）洲际分布分析

欧洲：拥有 45 项超级工程，占总数的 33.6%，显示出欧洲在近现代科技与基础设施建设方面的领先地位。这可能与欧洲长期的工业化进程、技术积累及经济繁荣密切相关。

北美洲：拥有 25 项，占比 18.7%，主要由美国贡献（23 项），反映出北美洲在技术创新和大型项目建设上的强大实力。

亚洲：以 55 项超级工程领跑，占总数的 41.0%，显示出亚洲特别是东亚和东南亚地区在近现代基础设施建设方面的迅猛发展。中国作为亚洲的代表，其超级工程数量（41 项）更是位居全球之首。

南美洲：仅有 3 项，占比 2.2%，表明南美洲在超级工程建设上相对滞后，可能与该地区的经济发展水平和技术能力有关。

大洋洲和非洲：分别只有 2 项和 4 项，合计占比 4.5%，反映出这两个大洲在超级工程建设上的相对薄弱。

2）国家分布分析

中国：以 41 项超级工程占总数的约 30.6%，凸显了中国在基础设施建设、科技创新及经济发展方面的巨大成就。中国的超级工程不仅数量多，而且涵盖了交通、能源、水利等多个领域，展现了其综合国力的显著提升。

美国：拥有 22 项超级工程，占比约 16.4%，尽管数量上不及中国，但美国在科技创新、高端制造业及全球影响力方面依然保持领先地位。

其他国家：英国、法国、苏联（考虑其历史贡献）、日本等国也各自拥有一定数量的超级工程，表明这些国家在全球科技与基础设施建设领域同样具有重要地位。然而，与中美两国相比，它们的贡献度相对较小。

新兴与发展中国家：如巴西、阿拉伯联合酋长国、韩国等也在超级工程建设上有所建树，虽然数量不多，但显示出这些国家在经济发展过程中的积极努力和技术进步的潜力。

由此可见，超级工程的分布存在显著的地域差异，欧洲、亚洲（尤其是东亚）和北美洲是全球超级工程建设的主要区域，而南美洲、大洋洲和非洲则相对滞后。超级工程的数量与分布与国家的经济实力、科技水平和全球影响力密切相关。中国和美国作为世界最大的两个经济体，在超级工程建设上占据主导地位。随着全球经济格局的变化和新兴经济体的崛起，超级工程建设的重心有望逐渐向亚洲、非洲等新兴市场转移，这些地区在未来可能会涌现出更多的超级工程项目。超级工程的建设往往需要跨国合作与技术支持，未来的超级工程项目可能更多地体现出国际合作的特征，促进全球科技交流与经济发展。

3.2 分布迁移

3.2.1 行业分布

1. 总体分布

按工程领域划分，世界近现代超级工程主要包括土木工程、水利工程、能源矿业工程、制造工程和运载工程，各领域的典型性和具有代表性的超级工程案例数量分布较为平均，分别占 20.9%、15.0%、20.9%、23.9% 和 17.9%。从世界范围来看，随着科学技术的发展，特别是航空航天技术和高速铁路技术的发展，运载领域的超级工程的典型案例在逐步增加。从同一领域的不同行业来看，工程案例数量的分布呈现不均匀的现象。各个工程领域和工程行业在世界范围内的超级工程案例统计如表 3.1 和图 3.1 所示。

表 3.1　世界近现代超级工程行业分布

工程领域	工程行业	超级工程数量
土木工程	建筑	20
	桥梁	5
	隧道	2
	机场	1
水利工程	防洪除涝	7
	水电站	6
	运河	4
	水资源管理	3
能源矿业工程	电力	13
	石油	5
	矿产	4
	天然气	3

续表

工程领域	工程行业	超级工程数量
能源矿业工程	石化	2
	化工	1
制造工程	装备制造	32
运载工程	航空航天	12
	铁路	8
	港口	4
信息通信工程		1
其他工程		1

　　土木工程领域中建筑类型超级工程以 20 项超级工程数量居首，表明建筑行业在全球范围内是超级工程建设的重要领域，这可能与建筑行业的广泛性和基础性有关，包括大型公共建筑、地标性建筑、基础设施等。紧随其后的是桥梁，共

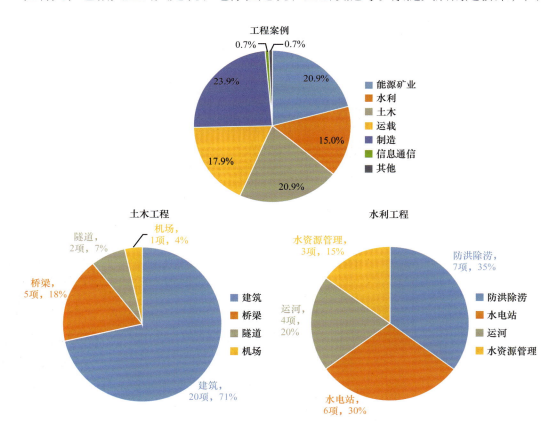

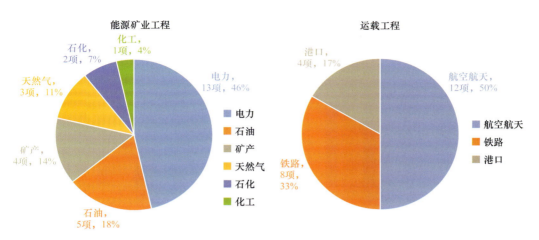

图 3.1 世界近现代超级工程行业分布

5 项超级工程。这一领域通常涉及大型基础设施的建设，对于国家经济发展和人民生活水平的提升具有重要意义。制造工程领域共有 32 项超级工程，显示出制造业在超级工程建设中的重要作用。这与现代制造业的技术进步和产业升级密切相关，包括高端装备制造、智能制造等。运载工程中，航空航天领域有 12 项超级工程，表明该领域在技术创新和高端制造方面具有较高的投入和产出。航空航天技术的发展不仅推动了科技进步，还促进了国际的合作与交流。能源矿业工程共有 28 项超级工程，占比最多，其中电力（13 项），石油（5 项），矿产（4 项），天然气、石化、化工（共 6 项）。这些领域都是国家经济发展的重要支柱，对提升国家综合实力和国际竞争力具有重要作用。信息通信工程（含通信，共 1 项）等领域的超级工程数量相对较少。这可能与这些领域的专业性和特定性有关，同时也可能受到地域、技术、资金等多方面因素的影响。

2. 行业国家分布

1）土木工程

中国以 7 个超级工程的数量遥遥领先，这表明中国在土木工程领域具有强大的实力和极高的活跃度。中国不仅在超级工程的建设数量上占据优势，也体现了其在基础设施建设、技术创新和资金投入等方面的综合实力。法国、美国均以 5 个超级工程并列第二，显示出这两个国家在土木工程领域的强大实力和竞争力。英国以 4 个超级工程紧随其后，也处于这一梯队中。这些国家在全球范围内都是土木工程技术和创新的重要推动者。土木工程领域超级工程国家分布如图 3.2 所示。

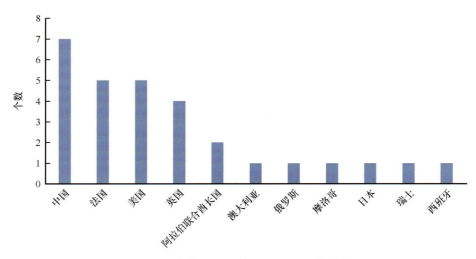

图 3.2　土木工程领域超级工程国家分布

　　阿拉伯联合酋长国以 2 个超级工程展现了其在该领域的积极参与，特别是考虑到其地理位置和经济发展状况，这表明阿拉伯联合酋长国在土木工程领域有一定的投资和发展。此外，澳大利亚、俄罗斯、摩洛哥、日本、瑞士和西班牙各拥有 1 个超级工程，这些国家虽然数量上不如前几名，但也各自在特定领域或项目中展现了其土木工程技术的实力。

　　从地域分布来看，超级工程不仅集中在传统的土木工程强国，如中国、美国和欧洲各国，还涵盖了中东、亚洲其他地区以及大洋洲的国家。这表明土木工程领域的超级工程已成为全球多个国家和地区共同关注和参与的重要领域。土木工程领域的超级工程涵盖了广泛的技术领域，包括但不限于桥梁、隧道、高层建筑、水利设施、交通网络等。这些项目的实施不仅推动了土木工程技术的进步，也促进了相关产业链的发展和创新。

2）能源矿业工程

　　中国在能源矿业工程领域的超级工程数量远超其他国家（图 3.3），这反映了中国政府对能源安全和矿业资源开发的重视，以及中国在技术、资金和市场等方面的综合实力。中国的超级工程可能包括大型水电站、煤矿、油田、核电站以及新能源项目等。作为全球科技和经济强国，美国在能源矿业工程领域也有一定数量的超级工程。这些项目可能涉及石油、天然气、煤炭等传统能源的开发，以及风能、太阳能等新能源的研发和应用。沙特阿拉伯作为中东地区的石油大国，其能源矿业工程领域的超级工程数量与美国并列第二。这些项目主要围绕石油和天然气的勘探、开采和加工，体现了沙特阿拉伯在能源领域的核心竞争力和战略地位。

俄罗斯拥有丰富的石油、天然气和矿产资源，其能源矿业工程领域的超级工程数量虽然不多，但也反映了俄罗斯在能源开发和利用方面的实力。这些项目可能涉及石油、天然气管道建设、矿产开采等，拥有 2 项能源矿业领域的超级工程，巴西、丹麦、法国、韩国、日本、乌克兰各 1 个（图 3.3）。这些国家虽然在能源矿业工程领域的超级工程数量上较少，但也各自在特定领域或项目中展现了其技术实力和投资意愿。例如，英国可能在海上风力发电等新能源领域有所建树，巴西可能在铁矿石等矿产资源的开采和加工方面有所投入。

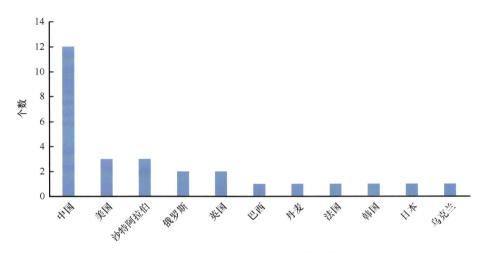

图 3.3 能源矿业工程领域超级工程国家分布

3.2.2 年代分布

我们将世界近现代按照近代（1640 ～ 1917 年）、现代（1918 ～ 2000 年）和当代（2001 年至今）三个时间段对世界近现代超级工程的时间分布进行分析。总体上说，近代超级工程主要集中于土木工程行业，现代超级工程主要集中于运载和能源矿业领域，当代超级工程主要集中于能源矿业和制造业领域（图 3.4）。

1640 年，英国资产阶级革命爆发，建立了以资产阶级和土地贵族联盟为基础的君主立宪制度。资产阶级利用国家政权加速推行发展资本主义的政策和措施，促进了工业革命各种前提条件的迅速形成。可以看到，这一时期的超级工程仍然围绕建筑工程展开，虽然第一次工业革命让机器化大生产成为可能，从纺织

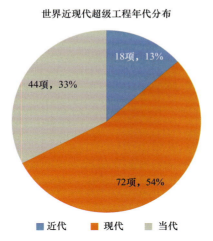

世界近现代超级工程年代分布

18项，13%
44项，33%
72项，54%

■ 近代　■ 现代　■ 当代

划分依据
近代：1640～1917年
现代：1918～2000年
当代：2001年至今

行业	近代	现代	当代
能源矿业	1	14	13
水利	2	17	1
土木	10	10	8
运载	2	16	6
制造	3	14	15
信息通信	0	0	1
其他	0	1	0
合计	18	72	44

图 3.4　世界近现代超级工程年代分布

到汽车生产，人类生产方式得以快速迭代升级，为后续多类型超级工程的发展奠定了非常重要的基础。俄国十月革命后，一个近代历史上非常重要的国家——苏联诞生。苏联是人类历史上第二个无产阶级政权（第一个是巴黎公社无产阶级政权）和由马克思主义政党领导的第一个社会主义国家——俄罗斯苏维埃联邦社会主义共和国。这一时期，第一次工业革命所带来的生产力提升，终于开始开花结果，多种类型的大型工程逐渐涌现，人们利用机器生产的大型机械工具开始对自然资源进行进一步的挖掘和采掘，同时制造工具质量和功能的提升，也促进了工程建造工艺的飞速发展。人们开始围绕能源矿业、水利、运载和制造等建设多项超级工程。

　　1640年至1917年，土木工程（建筑）类型的案例数量最多，占比达到56%，其次是运载工程（港口）和制造工程（装备制造），分别占比11%和17%。其他类型的案例数量相对较少。从国家分布来看，英国的工程案例数量最多，占比达到28%，这可能与英国在17世纪和18世纪的殖民统治和工业化进程有关。其次是法国、美国和苏联（俄罗斯），分别占比22%、11%和11%。其他国家的案例数量相对较少。欧洲是超级工程案例出现最频繁的地区，英国、法国、苏联（俄罗斯）等国家都有大量的工程案例。这可能是因为欧洲在政治、经济和文化方面都处于领先地位，因此有更多的资源和能力进行大规模的建设和发展。相比之下，亚洲、美洲和澳大利亚等地区也都有一些重要的工程案例。

　　1960年左右开始的第二次工业革命，以及逐渐成长起来的计算机技术，推动着现代时期大量超级工程发展和涌现，苏联和美国的冷战，也促使多个军事装备和航空航天领域的超级工程诞生。1918 年至 2000 年，土木工程建筑类型的项目仍然占较大的比例，如克莱斯勒大厦[21]、帝国大厦[22,23]、胡佛大坝[24,25] 等。水利工程类型的项目分布也较为广泛，如荷兰的三角洲工程、美国的加利福尼亚州调水工程[26] 等。这些项目涉及河流治理、防洪、灌溉等方面，对国家农业、能源、交通等方面都有重要影响。运载工程类型的项目逐渐增多，如旧金山金门大桥[27,28]、鹿特丹港等。这些项目主要涉及交通基础设施的建设，如桥梁、港口等，对国家经济发展和国际贸易具有重要意义。能源矿业工程类型的项目占比也不小，如美国的曼哈顿工程、日本的柏崎刈羽核能发电站等。这些项目主要涉及能源和矿产的开发和利用，对国家经济发展和战略资源保障具有重要作用。

2000 年后，资源能源和制造成为社会发展的两大重要主题，世界范围内的能源矿业和制造工程得到了前所未有的关注和发展，尤其在中国制造工业快速发展，大型的轮船、盾构机成为 21 世纪超级工程的重要产出成果。从类型来看，工程案例涵盖了多个领域，包括制造工程、土木工程、运载工程、能源矿业工程、水利工程、信息通信工程等。其中，制造工程和能源矿业工程的案例数量较多，表明这些领域的发展较为活跃。同时，土木工程和运载工程的案例也不少，表明在基础设施建设和发展方面，这些领域也具有同等重要的地位。从地域分布来看，中国的工程案例数量最多，表明中国在工程建设领域的发展较为迅速，并且在制造、能源矿业、基础设施建设等方面具有较大规模的投资和发展。此外，美国、俄罗斯、英国、沙特阿拉伯等国家也有不少工程案例，表明这些国家在各自领域的工程建设和发展方面也具有重要地位。

图 3.5 通过不同历史时期超级工程行业的分布特征，清晰揭示了工业文明演进的内在逻辑。在近代工业文明萌芽阶段，超级工程呈现以土木工程为主导的格局，反映出当时社会对基础设施建设的迫切需求。随着工业革命浪潮的推进，机械化生产体系颠覆了传统手工业模式，制造业的规模化发展不仅重构了产业格局，更催生出资源开发技术与物流运输系统的革命性升级。步入当代社会，在智能装备等前沿科技的驱动下，先进制造业持续巩固其支柱地位，而与之形成战略协同的能源矿业工程也迎来爆发式增长，这些战略性工程已然成为推动全球发展的核心动力源。

通过不同时代超级工程所在地区的分布，我们可以看到世界近代超级工程主要集中于欧洲，现代和当代超级工程在亚洲和北美洲占比逐步上升。欧洲是资产阶级革命、工业革命的发源地，因此工业生产的变化节奏尤为明显，近代

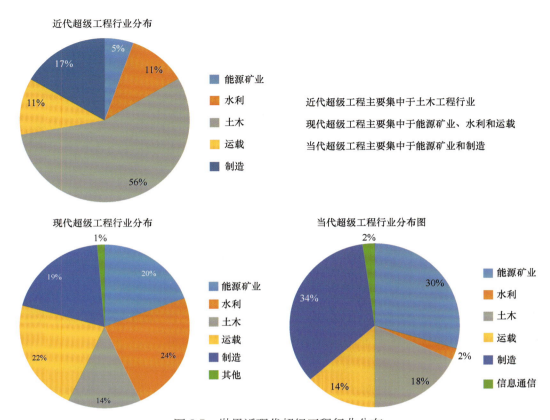

图 3.5　世界近现代超级工程行业分布

（1640～1917 年）诞生的超级工程主要出现于欧洲。但随着美国的崛起，第二次世界大战的爆发，欧洲经济发展的速度逐渐下降，而超级工程项目建设实施需要依靠大量资源和人力，因此这一阶段的超级工程主要集中在北美洲和亚洲。尤其是 2010 年开始，超级工程的数量在中国呈现井喷式的增长，诞生了许多对中国乃至世界经济发展做出巨大贡献的各类型超级工程（图 3.6）。

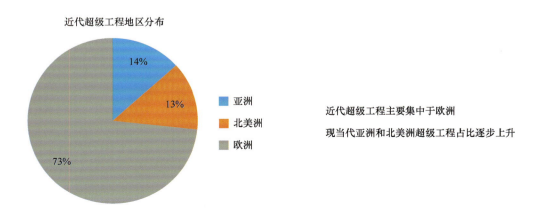

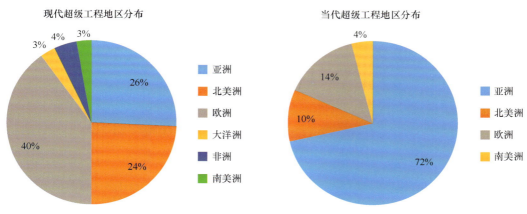

图 3.6　世界近现代超级工程地区分布

3.3　关联图谱

以世界近现代超级工程为对象的研究是一个典型的复杂系统，由众多在时间与空间上相互紧密联系、相互影响、相互制约的不同领域超级工程项目所构成，同时涉及数量众多且关系复杂的项目参与方。近现代以来，随着需要考虑的超级工程项目任务数量及涉及的国家、地区数量规模的增大，以及相互关系复杂性的急剧增加，如何描述各工程之间、各组织参与方之间、不同工程与组织参与方之间的相互作用关系，如何在复杂的关系分析中对超级工程项目所构成的大型复杂系统进行有效的建模，如何在各种不确定条件下从数量众多且关系繁杂的超级工程项目系统中甄别出关键要素以进行重点管理，进而为优化项目资源配置、提高管理效率提供科学的管理和决策依据，成为世界超级工程项目管理亟须探讨、分析、解决的问题。本章将从系统角度出发，以定性与定量相结合的综合集成方法论为指导，通过系统分析方法建立世界近现代超级工程项目系统的网络分析模型（图 3.7）。

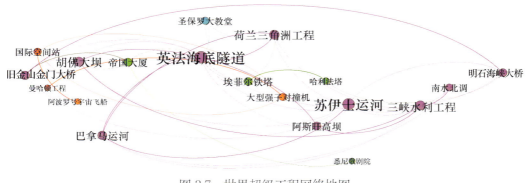

图 3.7　世界超级工程网络地图

在整个世界超级工程系统内，各工程项目与所涉及的地域环境之间，以及各工程项目之间存在资源的交换、技术的转移、信息的传递、知识的共享等相互影响、相互依赖的共生关系，从而形成知识流、资源流以及信息流等，而这些流的渠道是否通畅，以及周转迅速的程度，都会直接影响整体系统的行为。这些复杂的相互关系，形成了网络型的资源共享和协同配合关系体系。以网络化形式呈现的超级工程系统的有序运转，依靠其内部的信息流与物质流，这也是各个超级工程项目结点之间联系的纽带（图3.8）。在结点之间传送的知识，可以是相关工程建设的理论方法、工程实践经验、专利技术、管理理念等知识流；在结点之间传送的资源，可以是人员、原材料、设备、资金等资源流；信息可以是法律合同、商业信用、商机、指令等信息流。超级工程网络的系统动力就是这些流，各项目主体之间从事的活动是交互，可以说它们是超级工程网络体系的生命力。流的传递与交互的非线性使世界超级工程网络系统呈现出复杂性特征。流是各实体超级工程项目间以及工程项目与环境之间联结的桥梁，各工程项目之间及工程项目与环境间的物质流、信息流、资金流等将独立的超级工程项目实体联结成网络，组建知识、技术和信息交流的平台，提供信息沟通和资源共享的渠道。超级工程网络体系中实体工程项目间传递的流是多样的、并行的，所有这些流，经过工程项目之间所形成的非线性作用，呈现出乘数效应和再循环效应；流的传递，对工程项目间的联结形式和强度有重大影响，工程项目间的关联随宏观管理、市场导向等社会、经济需要而动态变化。信息、物质、能量的交换不仅存在于整个超级工程系统内部，还与各工程所处的环境有着密切的关系。通过各工程项目之间不断地进行交换，使得各个工程项目的知识、资源与信息储备逐步提高，因此网络化的超级工程系统形成了一个开放的、动态的自组织系统。

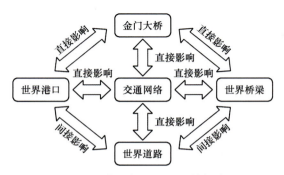

图3.8　世界超级工程网络视角

3.3.1 拓扑模型

网络不仅是复杂系统的结构形态，还可作为系统拓扑特性的模型。复杂网络理论方法描述网络结构的工具是数学中的图论，在该领域的表示与描述方法框架下，任何一个网络都可以看作是由一些节点按照某种方式连接在一起而构成的一个系统。网络的抽象图表示，就是用抽象的点表示具体网络中的节点，并用节点之间的连边来表示具体网络中节点之间的连接关系，在有些网络中，甚至可以给节点之间的连边赋予权值与方向。近年来，随着网络科学的蓬勃发展，不仅可以用数学上图论的语言、符号和理论来精确而简洁地描述网络，还可以利用现代数学理论以及统计物理等诸多现代科学作为理论研究基础。因此，一方面网络建模能够为世界近现代超级工程项目网络提供描述语言和平台，将复杂的工程项目实体的相互关系以简化与直观的方式展现，并且网络研究中的许多研究成果、结论和方法都可应用到世界超级工程网络建模中来；另一方面，复杂网络理论经过发展，已经提炼出了许多成熟的网络结构测度指标，因此可以通过网络指标的计算来测度网络中节点的个体属性以及整体网络的拓扑结构属性（图 3.9）。

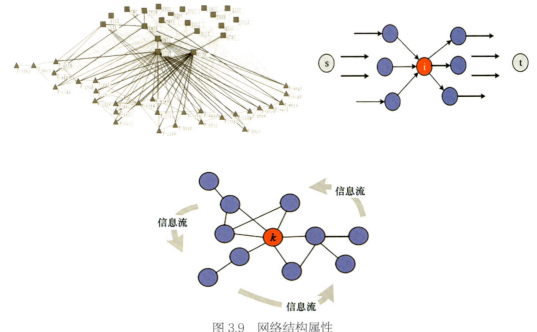

图 3.9　网络结构属性

i 表示超级工程网络中的项目节点，s 和 t 均表示网络子系统

通过深入调研与细致分析，不仅可以利用复杂网络方法简单、直观地描述

超级工程项目网络，还可以通过网络指标的计算来分析网络的拓扑结构属性，有助于更好地理解超级工程项目的系统复杂性，并加强对超级工程项目复杂系统的管理。于是，通过对超级工程项目系统进行调研分析，探索其体现出的网络化特征，能够运用复杂网络理论的方法对超级工程项目建立网络模型。在网络模型中，超级工程系统的结构可以抽象为网络，研究对象抽象为网络节点、各种相互作用抽象为节点之间的连接——边（图3.9）。

以世界近现代超级工程项目关联网络为例（图3.10），该网络是超级工程项目系统的一种功能子系统的抽象，是用来描述各个超级工程项目之间关联的系统。由于在现实生活中，所建设的各工程项目之间是存在交互联系的，例如，能源传输工程和土木建设工程，一方面，前者保证后者正常运行的能量供应；另一方面，后者可以为前者的基础设施建设提供保障。任何一类工程的功能失效都会影响另一类项目功能的正常发挥，并产生级联效应。此外，大量基础设施建设工程，如天然气传输、交通网络、燃料和发电工程都存在相互作用和影响。从全球视角来看，不容忽视的是，各国所兴建的超级工程之间存在着相互的技术交流、传承、模仿、借鉴和发展。以各工程项目为节点，以工程项目之间的相互依赖关系为边，可构建工程项目关联网络。这样就可以运用图论和网络分析的理论、方法和工具进行系统结构的拓扑特性研究。

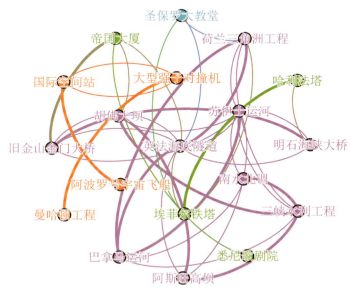

图3.10　超级工程项目相互关联关系

在网络科学中，包含着多种特征参数，如网络节点的介数、入度、出度、流度、中心性、密度、距离、聚合系数等（图 3.11）。以中心性分析为例，中心度测量的是个体在整个网络结构中的权力、重要性及影响力；中心势测量的是网络整体的紧密程度。常用的中心性测度有度数中心性、中间中心性、接近中心性。

项目名称	入度	出度	介数	流度	……
项目A	0	1	0.000	1.000	
项目B	1	3	0.034	1.000	
项目C	1	1	0.020	0.333	
项目D	3	3	0.146	1.000	
项目E	1	3	0.024	0.333	
项目F	1	1	0.007	0.111	
⋮					
项目X	5	3	0.238	1.000	

图 3.11　超级工程网络参数统计指标

某节点的度数中心度定义为在网络中与该节点相连接的其他节点的个数。对超级工程网络而言，如果两个项目存在相互关联，则相连。度数中心度越高表示项目相关的对象越多，影响力越大。度数中心势是描述整个网络中不均衡程度的指标，度数中心势越大，表明各项目间关联情况的差距越明显。

某节点的中间中心度定义为在网络中其他点对经过该点的路径数目与所有路径数目之比。中间中心度越高，表示某项目的"中介能力"越强，即将没有关联的项目联系到一起的能力越强。中间中心势则刻画各项目中介能力的差异。

某节点的接近中心度定义为该点与网络中其他各点的距离之和的倒数。接近中心度越高，表示离其他点的距离越近，那么该项目在规划、建设、使用过程中越不容易受到其他项目的影响。接近中心势则描述各项目不受控能力的差异。

通过网络测度指标的计算与分析，对网络中节点的重要性进行排序，可以从系统、整体的角度辨识和分析对超级工程项目系统具有重要影响的关键工程项目与组织节点等。依据网络拓扑结构和系统相互作用关系，刻画核心超级工程项目在世界超级工程网络的物质、能量、信息、社会效益传输及保持弹性方面发挥的关键作用，为宏观项目管理者进行关键节点管理提供决策辅助。

3.3.2　关联图谱

在超级工程项目系统中，可以利用相互作用网络刻画不同类型工程构成的子系统之间的联系，形成不同领域工程之间的关联图谱。世界近现代超级工程网络是由若干工程项目结点通过网络联结方式构成的有机组织系统，在信息流的驱动和协调机制的保证下，网络组织得以正常运作。为了适应不断变化的环境，网络系统内部的结点可调整、重组，各个项目通过交流与协作实现优化资源配置、协同创新、相互辅助的系统建设目标。对超级工程网络化系统的研究不仅要分析各项目的知识、资源、信息流动对该项目本身的影响，还要研究各个项目与其环境的相互关系。事实上，超级工程网络系统的动态演化是内在动力与外在环境共同作用的结果。超级工程网络体系是一个开放的复杂系统，是内部工程项目结点间相互合作及与外部经济、社会环境的不断作用中演化发展的，结点项目在建设过程中是通过不断学习、调整以适应新的历史环境，才使整个超级工程系统充满生机。

因此，有必要对相互依赖、相互作用的不同系统进行网络建模和分析，进一步正确认识复杂系统的动力学过程和本质规律，把超级工程项目中的各要素集成起来，综合考虑工程项目与组织之间的相互作用关系。

随着复杂网络研究的深入，越来越多的网络性质被发掘出来，其中很重要的一个结果是：复杂网络中普遍存在着聚类特性，每一个类都称之为一个社团。社团结构的特征在于：在同一社团中的节点连接紧密、不同社团间的节点连接稀疏。一般来讲，社团结构刻画了复杂网络中由具有相同或相似属性构成的群体，不同的社团结构在特定的网络中具有不同的性质和特征。

超级工程网络中的项目，根据各自在资源交换、技术转移、信息传递、知识共享、能量供应、管理控制等方面的关联性，对于各个统计量进行加权计量，按照层次划分进行等级评价，可以评定各项目之间的关联度，利用网络邻接矩阵来定义相互关系，其中任意一个元素代表两个项目之间的关联度的大小。通过计算邻接矩阵的最大特征值、项目层级连接数构成的对角矩阵等，对超级工程网络进行划分。

通过层次划分，将复杂的世界近现代超级工程网络关联关系，聚类为由几个联系更为密切的项目团簇所形成的网络超图。在技术、知识、资源、能源、管理方面有更多联系的项目基本划分在一个子网中，如图3.12所示，由相同颜色刻画的项目之间有着更多的技术迁移、信息交换、应用属性等密切联系，而不同颜色的团簇中的项目间的相互关系则稍弱。这种对超级工程项目的划分，与各项目所属的应用工程类别具有较好的对应关系。例如，巴拿马运河、荷兰三角洲工程、胡佛大坝、三峡水利工程、苏伊士运河、阿斯旺高坝等同属民用水利工程，国际空间站、阿波罗号宇宙飞船同属高科技运载工程，曼哈顿工程、大型强子对撞机则属高科技制造工程等。

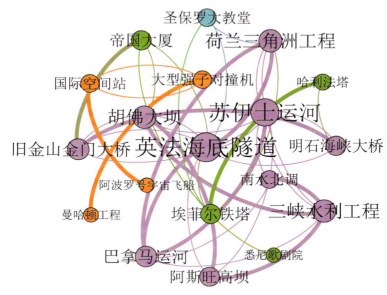

图 3.12　超级工程关联图谱

　　利用网络理论中的各种网络指标，进一步对超级工程项目组织和工程任务节点的重要性进行综合衡量和动态评价。其中，苏伊士运河、英法海底隧道等近代跨国建设项目，在项目建设过程中涉及大量的能源保障、资源输送、技术支持等重要资源积累；国际空间站、大型强子对撞机等由众多国家参与的现代全球合作项目，由于其参与方的覆盖面大，技术传承意义重大，在世界近现代超级工程网络中处于不可或缺的关键核心位置。此外，19 世纪末所建设的埃菲尔铁塔、20世纪初兴建的胡佛大坝等著名地标建筑项目，由于为后世众多超级工程项目的技术、知识和管理经验提供了样板及经验，在超级工程关联网络中也处于较为中心的连接位置。

　　对于超级工程网络关联图谱的研究，可以弥补传统的关键路径法、计划评审技术在项目任务分析中存在的不足，阐述超级工程网络所表示的系统在形式和功能方面的信息，进一步揭示网络性质与所关心的工程立项、工程建设、工程效用、相关政策等实际问题的联系。

3.3.3　创新合作网络

　　世界近现代超级工程是指投资规模大、复杂性强，对技术、经济、社会和环境有重要影响的大型工程项目，如摩天大楼、特大桥梁、交通枢纽、能源基地、港口工程、高速公路及铁路等。在超级工程的建设过程中不断攻克世界级的技术难题，并通过在类似工程中的推广应用带来巨大的技术创新溢出效应。超级工程技术创新是多要素、多主体、多阶段整合协同的过程，存在复杂的合作方式。关于技术创新合作网络的研究，需要从项目系统整体的角度对超级工程以项目需求为导向，针对多方共同参与的技术创新活动的合作关系进行剖析。接下来，将通过构建世界超级工程技术创新合作网络，利用社会网络分析中的中心性分析方法，分析超级工程技术创新成果的变化趋势，以及创新合作的特征及演化。

在技术创新合作网络中，中心度测量的是参与方在整个网络结构中的权力、优越性及社会声望。某节点的度数中心度定义为如果多个参与方共同完成过工程项目，则相连。度数中心度越高表示其合作方越多，影响力越大；度数中心势越大，表明各参与方间合作情况的差距越明显。某节点的中间中心度越高，表示某参与方的"中介能力"越强，也就是将没有关联的参与方联系到一起的能力越强；中间中心势越大，表明各参与方中介能力的差异越大。某节点的接近中心度越高，表示该参与方在合作过程中越不容易受到其他参与方的控制；接近中心势越大，表明各参与方不受控能力的差异越大。

考虑到早期的超级工程大多由各国独立完成，而随着全球化的发展，近期的超级工程建设更明显地呈现出广泛合作的特征，于是重点分析 21 世纪以来的世界超级工程合作网络。每个超级工程项目均由若干个主要参与方合作完成，以此建立超级工程技术创新合作网络，分析网络的动态演化特征。如图 3.13 所示，近现代超级工程技术创新合作网络平均度在 2002 年以前数值较高，此后该指标一路下滑，仅在 2008 年有小幅回升，最终在 2013 年后达到最低值。进一步分析指出，网络平均度的下降说明了超级工程技术创新合作网络规模的增长速度稍大于各参与方间开辟新合作的速度，某些关键参与主体的合作关系在上升而新加入网络的参与方的合作关系稍显不足。图 3.14 中网络的度数中心势的走势也说明了网络中的关键参与方并非处在绝对核心的地位。前 3 年网络的度数中心势最强，度数中心度不均衡程度高。之后网络的度数中心势开始下降。这也表明随着合作网络规模的扩大，各参与方间的合作关系增多，使得网络中"影响力"大的参与方从一家独大到多足鼎立。

如图 3.15 所示，世界超级工程技术创新合作网络中间中心度在 21 世纪前几年数值较高，2003 年达到最高值，之后此项指标值开始下降，最终在 2014 年以后降至最低值。这说明超级工程技术创新合作网络的平均中介能力逐渐下降，"桥"的作用在不断减弱。但是注意到网络的中间中心势却从 2010 年开始有所上升。由此可以推断，虽然网络平均中介能力在下降，但是不同参与方的中介能力的差异在加大。

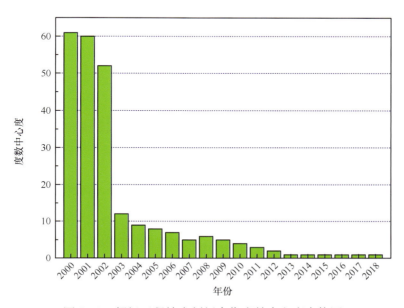

图 3.13　超级工程技术创新合作度数中心度走势图

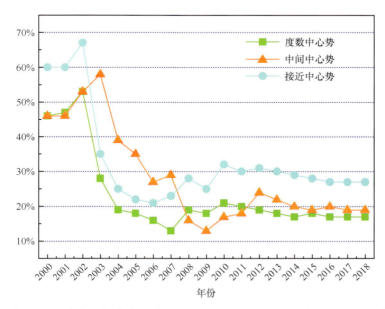

图 3.14　超级工程技术创新合作网络的度数中心势、中间中心势和接近中心势走势图

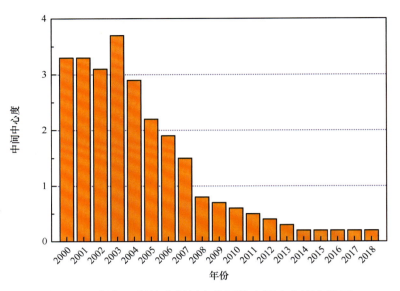

图 3.15　超级工程技术创新合作网络中间中心度走势图

　　如图 3.16 所示，超级工程技术创新合作网络接近中心度在 2004 年以前持续快速下滑，从 2006 年开始缓慢增长，2014 年后趋于稳定。2000～2004 年的大幅度下滑是因为该阶段网络规模迅速扩大，网络中各参与方间的距离显著上升。此后，超级工程技术创新合作网络间的距离不断缩短，总体上，各参与方不受控制的能力在增强，但是结合网络的接近中心势指标进一步分析，会发现从

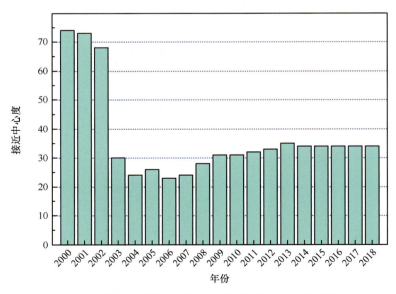

图 3.16　超级工程技术创新合作网络接近中心度走势图

2006 年开始接近中心势也是在缓慢上升的并最终维持在 30% 左右。这说明虽然世界超级工程技术创新合作网络的平均接近中心度在不断上升，但是分布的不均衡程度越来越高，各参与方的"依赖性"或者说"受控程度"差距增大。

基于网络中心性的研究方法，能从整体网络特性和个体参与方特征上对超级工程技术创新合作网络动态演化进行分析，对于项目参与方之间的技术创新合作机制提供更深的理解，并为创新合作主体的选择和工程技术持续创新提供理论依据和实践指导。

世界近现代超级工程项目是指列入各国重点投资计划且投资规模巨大，建设周期长、技术复杂度高、影响力巨大的工程项目。它们对世界各国或特定区域的政治、经济、社会、文化、生态、环境等方面产生重要影响。近现代超级工程网络覆盖的项目节点数与参与方数量逐年呈上升趋势，表明全球在超级工程建设上取得的技术成就和覆盖面越来越广，网络化的超级工程项目体系建设将为保持经济增长、提高世界人民生活水平提供重要推动作用。

3.4 演化过程

工程活动一直伴随着人类历史的发展而不断发展，人类历史上建设了许多超级工程，其中积累了许多成功的经验，同时也有许多教训，值得后续的超级工程借鉴。在科学、经济、社会、技术不断演进的同时，超级工程的制度形式、管理方式和生产模式也在不断创新和演化，是一个不断演变、逐步进化的"动态演化过程"。同时，超级工程在演化过程中由于受到自然资源的限制，在超级工程的建造模式、工程技术、管理制度等各个决策环节，需要同时考虑社会需求、建造成本、环境保护等多个不同优化目标，而这些优化目标之间则呈现出相互冲突的特点，是一个"多目标优化过程"。

超级工程的"演化性"以及演化过程中所具有的"动态性"和"多目标优化"，决定了必须要从多目标动态优化的视角对超级工程的演化过程进行深入分析。通过对各类型超级工程的发展历史以及科学技术发展史的梳理来研究超级工程演化过程，从多目标和动态优化的视角分析探究超级工程演化的内涵、目的、特点，能够对超级工程演化进程、发展路径、演化机制、演化动力、形式、变化特征及其影响因素有更深刻的认识。理解超级工程的来历、成长过程、现实状况及未来走向，从而能够更好地认识和把握超级工程发展演化的规律，具有重要的理论意义和实际价值。

3.4.1 演化分析

1. 超级工程建筑风格演化

世界近现代超级工程演化的特征，是一个复杂而多维度的过程，其演变轨迹深深烙印了科技进步、社会变革以及审美观念的变化（图 3.17）。我们可以从建筑风格的演变中窥见超级工程演化的几个显著特征。

1）技术创新驱动

技术创新是推动超级工程演化的核心动力。从古典复兴主义到现代主义，每一次建筑风格的转变都伴随着新材料、新技术和新结构的出现。例如，现代主义建筑强调使用新材料和新结构，如钢筋混凝土、玻璃幕墙等。这些材料的应用极大地提升了建筑的高度、跨度和耐用性，为超级工程的建造提供了物质基础。随着计算理论和方法的不断发展，新的结构设计理论和施工技术不断涌现，使得超级工程在安全性、经济性和美观性上达到了前所未有的高度。

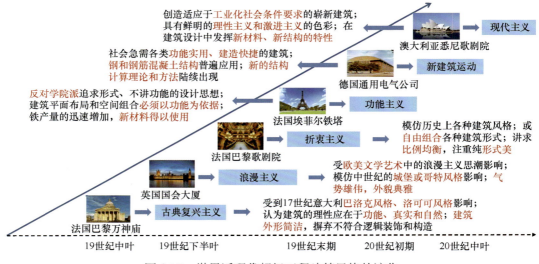

图 3.17　世界近现代超级工程建筑风格的演化

2）功能需求导向

超级工程的演化还明显体现出功能需求导向的特征。随着社会经济的发展和人们生活水平的提高，对各类功能实用、改善民生的工程需求日益增长。从古典复兴主义追求历史元素的再现，到现代主义强调功能性和实用性，这一转变反映了人们对建筑功能需求的深刻变化。超级工程不再仅仅是权力的象征或艺术的展现，更是服务于社会、改善民生的重要载体。例如，大型交通枢纽、水利工程、能源设施等超级工程的建设，都是为了满足人们在便捷交通、安全用水、清洁能源等方面的需求。

3）审美观念变迁

审美观念的变迁也是超级工程演化过程中的一个重要特征。不同历史时期的建筑风格反映了当时社会的审美追求和价值取向。古典复兴主义追求的是历史的厚重和庄严；浪漫主义则受到欧洲文学和艺术的影响，强调情感的表达和个性的张扬；而现代主义则更加注重形式与功能的统一，追求简洁、明快的线条和几何形状。这种审美观念的变迁不仅体现在建筑外观上，也渗透到超级工程的整体设计和规划中。

4）多元融合趋势

超级工程的演化还呈现出多元融合的趋势。随着全球化的深入发展，不同文化、不同地域之间的交流和融合日益频繁。这种融合不仅体现在建筑设计理念的交流上，也体现在技术、材料和管理模式等方面的相互借鉴和融合。例如，折衷主义建筑风格就体现了对历史上各种建筑风格的自由组合和融合，展现了建筑艺术的多样性和包容性。在超级工程的建造过程中，这种多元融合的趋势更加明显，各国在借鉴国际先进经验的同时，也注重将本国文化和特色融入其中。

5）可持续发展理念

可持续发展理念成为近现代超级工程演化的重要方向。随着环境问题的日益严峻和人们对生活质量要求的提高，超级工程的建设越来越注重环境保护和生态平衡。在设计和建造过程中，采用绿色建材、节能技术和环保措施成为普遍做法。同时，超级工程还承担着改善生态环境、提升城市品质等社会责任，成为推动可持续发展的重要力量。

世界近现代超级工程演化的特征体现在技术创新驱动、功能需求导向、审美观念变迁、多元融合趋势以及可持续发展理念等方面。这些特征共同塑造了现代超级工程的多样性和复杂性，也为我们理解和展望未来超级工程的发展提供了重要参考。

2. 超级工程技术演化

我们可以通过桥梁建筑与航空航天的技术演化来分析世界近现代超级工程技

术的演化规律。

1）世界近现代超级工程桥梁建造技术演化

世界近现代超级工程桥梁的演化，是一个集技术革新、社会需求、资源利用、环境考量与经济成本于一体的复杂过程。通过深入分析图片提供的信息，我们可以从以下几个方面探讨桥梁演化的主要特征（图 3.18）。

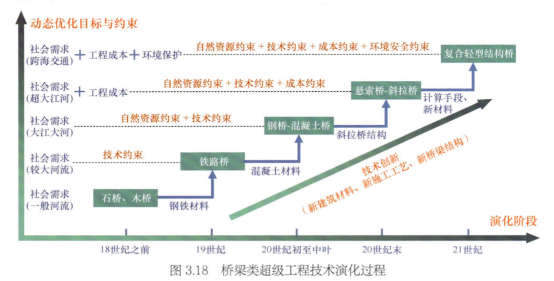

图 3.18　桥梁类超级工程技术演化过程

（1）技术创新驱动下的材料革命。

桥梁作为连接不同地域的重要交通工具，其材料的选择与使用直接决定了桥梁的承载能力、耐久性和安全性。从图 3.18 中我们可以看出，桥梁材料经历了从石料、木料到钢铁材料，再到现代复合材料如混凝土、复合材料轻型结构的演变过程。这种材料革命的背后，是技术创新的持续推动。例如，19 世纪工业革命后，钢铁材料的广泛应用极大地提升了桥梁的跨度和承重能力，使得建造更大规模的桥梁成为可能。进入 20 世纪，随着材料科学的进步，混凝土及新型复合材料的出现，桥梁建设更是迎来了前所未有的发展机遇，如悬索桥、斜拉桥等新型桥梁结构应运而生，进一步满足了人们对大跨度、高强度桥梁的需求。

（2）社会需求引导工程发展方向。

桥梁的演化始终与社会需求紧密相连。从图 3.18 中可以看出，无论是哪个阶段，桥梁建设的主要目标都是为了满足"社会需求"和"技术创新"。随着社会经济的发展和人口的增长，人们对交通便捷性的要求不断提高，这直接推动了桥梁建设的快速发展。特别是在现代社会，随着城市化进程的加快和区域经济一体化的加强，跨海、跨江等大型桥梁工程的建设成为了必然的选择。这些超级工程桥梁的建设，不仅改善了交通条件，促进了经济发展，还加强了地区之间的联系和互动。

（3）资源利用与环境保护的平衡。

在桥梁演化的过程中，资源利用与环境保护的平衡成为一个重要的问题。由图 3.18 可知，"自然资源约束 + 技术约束 + 成本约束 + 环境安全约束"共同构成了桥梁建设的约束条件。这表明，在追求技术进步和满足社会需求的同时，人们也开始关注资源的有效利用和环境的保护。例如，在现代桥梁设计中，越来越多的工程师开始采用轻量化材料和结构优化技术，以降低材料消耗和减少对环境的影响。同时，在桥梁施工过程中，也加强了环保措施的实施，如严格控制施工噪声、粉尘和废水的排放等。

（4）计算手段与新技术的融合。

随着计算机技术和信息技术的快速发展，桥梁设计和施工中的计算手段也发生了翻天覆地的变化。由图 3.18 可知，"计算手段、新材料"等关键词，反映了新技术在桥梁演化中的重要作用。现代桥梁设计离不开高精度的计算机模拟和数据分析技术，这些技术使工程师能够更准确地预测桥梁在不同工况下的受力性能和变形情况，从而设计出更加安全、经济、合理的桥梁结构。同时，新的施工工艺和装备的应用也极大地提高了桥梁建设的效率和质量。

（5）国际合作与交流的加强。

桥梁作为国际交通的重要组成部分，其建设往往需要跨越国界和地区。因此，在桥梁演化的过程中，国际合作与交流的加强成了一个显著的趋势。各国在桥梁设计、施工和管理等方面的经验和技术交流日益频繁，这不仅促进了全球桥梁技术的进步和发展，也推动了国际交通网络的完善和升级。

世界近现代超级工程桥梁的演化是一个多维度、多因素共同作用的结果。技术创新、社会需求、资源利用与环境保护的平衡、计算手段与新技术的融合以及国际合作与交流的加强共同构成了桥梁演化的主要特征。这些特征不仅揭示了桥梁建设的历史脉络和发展趋势，也为我们未来桥梁工程的建设提供了有益的借鉴和启示。

2）世界近现代超级工程船舶制造技术演化

船舶作为人类探索海洋、发展海上贸易和军事力量的重要工具，其制造技术的演变历程反映了人类科技进步和生产力发展的巨大飞跃。从古老的木帆船到现代的高科技超级工程船舶，船舶制造技术不断演进，成为衡量一个国家工业水平和综合国力的重要标志。

（1）蒸汽动力与铁质结构。

随着工业革命的到来，蒸汽机被引入船舶动力系统，标志着船舶制造技术进入第二阶段。奥林匹克号邮轮作为这一时期的代表，其动力系统采用了蒸汽机－蒸汽轮机的"联合机械系统"。这种系统虽然在一定程度上提高了船舶的航行速度和载重能力，但仍存在许多技术缺陷，如燃料消耗大、维护复杂等。然而，奥林匹克号邮轮的出现标志着船舶动力系统的革命性变化，为后续的船舶制造技术发展奠定了基础。这时期世界近现代超级工程船舶制造技术特点：蒸汽机与蒸汽轮机的结合使用，提高了航行速度和动力输出。从木质结构向铁质结构转变，增强了船体的强度和耐久性；采用分段建造和预舾装等现代造船技术，提高了建造效率。

（2）内燃机动力与模块化建造。

进入 20 世纪，内燃机逐渐取代蒸汽机成为船舶的主要动力来源。诺克·耐维斯号 [29] 作为世界上最大的油轮之一，其建造技术体现了这一时期的特点。该船采用了模块化建造技术，将船体分为多个模块进行制造和组装，大大提高了建造效率和质量。同时，双船底结构和强大的动力系统使其成为当时海上的巨无霸。这时期世界近现代超级工程船舶制造技术特点：内燃机成为主流动力源，具有更高的效率和可靠性。双船底结构增强了船体的安全性和载重能力。模块化建造技术得到广泛应用，提高了建造效率和灵活性。

（3）现代化信息技术与自动化控制。

随着现代信息技术的发展，船舶制造技术进入了一个全新的阶段。布什号航空母舰 [30] 和"福特"号航空母舰 [31] 作为这一时期的代表，充分展示了现代船舶制造技术的高度集成化和智能化。这两艘航母采用了先进的雷达和导航系统、自动化控制系统以及网络中心战能力，实现了从设计、建造到运维的全面信息化和智能化 [32]。这时期世界近现代超级工程船舶制造技术特点：采用先进的燃气轮机或核动力系统，提供强大的动力支持。采用高强度合金材料和复合材料，增强船体的抗打击能力和隐身性能。模块化建造技术得到进一步优化和完善，实现了设计与制造的一体化。广泛应用现代信息技术和自动化技术，实现了船舶的智能化控制和远程运维。

（4）绿色环保与智能化发展趋势。

近年来，随着全球环保意识的提高和科技的不断发展，船舶制造技术正朝着绿色环保和智能化的方向发展。以"大鹏昊"运输船[33]、蓝鲸 1 号、海洋奇迹号[34]及 24000 标准箱超大型集装箱船[35]为代表的现代船舶，不仅在设计上注重节能减排和环保性能的提升，还广泛应用了智能化技术来提高船舶的运营效率和安全性。这时期世界近现代超级工程船舶制造技术特点包括：采用低排放或零排放的动力系统（如 LNG 动力、电力推进等），减少对环境的影响；应用大数据、人工智能等先进技术实现船舶的自主航行、智能避碰和远程监控等功能；注重优化船体线型和减少阻力以提高航行效率；采用高强度材料和轻量化设计以减轻船体重量并增加载货量。

综上所述，世界近现代超级工程船舶制造技术的演化规律可以概括为以下几个方面。①动力系统的不断升级：从自然动力到蒸汽动力再到内燃机和核动力等现代动力系统的应用，推动了船舶航行速度和载重能力的不断提升。②船体结构的优化与创新：从木质结构到铁质结构再到高强度合金材料和复合材料的应用，增强了船体的强度和耐久性并提高了安全性。③建造技术的现代化与智能化：从手工制作到分段建造、预舾装再到模块化建造和信息化、自动化控制技术的应用，提高了船舶的建造效率和质量并降低了成本。④环保与节能意识的提升：随着全球环保意识的提高和科技的不断发展，船舶制造技术正朝着绿色环保和智能化的方向发展以满足可持续发展的需求。

3.4.2　演化规律

世界近现代超级工程的诞生与发展，不仅是科技进步的见证，更是人类智慧与勇气的结晶。这些工程跨越了时空的界限，从古老的文明遗迹到现代的高科技产物，展现了人类对自然界的改造能力和对美好生活的追求。本节基于表 2.2，深入分析这些超级工程在时间与空间上的演化规律，以期揭示其背后的历史动因、技术进步及文化影响。

1. 时间演化规律

1）古典建筑时期（17 ～ 19 世纪）

17 ～ 19 世纪，超级工程主要集中在土木工程和建筑领域，如圣保罗大教堂[36-38]、白金汉宫[39,40]、圆明园[41,42]等。这些工程以其宏伟的规模和精湛的工艺成为当时的标志性建筑，反映了当时社会对建筑美学的追求和对权力的象征性表达。这些建筑不仅是宗教、政治和文化的载体，也是技术进步的体现，如圣保罗大教堂的圆顶设计、圆明园的园林布局等，都展现了人类在建筑技术上的突破。

2）工业革命与科技进步时期（19 世纪末至 20 世纪初）

进入 19 世纪末至 20 世纪初，随着工业革命的深入和科技的飞速发展，超级工程的类型和性质发生了根本性变化。这一时期，装备制造、水利工程、运载工程等领域的超级工程相继涌现，如百眼巨人号航空母舰、克莱斯勒大厦、胡佛大坝等。这些工程不但规模巨大，而且技术含量高，标志着人类开始利用科技力量对自然界进行更深层次的改造和利用。

3）现代科技时代（20 世纪中叶至今）

20 世纪中叶以来，随着科技的日新月异，超级工程的建设进入了一个新的阶段。曼哈顿工程作为世界上第一次核爆炸的研制工程，标志着人类进入了原子能时代。此后，各种高科技工程如雨后春笋般涌现，如旧金山金门大桥、鹿特丹港、福特汽车生产线 [43] 等，这些工程不仅展示了人类在工程技术上的卓越成就，也推动了社会经济的快速发展。

4）技术进步与工程演化的互动

超级工程的建设与发展，与技术进步之间存在着密切的互动关系。一方面，技术的进步为超级工程的建设提供了可能，如钢铁、混凝土等新型建筑材料的出现，极大地提高了建筑物的承载能力和耐久性；另一方面，超级工程的建设又推动了技术的进一步发展，如曼哈顿工程在核能利用方面的突破，不仅推动了核能技术的发展，也为后续的核武器和核电站建设奠定了基础。

2. 行业演化规律

世界近现代超级工程在行业类型上的演化规律，不仅反映了人类科技进步的历程，也深刻揭示了社会经济发展、地缘政治变化以及全球资源分配等多方面的历史脉络。从土木工程、水利工程到装备制造、能源矿业工程，再到信息技术等新兴领域，超级工程的演变轨迹清晰地勾勒出了一幅人类智慧与勇气并存的壮丽图景。

1）土木工程

土木工程作为一门设计、建造和维护基础设施的学科，其发展历程涵盖了漫长历史。从简单的自然原料应用到高科技材料的创新，从依靠经验到理论支撑的飞跃，土木工程的每一次进步都深刻反映了人类社会的进步与科技的发展。

近代土木工程的时间跨度为 17 世纪中叶到第二次世界大战前后，历时近

300 年。在这一时期，土木工程逐渐形成一门独立学科，并有了自己新的特点和提高。随着力学和结构理论的逐步建立，建筑材料和施工技术也取得了显著进步。例如，白金汉宫作为英国王室的象征，其建筑结构和装饰风格体现了近代土木工程的技术和艺术成就。坚固的石材和铁结构使得宫殿非常稳固，内部空间布局合理、舒适，充分考虑了居住者的生活需求。爱丽舍宫是法国总统的官邸和办公地点，其建筑风格融合了古典主义和巴洛克风格的特点[44-47]。宫殿的建造和改造过程中，大量运用了近代土木工程的技术和材料，如钢筋混凝土等，使其成为近代建筑的典范。伦敦大英博物馆作为世界上最重要的博物馆之一，其建筑风格和设计理念体现了近代土木工程对文化和艺术的尊重与融合[48-53]，其宏大的建筑规模和复杂的内部结构，需要高度发达的土木工程技术和理论支持。

现代的土木工程为 20 世纪中叶第二次世界大战结束后至今的土木工程。二战以后，许多国家经济起飞，现代科学技术迅速发展，为土木工程的进步发展提供了强大的物质基础和技术手段。这一时期的建筑特点包括土木工程功能化、城市建设立体化、交通运输高速化等。例如，冬宫作为俄国巴洛克式建筑的杰出典范，其重建和修复工作充分体现了现代土木工程的技术水平[54-63]。其内部装饰和布局的精细程度，以及建筑材料的选择和施工技术，都代表了当时土木工程的最高水平。埃菲尔铁塔作为巴黎的标志性建筑，是现代土木工程技术的杰出代表。其独特的设计和精湛的施工技术，展示了人类在建筑领域的高度智慧和创新能力。金门大桥作为现代桥梁工程的典范，其设计和建造过程中充分考虑了地理、气候等多种因素，采用了先进的施工技术和材料，确保了桥梁的安全、可靠和可持续性。作为中国现代建筑的代表作之一，上海中心大厦的高度和复杂性对土木工程提出了极高的要求，其设计理念和施工技术都代表了当前土木工程领域的最新成果和发展方向。

综上所述，世界近现代超级工程中土木工程的演化规律如下：

（1）技术与理论的相互促进。

世界近现代土木工程的进步都离不开技术和理论的相互促进。从近代的力学和结构理论的建立，到现代的计算机技术和新材料的应用，世界近现代土木工程技术的发展始终伴随着理论的创新和完善。同时，理论的发展也为技术的进步提供了指导和支持。

（2）材料与施工技术的不断进步。

世界近现代土木工程的发展过程中，材料和施工技术的不断进步是推动其发展的重要因素。从自然原料到近代的钢筋混凝土等新型材料的应用，再到现代的预制构件、自动化施工等先进技术的引入，世界近现代土木工程的施工效率和建筑质量都得到了显著提升[64-67]。

（3）环保与可持续发展的重视。

随着社会的进步和人们环保意识的提高，世界近现代土木工程在发展过程中也越来越重视环保和可持续发展。在设计和施工过程中，充分考虑了节能减排、资源循环利用等因素，力求实现经济效益、社会效益和环境效益的协调统一。

（4）多元化与国际化的发展趋势。

随着全球化的深入发展，世界近现代土木工程也呈现出多元化和国际化的发展趋势。不同国家和地区的建筑风格和设计理念相互交融、相互影响，形成了丰富多彩的土木工程文化。同时，国际合作和交流也日益频繁，推动了土木工程技术的全球共享和共同进步。

2）水利工程

水利工程作为人类改造自然、利用水资源的重要手段，自古以来就伴随着人类文明的进步而不断发展。从灌溉系统到现代的巨型水电站、跨流域调水工程，水利工程的规模、技术复杂度和影响力不断攀升，成为世界近现代超级工程的重要组成部分。

进入近代以来，随着工业革命的兴起和科学技术的进步，水利工程迎来了快速发展的黄金时期。这一时期的水利工程不仅规模更大、功能更全，而且技术水平也有了显著提升。从简单的灌溉、防洪发展到跨流域调水、水力发电等多个领域，水利工程成了推动社会经济发展的重要力量。例如，苏伊士运河[68-72]与巴拿马运河[73-75]这两条运河的开通标志着人类跨越自然障碍、实现全球贸易互联互通的重要里程碑。它们不仅极大地缩短了海上航程，促进了国际贸易的繁荣，也展现了人类在工程技术和组织能力上的巨大飞跃。运河的挖掘、疏浚和维护过程中，涉及复杂的地理、水文和工程技术问题，为后来的大型水利工程提供了宝贵的经验。作为美国著名的水利工程之一，胡佛大坝的建成不仅解决了西部地区的灌溉和供水问题，还通过水力发电为当地经济提供了强大的动力支持。胡佛大坝的建设过程中采用了先进的混凝土技术和施工管理方法，展现了人类在大型水利工程建设上的技术实力和组织能力。

进入现代以来，随着科技的不断进步和全球化进程的加速推进，水利工程的发展进入了一个全新的阶段。现代水利工程不仅规模更加宏大、功能更加多样，而且更加注重环保、生态和社会效益的协调发展。同时，随着信息技术、遥感技术、智能控制技术等高新技术的广泛应用，水利工程的智能化、自动化水平也不断提高。例如雪山调水工程这类工程涉及高海拔、复杂地形和极端气候条件下的水资源调配问题，通过建设引水隧洞、泵站等工程设施，将远离人口密集区的优质水资源输送到需要的地方。雪山调水工程不仅解决了水资源分布不均的问题，还促进了区域经济的协调发展。治黄工程与治淮工程是中国近现代水利史上的重要篇章[76-82]。通过综合治理黄河和淮河的水患问题，不仅保障了沿岸地区人民群众的生命财产安全，还改善了生态环境、提高了水资源利用效率。治黄工程和治淮工程的建设过程中积累了丰富的经验和技术成果，为后来的大型水利工程提供了有益的借鉴。大型水电站工程如大迪克桑斯坝、阿斯旺高坝、伊泰普水电站[83]等，不仅为当地提供了丰富的电力资源，还促进了区域经济的繁荣和发展。同时，这些水电站的建设也面临着复杂的地质、水文和生态环境问题，需要采用先进的技术手段和管理方法来解决。跨流域调水工程，如南水北调工程、加利福尼亚州调水工程等，通过建设长距离输水管道或渠道等工程设施，实现了水资源的跨区域调配和优化配置。

综上所述，世界近现代超级工程中水利工程的演化规律如下：

（1）技术与科学的深度融合。

随着科学技术的不断发展，水利工程的设计、施工和管理都越来越依赖于先进的技术手段。从传统的力学、水文学到现代的计算机科学、遥感技术、智能控制技术等，各种高新技术在水利工程中得到了广泛应用。这种技术与科学的深度融合不仅提高了水利工程的效率和可靠性，还推动了水利工程技术的不断创新和发展。

（2）环保与生态的日益重视。

随着人类对环境问题认识的不断加深，水利工程在建设和运营过程中也越来越注重环保和生态问题。现代水利工程在设计阶段就充分考虑了生态环境的影响因素，采取了多种措施来减少对环境的破坏和污染。同时，在运营过程中也加强了对生态环境的监测和保护工作，努力实现经济效益、社会效益和环境效益的协调发展。

（3）智能化与自动化的提升。

随着信息技术的快速发展和智能控制技术的广泛应用，水利工程的智能化和自动化水平也不断提高。通过建设智能监测系统、自动控制系统等信息化设施，可以实现对水利工程的实时监测和远程控制。这不仅提高了水利工程的运行效率和可靠性，还降低了人工成本和风险。

（4）多元化与综合化的发展。

现代水利工程不再局限于单一的灌溉、防洪或发电等功能领域，而是逐渐向多元化和综合化方向发展。许多水利工程在设计和建设过程中都充分考虑了多种功能需求和社会效益的协调发展。例如，一些大型水电站，不仅提供了电力资源，还兼顾了防洪、灌溉、航运等多种功能；一些跨流域调水工程，不仅解决了水资源短缺问题，还促进了区域间的经济联系和合作。

3）装备制造工程

在探讨世界近现代超级工程中装备制造工程的演化规律时，我们不得不深入剖析这些工程背后的技术革新、工艺进步、材料科学的发展、市场需求变化、国际竞争与合作以及可持续发展理念等多个维度。以下将结合所列举的装备制造工程案例，详细阐述这些规律，并尝试构建一个全面的理解框架。

（1）技术革新与工艺进步。

①生产效率的飞跃。

装备制造工程的发展史，首先是一部技术革新与工艺进步的历史。从早期的奥林匹克号邮轮和百眼巨人号航空母舰的建造，我们可以看到当时主要依赖手工劳动和简单的机械辅助。然而，随着工业革命的推进，特别是福特汽车生产线 [84-88] 的出现，标志着大规模自动化生产的开始。流水线作业和标准化生产极大地提高了生产效率，降低了成本，为装备制造工程带来了革命性的变化。

②精密制造与系统集成。

随着科技的进步，装备制造工程逐渐向精密制造和系统集成方向发展。波音 747 大型商用宽体运输机 [89]、图 160 轰炸机及安 225 运输机等航空器的制造，不仅要求高度的材料强度和结构稳定性，还需要复杂的系统集成技术，包括航电系统、飞行控制系统、动力系统等。这些技术的集成使航空器能够执行更加复杂和高效的任务。

③数字化与智能化。

进入 21 世纪，数字化和智能化成为装备制造工程的重要趋势。MQ-9 无人机、空客"大白鲸"超级运输机 [90] 及空客 A380 等现代装备的制造，广泛采用了数字化设计、仿真模拟、智能制造等技术。这些技术的应用不仅提高了产品的设计精度和制造效率，还使装备制造过程更加灵活和可控。同时，智能化技术的应用也使装备具备了更高的自主性和适应性，能够更好地应对复杂多变的任务环境。

（2）材料科学的突破。

①新材料的研发与应用。

材料科学的发展是装备制造工程进步的重要支撑。从钢铁到铝合金、钛合金再到复合材料等高性能材料的研发与应用，不断推动着装备制造工程的进步。例如，在航空领域，高性能材料的应用使得飞机更加轻便、坚固和高效；在核能领域，特殊材料的应用则确保了核反应堆的安全性和稳定性。

②材料性能的优化与提升。

除了新材料的研发外，材料性能的优化与提升也是装备制造工程的重要方向。通过改进材料的成分、结构和加工工艺等手段，可以显著提高材料的强度、韧性、耐腐蚀性等性能。这些性能的提升不仅延长了装备的使用寿命和可靠性，还降低了维护成本和能耗。

（3）国际竞争与合作。

尽管国际竞争日益激烈，但国际合作仍然是装备制造工程发展的重要途径。通过国际合作可以共享技术成果、降低研发成本、提高生产效率和市场竞争力。例如在国际热核实验反应堆（ITER）[91] 项目中，中国、美国、欧盟等多个国家和地区共同参与了这一国际合作项目；在大型强子对撞机（LHC）[92] 项目中，也有来自世界各地的科学家和工程师共同参与建设和研究。这些国际合作项目不仅推动了相关领域的科技进步和发展，还促进了各国之间的友好交流和合作。

（4）可持续发展与环保理念。

①可持续发展的重要性。

随着全球环境问题的日益严重和人们对可持续发展的认识不断提高，装备制造工程必须注重环保和可持续发展。在装备制造过程中，必须采取节能减排、资源循环利用等措施降低对环境的影响；在产品设计和制造过程中，必须考虑产品的全生命周期管理，确保产品在使用过程中对环境的影响最小化；在废弃处理过程中，必须采取科学合理的处理方式减少对环境的污染和破坏。

②环保理念的融入与实践。

在装备制造工程中融入环保理念并付诸实践是实现可持续发展的关键。许多企业已经开始在装备制造过程中采用环保材料和工艺以减少对环境的影响；在产品设计和制造过程中注重节能减排和资源循环利用；在废弃处理过程中采用科学合理的处理方式以减少环境污染和破坏。例如，波音747的制造过程中就采用了环保效能卓著的三喷一烘喷涂工艺有效削减了二氧化碳和可挥发性物质的排放；空客A380则采用了轻量化设计和高效动力系统降低了能耗和排放。

综上所述，世界近现代超级工程中装备制造工程的演化规律可以概括为以下几个方面：技术革新与工艺进步推动生产效率的提升和产品质量的优化；材料科学的突破为装备制造工程提供了有力支撑；市场需求的变化和定制化生产的兴起促进了产品的多样化和个性化；国际竞争与合作推动了全球范围内的技术创新和产业升级；可持续发展和环保理念的融入与实践，则确保了装备制造工程的可持续发展。

4）能源矿业工程

在近现代历史长河中，能源矿业工程作为推动全球工业化、经济增长和社会进步的重要力量，其发展历程不仅反映了科技进步的轨迹，也揭示了人类对自然资源的利用方式和策略的演变。从传统的煤炭、石油到新能源如风能、太阳能，再到核能等高级能源形式，能源矿业工程的演化历程充满了变革与创新。

（1）从传统能源到新能源的转型。

①传统能源的兴起与分布。

传统能源主要包括煤炭、石油和天然气，是近现代工业化进程中的主要能源支柱。煤炭作为最早被大规模利用的化石燃料，其重要性不言而喻。阿巴拉契亚煤田作为全球最大的煤田之一，横跨美国东部九个州，总储量高达3168亿t，年产量达到4亿t，其开发利用极大地支持了美国的钢铁工业和整体工业发展。类似的大型煤田还有中国的许多矿区，如大柳塔煤矿[93]等，这些煤田的开发不仅促进了地区经济的繁荣，还推动了全球能源格局的形成。

石油的兴起标志着能源利用进入了一个新阶段。加瓦尔油田作为全球探明储量最大的油田，总储量超过700亿bbl①，年产量高达2.8亿t，对沙特阿拉伯乃至全球的能源供应产生了深远影响。中东地区的油田如北海油田[94]等，同样在全球能源市场中占据重要地位。石油的广泛应用，不仅推动了交通运输、化工等行业的快速发展，也促进了全球经济的一体化。

②新能源的崛起与替代。

随着传统能源的过度开采和使用，环境问题日益凸显，新能源的崛起成为必然趋势。风能、太阳能等新能源以其清洁、可再生的特点，逐渐受到各国的重

---

① 1bbl ≈ 159L。

视。Alta 风能中心 [95]、伦敦阵列海上风电场 [96]、Hornsea One 海上风电场 [97] 等项目的建设，标志着风能利用技术的不断进步和规模化应用。同时，太阳能发电工程如青海光伏电站 [98] 等，也得到了快速发展。

核能作为高级能源形式，具有能量密度高、清洁无污染的特点，使得核电站成为各国能源战略的重要组成部分。古里核电站 [99]、柏崎刈羽核能发电站、格拉沃利讷核电站 [100] 等项目的建设和运营，不仅缓解了能源供应紧张的局面，也为全球能源结构的优化提供了重要支撑。

（2）技术创新与工程实践的相互促进。

①技术创新推动工程实践。

技术创新是能源矿业工程发展的核心驱动力。从煤炭的露天开采到深井开采，从石油的勘探到钻井技术的不断进步，再到新能源的开发利用，每一次技术革新都极大地推动了能源矿业工程的发展。以石油勘探为例，从简单的钻井技术到复杂的地震勘探技术、水平钻井技术，再到水力压裂技术的应用，这些技术创新不仅提高了石油开采的效率和产量，也延长了油田的开采寿命。长庆油田在油气勘探开发过程中，通过自主创新形成的特低渗、超低渗油田开发技术，成为 21 世纪以来我国油气产量增长最快的油田之一 [101]。

②工程实践促进技术创新。

工程实践是技术创新的重要来源。在实际工程建设过程中，工程师面对各种复杂的地质条件和工程难题，不断探索新的解决方案和技术手段，从而推动了技术创新的不断深化。科拉超深井作为吉尼斯世界纪录收录的"对地壳的最深渗透"，其建设过程中遇到了高温、高压等极端环境挑战。工程师通过研发有效的制冷方法，使特制钻头能够在超过 600 ℉的高温下正常工作，这一技术创新不仅解决了工程难题，也为深井钻探技术的发展提供了新的思路。

（3）资源开发与环境保护的协调统一。

①资源开发的可持续性。

资源开发的可持续性是全球能源矿业工程面临的重要挑战。随着全球能源需求的不断增长，如何合理、高效地开发利用自然资源，同时减少对环境的破坏，成为各国政府和企业必须面对的问题。大庆油田、长庆油田等中国传统油田在开发过程中，注重资源的可持续利用，通过提高采收率、优化开发方案等手段，延长了油田的开采寿命。同时，这些油田还积极推进油气田伴生资源的综合利用，如天然气、地热等，提高了资源利用效率。

②环境保护的重要性。

环境保护是能源矿业工程发展的重要前提。在资源开发过程中，必须采取有效措施减少对环境的破坏和污染，保护生态环境和生物多样性。大柳塔煤矿等煤炭开采企业在生产过程中，注重矿区生态环境的保护和恢复，通过植树造林、水土保持等措施，改善了矿区生态环境。同时，这些企业还积极推进煤炭清洁利用技术的研究和应用，减少煤炭燃烧产生的污染物排放。

（4）国际合作与全球治理的加强。

能源矿业工程的国际合作是推动全球能源治理和可持续发展的重要途径。各国在能源资源开发、技术创新、环境保护等方面加强合作，可以共同应对全球能源挑战，推动全球能源治理体系的不断完善。中亚天然气管道等跨国能源项目的建设，不仅促进了地区能源供应的多元化和安全性，也加强了相关国家之间的经济合作和人文交流。这些项目的成功实施，为全球能源合作提供了宝贵经验和借鉴。

世界近现代超级工程中能源矿业工程的演化规律揭示了科技进步、资源开发与环境保护、国际合作与全球治理等多方面的内在联系和相互影响。从传统能源到新能源的转型、技术创新与工程实践的相互促进、资源开发与环境保护的协调统一以及国际合作与全球治理的加强等方面来看，未来能源矿业工程将呈现出更加多元化、清洁化、智能化和数字化的发展趋势。各国应加强合作与交流，共同应对全球能源挑战，推动全球能源治理体系的不断完善和发展。

5）运载工程

在近现代历史的长河中，运载工程作为连接不同地域、推动物资与人员流动、促进经济与文化交流的重要力量，其发展历程不仅见证了人类科技的飞速进步，也深刻反映了社会经济发展的需求与变迁。从传统的铁路、港口到高科技的航天运载器，运载工程的每一次飞跃都标志着人类文明的巨大进步。

（1）从单一模式到多元化发展。

在运载工程的初期阶段，由于技术水平和经济条件的限制，运载方式往往较为单一。例如，早期的丝绸之路主要依赖骆驼和马匹等畜力进行物资和人员的运输，虽然效率低下，但在当时却是连接东西方的重要通道。同样，早期的港口和铁路也大多采用较为简单的技术和设备，以满足基本的运输需求。随着科技的进步和经济的发展，运载工程逐渐呈现出多元化的发展趋势。一方面，传统的运输方式不断得到改进和完善，如铁路、公路、水运和空运等；另一方面，新兴的运输方式如管道运输、航天运输等也逐渐兴起。这种多元化的发展不仅提高了运输效率，还能满足不同领域、不同需求的运输要求。

在港口建设方面，新加坡港凭借其先进的港口设施和高效的物流体系，成为全球重要的航运中心之一[102-107]。在铁路建设方面，西伯利亚大铁路[108-112]和青藏铁路[113]等项目的实施，不仅极大地促进了沿线地区的经济发展，还展示了人类克服自然障碍、实现远距离运输的壮举。

（2）从低效率到高效率的跨越。

在运载工程的早期阶段，由于技术水平的限制，传统运输方式的效率普遍较低。例如，早期的帆船和马车等运输工具不但速度慢、载重量小，而且受天气和地形等自然条件的影响较大。这种低效率的运输方式严重制约了经济的发展和社会的进步。随着科技的进步和工程技术的不断发展，现代运输方式逐渐实现了从低效率到高效率的跨越。例如，高速铁路以其速度快、运量大、准点率高等优点，成为现代交通体系中的重要组成部分。航天运输则更是实现了从地球到太空的跨越式飞跃，极大地拓展了人类的活动空间。

以日本新干线[114]和法国 TGV[115]为例，这些高速铁路系统不仅缩短了城市间的距离，还极大地提高了人们的出行效率。神舟五号[116]和中国空间站[117]等航天项目的成功实施，则标志着中国在航天运载领域取得了重大突破，为未来的深空探测和太空资源开发奠定了坚实基础。

（3）从依赖自然到科技驱动。

在运载工程的早期阶段，人们往往依赖自然条件进行运输。例如，河流、海洋等自然水道成为水运的重要通道，而地形和气候等自然条件则对陆路运输产生了重要影响。这种依赖自然的运输方式不仅效率低下，还受自然条件的制约较大。随着科技的进步和工程技术的不断发展，现代运输方式逐渐实现了从依赖自然到科技驱动的转变。通过运用先进的科技手段，人们可以克服自然条件的限制，实现更高效、更安全的运输。

在港口建设中，通过运用自动化和智能化技术，可以大大提高港口的作业效率和安全性。在航天运输领域，通过运用先进的火箭技术和航天器设计技术，人类已经实现了从地球到太空的跨越式飞跃。这些科技手段的运用不仅提高了运输效率，也推动了运载工程技术的不断创新和发展。

（4）从单一功能到多功能化。

在运载工程的早期阶段，运输方式往往只具备单一的功能，即满足基本的物资和人员运输需求。然而，随着经济的发展和社会的进步，人们对运输方式的需求也日益多样化。为了满足多样化的运输需求，现代运输方式逐渐实现了多功能化的发展。例如，高速铁路不仅具备快速、准点、舒适等运输功能，还可以作为城市间的快速通道和区域经济发展的重要支撑；航天运输不仅具备发射卫星和载人飞船等基本功能，还可以进行深空探测、太空资源开发等更高层次的任务。

以国际空间站为例，它不仅是一个科学实验平台，还是人类探索太空、了解宇宙的重要窗口。通过在国际空间站上进行各种科学实验和技术验证，人类可以不断推动航天技术的创新和发展。

世界近现代超级工程中运载工程的演化规律揭示了科技进步、经济发展和社会需求对运载工程发展的深刻影响。从单一模式到多元化发展、从低效率到高效率的跨越、从依赖自然到科技驱动、从单一功能到多功能化、从独立发展到国际合作以及从单一领域到跨领域融合等方面来看，未来运载工程将呈现出更加高效化、智能化、绿色化和跨领域融合的发展趋势。各国应加强合作与交流，共同推动运载工程技术的创新和发展，为构建人类命运共同体作出更大贡献。

第 4 章

典型案例分析

本章对世界近现代超级工程典型案例进行了深入研究和分析，包括法国的埃菲尔铁塔、美国金门大桥、荷兰三角洲工程等。这些超级工程案例代表了不同国家在不同领域中的卓越成就，具有深远的社会影响和文化意义。对这些案例的详细研究，旨在深入探讨超级工程的特点、影响和未来发展趋势。这些超级工程不仅推动了科技的发展和经济的繁荣，还改善了民生和促进了社会进步。例如，埃菲尔铁塔作为 1889 年巴黎世界博览会（以下简称巴黎世博会）的标志性建筑，成为法国的象征和旅游胜地；旧金山金门大桥作为当时世界上最长的悬索桥，促进了旧金山的经济发展和旅游业的发展；荷兰三角洲工程通过构建一系列堤防和河口水闸系统，保护了荷兰的三角洲地区免受洪水侵袭；青藏铁路作为世界上海拔最高的铁路，结束了西藏不通火车的历史，促进了西藏地区的经济和社会发展；大兴国际机场作为中国目前最新的国际机场，是中国基础设施建设的典范之一。在人类历史的长河中，超级工程不仅是科技进步的璀璨明珠，更是人类智慧与勇气的集中展现。它们如同璀璨星辰，照亮了人类前行的道路，跨越了自然与技术的重重障碍，将梦想变为现实。从古老的金字塔到现代的太空空间站，超级工程见证了人类文明的飞跃，而近现代以来，随着科技的迅猛发展，这些工程更是达到了前所未有的高度，成为时代的标志性符号。

随着科技的发展和全球化的推进，超级工程的影响力和复杂性也在不断增加。同时，超级工程也面临着环境保护、安全管理等方面的挑战。因此，本章还将日本的福岛核电站、法国的空客 A380 以及苏联的 N1 火箭也作为经验案例进行了分析与介绍。未来的超级工程将更加注重可持续发展和环境保护，致力于解决人类面临的资源短缺、环境污染等全球性问题。同时，随着人工智能、量子计算、生物技术等新兴技术的崛起，超级工程也将迎来更多的创新机遇和发展空间。我们可以预见，在未来的日子里，将会有更多令人震撼的超级工程诞生，为人类文明的进步和发展贡献更多的力量。

4.1 经典案例

4.1.1 法国埃菲尔铁塔

埃菲尔铁塔（图 4.1），位于法国巴黎塞纳河畔战神广场，是一座钢制镂空塔，是巴黎最高建筑，世界著名建筑之一，法国文化的标志。埃菲尔铁塔建成于 1889 年，是世界建筑史上的技术杰作，也是当今世界最著名的旅游景点之一，每年能为巴黎带来 15 亿欧元的旅游收入。1991 年，埃菲尔铁塔与巴黎的塞纳河沿岸被列入世界遗产名录。埃菲尔铁塔连同周围附属设施占地面积约 1 万 m²，铁塔分为三层，分别在离地面 57.6m、115.7m 和 276.1m 处，从塔底到塔顶共有 1711 级阶梯。埃菲尔铁塔全高 330m，建成后 40 年间均为世界最高建筑。铁塔的建造消耗了 18038 个钢铁构件，总重达 1 万 t，大约使用了 250 万个铆钉，塔身总重 7000t。埃菲尔铁塔，由 250 名工人建成，造价 160 万美元。这是铁塔的设计师和结构师巧妙设计、精细规划的结果。这样举世瞩目的超级工程，以如此低的成本得以实现，这对土木工程的设计、实施具备很强的指导意义。埃菲尔铁塔的建成，使得法国拥有世界最高建筑长达 40 年。同时，埃菲尔铁塔的建设极大推动了人类利用钢材制作建筑的进程，为钢材承担人类高耸、大跨、重载的土木工程构筑物开启了先河。埃菲尔铁塔作为法国的文化象征，成为法国文化传播于世界的一个实体符号，为法国带来了过亿的游客，年收益 15 亿欧元，更成为当代当之无愧的"超级工程"[118,119]。

图 4.1　埃菲尔铁塔

1. 工程背景

埃菲尔铁塔是为 1889 年的巴黎世博会而建。自法国取得巴黎世博会主办权以来，便雄心勃勃地计划创作一件能够象征当时欧洲工业革命发明成果的巨作，借此超过 30 多年前伦敦万国博览会的"水晶宫"。1887 年 1 月，埃菲尔铁塔的设计方案中标。

1887 年 1 月，中标后的埃菲尔铁塔正式开建，为了使第一底柱构件能够采用蒸汽动力的起重机吊装，特意将每个构件的重量限制在了 3t 以内。为了克服蒸汽起重机起重距离短的缺陷，在埃菲尔铁塔的建设过程中还引入了爬行吊起重机。第一平台建成以后，使用卷扬机将第二阶段的构件运输上去，开始搭建。此后，施工方还运用了一台能沿着中柱爬行的吊机完成最后一个平台的吊装任务。上述技术的使用，保证了埃菲尔铁塔安装的高效率、低工作量，使得铁塔这一超级工程在土木工程技术史上也占据重要的位置。

建造埃菲尔铁塔时，为保证每个铆钉孔的偏差在允许范围之内，设计师在铁塔底座 4 个巨型斜角墩处设计了临时支撑，采用漏砂的方法调整斜角墩的倾斜度及标高，保证第一平台安装的标高及水平程度达到要求。此外，还在 4 个斜角墩底部设置了 4 个水压千斤顶，通过其升降使得上部结构铆钉孔得以对准。上述操作在当时的工程条件下是当之无愧的壮举，也是埃菲尔铁塔得以成为超级工程的关键。

在设计建造之初，埃菲尔铁塔就志在超越一切历史建筑，用以展示法国在工业领域的成果，因此铁塔从一开始就具备了非凡的文化意义。

埃菲尔铁塔作为巴黎乃至法国的标志，既在物质层面，也在精神层面。从技术上看，它是第一座真正利用现代技术、采用现代思维、使用现代材料建造的现代建筑巨作，其出现带动了人类建筑技术的飞跃。埃菲尔铁塔的建筑用材、建筑技术、建筑设计，已经达到了全面、彻底的现代化。埃菲尔和他的工程师团队将 1.8 万根梁柱、250 万个铆钉赋予了统一的生产编号，一次性组装完成了这个当时世界上最高的建筑，其科学的设计、精确的计算以及精湛的技艺，创造了当时建筑技术的高峰。此外，埃菲尔铁塔在选址、造型、体量等方面取得的创新，"象征着建筑学向工程学的过渡"，改变了传统大众对建筑的认知。不吝啬地讲，是埃菲尔铁塔开创了现代建筑史。

从文化角度看，埃菲尔铁塔的建成，象征着巴黎文化向着现代迈进了一大步。巴黎通过埃菲尔铁塔的建造在人类建筑史、工业文明史上留下了浓墨重彩的一笔。埃菲尔铁塔的建造圆满完成了超越以往一切建筑的目标，给当时的法国社会注入了强烈的社会振兴的欲望。

2. 工程价值

1）工程成果

如果说水晶宫是人类现代建筑的开篇之作，那么埃菲尔铁塔可谓是人类现代建筑的第一个高峰。它将建筑设计与结构设计完美融合，让艺术价值通过技术手段得以实现，开创了钢结构建筑的新纪元，为现代建筑打下基础，写好范式。

（1）开创了钢结构建筑的新纪元。

17 世纪 70 年代，人类开始大量应用生铁作为建筑材料。至 19 世纪初，人类逐渐发展应用熟铁建造桥梁、房屋等。19 世纪中叶后，钢结构的品种日益增加，钢的强度不断提升，钢构件之间的连接方式也取得了一定的发展。埃菲尔铁塔便是钢材应用于土木工程的集大成者。在建设埃菲尔铁塔的过程中，埃菲尔设计了钢结构建筑领域许多开创性的技术：

第一，埃菲尔铁塔开创了预制构件的先河。与当时其他建筑的修建方式不同，埃菲尔预先在钢材工厂中制作好了建造铁塔所需的全部构件，准备采用拼装的方式进行搭建。

第二，整体结构采用铆钉连接，铆钉孔以 0.1mm 的容差预先制作好。

第三，每个钢结构构件重量均在 3t 以内，使得当时的蒸汽动力起重机能够派上用场，大幅减少人力使用。

（2）在建筑美学上有巨大突破。

埃菲尔铁塔的建筑设计是人类美学史上的一大奇迹，称得上是现代工业美学的开山之作。铁塔四个柱脚立在钢筋混凝土的墩座上，以弯矩曲线的形状向上交会，在充分利用钢材强度的同时形成了精美的造型，实现了建筑设计与结构设计的高度统一。埃菲尔铁塔自建成至今一直是巴黎的最高建筑，它的建造将当时巴黎社会的分裂一扫而空，直上云霄的造型实现了巴黎社会价值认同的协调，建立起了强大的美学认同、文化认同。

（3）在文化传承中不断被赋予新的意义。

建造之初，埃菲尔铁塔象征着当时席卷世界的工业革命。它是为了当时巴黎世博会而建，也是为了庆祝法国革命胜利 100 周年而建，成为了那个时代的烙印。随着时间流逝，埃菲尔铁塔不断延伸着自身的文化价值，它逐渐成为巴黎迈入现代化的标志，成为展示法国人异想天开、敢于创新、追求艺术的浪漫主义情怀的象征。除此之外，它还在第一次世界大战中为法国的无线电通信作出了巨大贡献。

2）工程管理

从管理内涵角度分析，埃菲尔铁塔的建造也是近现代工程管理的集大成之作，为后世的工程管理提供了许多有益的借鉴。

在工程规划、设计阶段，共有 50 名建筑师和设计师绘制了 5300 张图纸，完成了对工程各个细节的预先把控和设计。在当时的时代进行如此精细、缜密的工作难度可想而知，埃菲尔所领导团队的先见之明也为这项举世瞩目的超级工程注入了管理的灵魂。此外，得益于精细的图纸规划，埃菲尔铁塔预先制作好了 12000 件规格不一的预制构件，并且在安装过程中没有任何一件需要返工修改，实现了一次性建造。在这一阶段，埃菲尔所采取的工程管理总思路是"深度思考，预先完善"，设计团队预先规划好了每一个构件的施工流程与安装顺序，进行了施工图深度的图纸绘制，实现了工程项目管理的一大进步。

在工程的实施阶段，埃菲尔铁塔积极应用新技术进行建造，埃菲尔铁塔在钢结构建造领域为后世建筑提供了一个完美的蓝本。埃菲尔铁塔全部工程使用的钢构件有 18000 余个，塔身上约有 12000 个，使用了 259 万个铆钉，而安装这些构件仅仅使用了 250 名工人，并且没有出过任何一次生产事故。这得益于埃菲尔采用的新技术以及新管理思想。除了钢结构预制构件分段拼装之外，埃菲尔铁塔的建设充分考虑了施工便捷与安全性，将每一个构件限制在 3t 以内，便于使用当时较为原始的起重机进行吊运。实际工程中，埃菲尔设计了精细、有序的调运、安装步骤，进行了科学的施工组织设计与现场施工进度管理，这些思想和技术对后世的我们都具备极强的借鉴意义。

3）社会价值

埃菲尔铁塔的顺利完成，既代表了欧洲工业革命的技术成果，又代表了文艺复兴后法国文化的传承与思考。埃菲尔铁塔所取得的文化价值是非凡的，取得的科技进步是令人震撼的，对法国的经济发展和工程管理领域的发展都有很大的促进作用。

埃菲尔铁塔这一超级工程的建设，提升了钢结构材料应用于土木工程的进度。铁塔完成后，钢结构应用于土木工程的高耸、大跨、重载结构都分别有了开山之作。此外，在建造埃菲尔铁塔的过程中，围绕钢结构建筑的落实，还开创出了预制构件、现场拼装、机械应用等多种新技术、新手段，对科技的进步和管理水平的提高起了极大的推动作用。

埃菲尔铁塔的建设，是以总结工业革命的成果为目的的。但铁塔在实现这一基本目的的基础上，成了法国浪漫主义精神的代表，成为了巴黎迈入城市现代化的标志，凭借一己之力为法国巴黎带来的现代建筑风格，也成为了人类的历史遗产。

埃菲尔铁塔的建造，对法国社会经济发展和文化传播也起到了极大的帮助，迄今为止，已有超过两亿人参观过埃菲尔铁塔。甚至一提起巴黎，人们首先想到的画面便是埃菲尔铁塔。因此，这一超级工程，不仅是技术上的"超级工程"，更是在文化上的"超级工程"。

3. 工程启示

1）成功关键因素

（1）大胆利用新材料、新技术。

埃菲尔铁塔是钢结构建造高耸建筑的开山之作，是人类利用钢材进行土木工程的代表。埃菲尔铁塔之所以成功，很大程度上是由其大胆采用钢材，大胆创新钢结构建筑的建造技术带来的。

埃菲尔铁塔预先在工厂当中制作好了建造铁塔所需的全部构件，并且在构件上打好了铆钉孔，制作了250万个铆钉准备进行现场结构拼装。此外，埃菲尔铁塔的每个结构构件都限制在了3t以内，大量运用机械进行吊运、拼装，极大节省了人力，加快了工程速度，提高了工程精度。

（2）实现了建筑的文化价值。

埃菲尔铁塔自建造之初便具有极强的文化象征价值，这与一般的建筑是不同的。这座采用纯钢结构建造的铁塔一经问世，便完美完成了它所被赋予的历史任务，成为欧洲工业革命成果的代表及欧洲工业文明的结晶。

（3）实现了建筑文化价值的延伸，扩展了生命周期。

埃菲尔铁塔最重要的成果就是实现了建筑文化价值的延伸。埃菲尔铁塔本身的技术价值被时代消化，甚至几度面临被拆除的命运。但是它所代表的欧洲工业文明，其对巴黎迈入现代化的象征意义，它在"一战"中为法国人民发挥出的作用，使得其历史、文化价值得以大幅延伸，因此得以保存至今，成为人类遗产。

2）科学与哲学启示

埃菲尔铁塔实现了艺术价值与技术成就的统一，打造出了现代建筑史上的第一个辉煌成就。埃菲尔铁塔的建造，给当时在英法竞争中处于颓势的法国人民注入了一针强心剂，刺激了法国社会复兴的欲望和行动。埃菲尔铁塔诞生之初，象征着法国 19 世纪工业革命的巨大成就和迈向现代化的勃勃雄心，而后转变为了创造和引领新潮流的巴黎精神象征。时至今日，它更是全人类对 19 世纪工业文明的记忆的象征。这一项超级工程带给我们的最大启示便是，带有文化内涵的建筑才愈发具有生命力。

此外，埃菲尔铁塔的建造也开启了人类应用钢材建造高耸结构的历史篇章。卷扬机、起重机、吊车等现代土木工程装备在这一项目中得到了充分运用。招标、竞标、设计、施工等现代土木工程建造流程在这一项目中得到了充分体现。埃菲尔铁塔的建造也开启了人类现代建筑的历史篇章。

3）未来指导

埃菲尔铁塔建成已有 100 余年，当时所采用的技术在现在已比较落后，但建造埃菲尔铁塔的精神仍值得我们学习。

（1）超级工程的建设应注重文化的表达。

超级工程的建设应当超越工程应用价值的本身，以期在其极长的生命周期内发挥更大作用。具体而言，埃菲尔铁塔的建设告诉我们，超级工程的文化价值应当立足于时代的高度，实现对当下人民热切期盼的回应，将人民的文化诉求顺利表达。

（2）超级工程的建设应大胆采用新技术。

超级工程之所以成为超级工程，很大一部分原因就是它的建设能够推动某些领域的科技进步。埃菲尔铁塔建造过程中面临工期短、材料新等多种困难，但是预制构件的使用以及机械施工的加入圆满解决了遇到的难题。这启示我们，应当抓住超级工程带来的机遇，大胆采用新技术解决问题，让技术和工程相互成就，相互促进。

（3）超级工程应在历史发展中不断取得新的内涵。

埃菲尔铁塔的文化价值在历史进程中不断取得发展和延伸，这不仅增加了铁塔的生命周期，也发展和扩充了当地的文化。因此，超级工程的建造应当重点研究这一发展变化，探索自身文化价值从实物叠加向符号精神的转变和发展。既要探索时代赋予建筑的文化意义，更要在精神层面不断寻找超级工程所代表的时代精神，从而实现超级工程社会历史价值的历久弥新。

作为 19 世纪末的超级工程，埃菲尔铁塔的意义远远超越了其作为一座建筑结构的范畴。埃菲尔铁塔代表了人类对于未知与高度的探索精神。在那个时代，它的高度令人叹为观止，是人类向天空进军的又一里程碑。它激发了人们对科技、对未来的无限遐想，成为激励人们不断前行、追求卓越的精神图腾。综上所述，埃菲尔铁塔作为超级工程，不仅在于其技术上的突破与创新，更在于它对人类文化、经济乃至精神的深远影响。它是人类智慧与勇气的结晶，是历史长河中一颗璀璨的明珠。

4.1.2　旧金山金门大桥

旧金山金门大桥（图 4.2），位于美国金门海峡，是连接旧金山与加利福尼亚州的一座跨海大桥。大桥始建于 1933 年 1 月 5 日，1937 年 5 月 27 日完工。大桥全长 2780m，其中主桥部分长 1967.3m，桥面为双向六车道，宽度达 27.4m。1937 年建成之时，金门大桥是当时世界上最长和最高的悬索桥，主跨 1280m，最高点 227m。旧金山金门大桥是世界悬索桥的杰出代表，它不仅在大型的悬索桥工程中具备领先地位，而且也为大型工程的建造和管理提供了一个标杆。旧金山金门大桥的建设克服了主跨过长的技术难题，兼顾了地震带附近的抗震、抗风、抗潮水等自然难题。旧金山金门大桥的建设共计耗资 3500 万美元。以悬索桥两条主钢缆为例，钢缆直径 92.7cm，重量 2.45 万 t，主缆含钢丝数 27572 根，单根钢丝长度 2331m，总长 128748km。旧金山金门大桥的建设，攻克了悬索桥实现大跨度的技术难题，为施工组织设计和工程管理领域积累了宝贵经验。旧金山金门大桥的贯通，方便了美国旧金山和加利福尼亚州两岸来往，促进了当地经济发展，代表了当时世界桥梁工程的最高成就。

1. 工程背景

旧金山地区三面环海、一面环山，早期除邓巴顿（Dumbarton）海峡处有一铁路桥与外界连通外没有其他桥梁，当地与外界的联系主要通过航运。因此，当地的经济增长率低于当时美国的平均水平。早在 19 世纪中期，约书亚·诺顿便首次提出应在旧金山海湾地区建立一座跨海大桥，以加强旧金山与周边的联系。1872 年，中央太平洋铁路公司的建筑商已根据地图设计了一座悬索桥用以连接两岸，但因成本过高而作罢。

图 4.2　旧金山金门大桥

　　1915 年后，巴拿马运河的开通使得旧金山地区海上贸易数量剧增，推动了当地工业化的进程。相应地，当地对两岸间运输的需求也急剧上升，当时已有的轮渡远不能满足需求。囿于第一次世界大战，当时建设跨金门海峡大桥的呼声受到了极大阻力。直至 1929 年，航运线路增长到 7 条，仍然不能满足当地的运输需求。至此，金门大桥的建设方案才终获通过。

　　在此过程中，旧金山金门大桥的设计方案经历了多次变更。1921 年，设计师施特劳斯完成了混合悬臂吊桥结构的第一份设计方案。由于第一份方案破坏了当地环境的和谐，且技术上并不是最佳方案，因此遭受了不少反对。此后，旧金山金门大桥的建设转向全悬索方案，开始大胆探索当时桥梁工程界难度极高、绝无仅有的超大跨度悬索桥。

　　旧金山金门大桥于 1933 年 1 月 5 日正式开工。1935 年 1 月，旧金山金门大桥全部桥墩的建设工作完成。1936 年 11 月，旧金山金门大桥钢结构桥面建设完成。至 1937 年 5 月 27 日，旧金山金门大桥全面达到设计要求，建成开放。

　　旧金山金门大桥的建设，为世界大跨度悬索桥的修建攻克了一批难题，为世界大型工程的建造和运营管理树立起了标杆。旧金山金门大桥一经建成，就成了世界悬索桥的杰出代表，在人类土木工程的建设史上写下了光辉一页。

旧金山金门大桥的建设曾被认为是"不可能完成的任务"。除了当时世界上尚未有过在海湾入海口建设桥梁的先例之外，金门海峡的极端地理条件也为大桥的建设增加了许多困难。首先，金门海峡过宽导致桥梁主跨必须超过当时技术允许的最大跨度。其次，金门海峡直接与太平洋相对，潮汐、海浪冲击力巨大。此外，金门海峡常年有海陆风侵袭，不时伴随大雾。最重要的是，金门海峡距离1906年旧金山地震震中不足10km，距离圣安德烈斯地震断裂带极近。以上种种不利因素为旧金山金门大桥的设计和建造带来了技术上的极高壁垒。

旧金山金门大桥的建设，正是在克服上述壁垒的基础之上，推动了当时世界桥梁建设科技的发展。旧金山金门大桥的建设过程创新了栈桥、桥墩的施工工艺，在独特的地形条件上创造了全新的悬索桥建设流程，为世界土木工程建设积累了宝贵的经验。旧金山金门大桥的设计也充分考虑了美学因素，橙色的底漆修饰过的塔架与钢缆一同勾勒出绝美的曲线，与金门海峡的风光完美融合。1999年，旧金山金门大桥入选美国建筑师协会评选的"美国人最喜欢的建筑"。此外，由于旧金山金门大桥在悬索桥设计、施工方面的创新，2010年，旧金山金门大桥被美国土木工程师学会（ASCE）评选为现代世界奇迹之一。

2. 工程价值

1）工程成果

建成时作为人类历史上最长和最高的悬索桥，旧金山金门大桥面临的工程难点很多。在克服这些困难形成的壁垒的过程中，形成了许多极具创新价值的技术，为人类桥梁工程积累了工程方法和知识。

（1）大跨度悬索桥的设计。

旧金山金门大桥的建设突破了悬索桥大跨理论，创造了人类历史上悬索桥跨度超过1200m的纪录。在采纳美国曼哈顿桥无加筋梁的悬索桥挠性理论基础上，旧金山金门大桥的设计发展和完善了这一理论，使悬索桥承受的风压能够通过悬索传递，并且使桥梁的晃动能够平衡风压。因此桥梁得以设计得更长、更轻且更节省材料。在理论创新的前提下，纯悬索大桥的方案得以论证通过，为旧金山金门大桥的建设奠定了最坚实的基础。

（2）复杂气候条件下的施工。

金门海峡与太平洋相对，入海口处常年有潮水和风浪侵袭，施工难度巨大。

金门大桥栈桥和桥墩的建设因此面临着巨大的困难。为此，旧金山金门大桥的施工团队创造性地改变以往的施工工艺，选择铁管爆破在海峡的开放水域破碎岩石，同时采用圆木桩代替钢结构作为栈桥桩基础。这两项工艺的改进保证了栈桥的建设能够克服自然因素的不利影响，同时保证了施工的工期。除此之外，桥墩施工过程中创新采用了混凝土围堰挡水代替沉箱法施工，以此来抵御强大的海潮破坏力，保证了桥墩施工的顺利进行。

（3）恶劣地质条件下的困难。

金门海峡靠近圣安德烈斯地震断层，桥梁有遭受强烈地震而破坏的危险。然而自从桥梁建成至今，尚未有任何一起自然灾害导致桥梁损坏。尤其是在 1989 年的地震中，美国有很多桥梁因为出现事故而关闭，但旧金山金门大桥整体结构并无任何损伤，简单维护即可重新开通运营。这与旧金山金门大桥建设时的高瞻远瞩与日常运营中的精细养护是分不开的。保持原有的设计时对悬臂 – 悬索混合结构的反复修改和对新理论的积极采纳使得结构能够化繁为简，采用纯悬索结构设计建造旧金山金门大桥，悬索桥的柔性体系较好地克服地震作用的影响，使金门大桥历经大震而不坏。此外，自钢塔建造完成后，定期刷漆、定期维护，旧金山金门大桥能够保持良好的工作性能，因此在面对突发自然灾害时才能发挥出设计要求的水准。

2）工程管理

旧金山金门大桥的建设因管理而更伟大。当时，除了技术壁垒限制金门大桥的建设外，资金等非技术原因也是限制金门大桥修建的关键性问题。

为了更好地推动金门大桥工程顺利进行，时任旧金山市长与旧金山金门大桥设计师提议成立了金门建桥协会。该协会成功游说了当时加利福尼亚州议会给予旧金山金门大桥贷款、发行债券以及收取过桥费等来建设和维护旧金山金门大桥。

在工程进行过程中，还成立了旧金山金门大桥董事会，负责工程的筹资、建造和管理工作。在董事会的领导下，工程师制定了严格的时间规划表，创新性地采用了平行工序法，确保相近的工序能够同时完成，减少工序间不必要的等待时间，努力缩短工期，为大桥的建设节约了相当可观的资金。建设期间，由于金门海峡气候较为极端，董事会采用了桥梁建设史上最严格的安全生产管理措施。他们设置了安全网，史上第一次强制施工工人必须戴安全帽作业，创造了当时美国历史上事故率最低的工程。

金门海湾入海口以及地震带附近的地理位置也给旧金山金门大桥的运营带来了许多困难。旧金山金门大桥于 1989 年经历了 6.9 级地震。在此过程中，旧金山金门大桥的维护管理也积累了不少经验。对于备受浓雾、腐蚀性气体侵袭的旧金山金门大桥而言，及时清理锈蚀、更换损坏零件是最重要的运营工作。因此，自 1934 年钢塔结构建设完成以来，刷漆、除锈的工作就从未停止，至今已经形成了 38 人的刷漆小组负责日常养护工作。

3）社会价值

旧金山金门大桥的建设，是技术的进步，也是管理的成就。面对技术壁垒、自然困境，旧金山金门大桥参照并发展了曼哈顿桥的设计思想、设计理论，用理论的进步克服了技术上的难题，创新性地发展了大跨度悬索桥的设计理论。同时，旧金山金门大桥的施工实践也为此类桥梁工程在克服自然条件限制方面积累了宝贵经验。特别是旧金山金门大桥因地制宜的施工工艺改进思路，即对栈桥和桥墩施工工艺的改进，既保证了金门大桥的顺利实施，也是桥梁施工工艺的一次进步。

此外，面对最为致命的资金限制，旧金山金门大桥的建设团队创新了管理机构和管理方式，保证了旧金山金门大桥最终得以建成。金门建桥协会的成立使旧金山金门大桥的参与者们有了话语权，旧金山金门大桥和高速公路行政区的划设使得解决资金问题有了机构保障。旧金山金门大桥建设中创新性地引入贷款、债券，并以过桥费作为保障的方式也开创了社会资本参与工程建设的先河。此外，工程进度管理中平行施工法的采用确保了工程如期完成，为建设节约了利息投入。工程安全管理上强制戴安全帽的规定也为后来的工程提供了范本。

3. 工程启示

1）成功关键因素

（1）在设计及施工层面大胆创新。

旧金山金门大桥的建设面临着主跨长、地质条件和气候条件差等难点，为此，旧金山金门大桥工程一度陷入停滞。面对困难，旧金山金门大桥的建设者们学习新的理论，采纳曼哈顿悬索桥的建设经验，并且在此基础上得以完善、加深，创新出新的理论，最终指导纯悬索桥大跨结构的设计。在施工中，面对复杂的气候条件，施工团队修改了以往的施工工艺，采用铁管爆破工艺，木桩代替铁桩，实现了栈桥的顺利修建。此外，桥墩的施工中创新性地采用了混凝土围堰形式，保证了工程顺利进行。

（2）结合实际情况创新管理举措。

由于建设期适逢经济危机，旧金山金门大桥面临的最大困难是资金不足。建设团队采取因地制宜、合乎实际的管理行为，是工程得以成功的重要因素之一。旧金山金门大桥创立了金门建桥协会，使得所有参加工程的城市能够在桥梁融资、设计和建造过程中拥有话语权。此外，金门大桥还成立了董事会，专门负责工程的筹资、建造和管理。这些机构的成立，为大桥工程的顺利进行提供了管理上的保障，其所采取的措施帮助金门大桥成功打破了资金困境。另外，旧金山金门大桥在工程管理上实现了诸多创新，特别是在安全管理工作领域取得了显著成就，得到了土木工程历史上的高度评价。

（3）形成了公众参与的社会氛围。

旧金山金门大桥从设计到融资均有社会力量的参与。正是公众参与对设计方案的监督，才造就了这座超级工程最终的形态。也正是社会资本力量的支持，才让处于经济危机中的美国有能力建成这样一座超级工程。

（4）取得了良好的经济收益。

旧金山金门大桥的建设资金来源于贷款、债券以及过桥费的收取，而金门大桥成功的选址、对社会迫切需求的呼应是过桥费能够最终支付所有费用的保障。至 1971 年最后一批建设债券到期时，全部过桥费产生的利息已达 3900 万美元。由此可见，旧金山金门大桥的建设在经济上是十分成功的。

2）科学与哲学启示

（1）技术创新是工程成功的关键。

在旧金山金门大桥的建设过程中，为了克服困难所采取的技术创新为旧金山金门大桥成为世界超级工程奠定了坚实的基础。旧金山金门大桥从最初的混合悬臂吊桥结构优化而来，在吸取曼哈顿悬索桥无加筋梁的悬索桥挠性理论基础上加以优化和发展，使得原有 50% 的风压能够被悬索桥的悬索承担，而后传递出去。这样理论上的创新保证了旧金山金门大桥得以在纯悬索桥的方案下实现大跨结构。同时，冶金工艺的发展推动了钢材质量的逐步提升，世界首座突破千米的华盛顿悬索桥的建设成功为旧金山金门大桥的建设提供了材料上的信心；而技术和材料上的创新发展是旧金山金门大桥成功的最关键因素，更是旧金山金门大桥带给我们的最大启示。

（2）科学的管理能够极大促进工程进展。

通过运用现代化的管理思想、管理组织等科学的工程管理方法，旧金山金门大桥在建设工期、资金控制、安全管理上均取得了十分不错的成绩。金门大桥平行施工法的应用保证了工期，仅用4年时间便完成了一座如此规模的跨海大桥的施工。也正因为良好的时间控制，旧金山金门大桥的贷款利息支出得以大幅减少，缓解了处于经济危机中的这一项目的资金需求困境。此外，旧金山金门大桥首创的强制佩戴安全帽的规定现在已经成为工程施工的标准，被许多国家采用。

3）未来指导

旧金山金门大桥建成于1937年，正值美国土木工程取得辉煌成就的时代。旧金山金门大桥的建设回应了当时迫切的社会需求，以技术和施工层面的多种创新克服了工程面临的重重困难，以管理层面的新方法战胜了资金短缺等困难，最终打造了一座人类桥梁史上的丰碑。

（1）超级工程建设过程中要形成技术创新的良好氛围。

在旧金山金门大桥的建设过程中，取得了一系列技术上的创新，主要包括：克服大跨度悬索桥的设计、建设壁垒；克服海湾入海口苛刻地理条件限制，兼顾抗震设防设计。旧金山金门大桥的设计过程中，采用并进一步完善了无加筋梁的悬索桥挠性理论，使得悬索桥能够设计得更长、更轻和更窄，因此才保证了金门大桥技术上的可能性。此外，旧金山金门大桥的施工团队选择铁管爆破工艺建设栈桥，采用混凝土围堰挡水浇筑墩台完成桥墩施工，以创新的施工工艺克服了当地恶劣地质条件的影响，完成了工程。

（2）超级工程的建设要形成新的管理思想。

旧金山金门大桥的建设时值美国经济危机的爆发，失去政府支持的旧金山金门大桥建设计划一度停滞。但是成立金门建桥协会以及董事会等的管理行为为旧金山金门大桥的筹资带来了曙光，最终通过贷款、债券以及收取过路费等创新方式募集了足够的建设资金。除此以外，建设过程中对工程安全、工程进度等的创新严格管理也为旧金山金门大桥的建设节约了大笔资金，为工程管理领域积累了宝贵经验，开创了良好先例。

（3）超级工程的建设应当形成社会公众参与的风尚。

旧金山金门大桥的设计、规划过程中有极强的公众参与特性。旧金山金门大桥方案几经修改，均是来源于民众对建设方案、技术、美观的意见。此外，旧金山金门大桥为建设而募集的资金也大多来自民间。可以说，是社会的合力共同促成了旧金山金门大桥这一超级工程的成功建设，这为我们今后的工程提供了宝贵经验。

综上所述，旧金山金门大桥不仅是技术与工程的杰作，更是旧金山文化和精神的象征。金门大桥的建成既体现了人类对自然环境的挑战和征服精神，又展示了旧金山人民勇于创新、追求卓越的精神风貌。金门大桥自建成以来已经历了数十年的风雨洗礼，但它依然屹立不倒，成为旧金山历史与现实的交汇点。它不仅见证了旧金山的发展历程和变迁，也承载了无数人的记忆和故事。金门大桥的存在提醒我们，无论时代如何变迁，人类对美好生活的追求和向往始终不变。旧金山金门大桥作为超级工程的意义不仅在于其技术创新和城市发展方面的贡献，更在于其作为文化与精神象征以及历史与现实交汇点的深远影响。

4.1.3 荷兰三角洲工程

荷兰三角洲工程是位于荷兰三角洲地区（莱茵河、马斯河和斯海尔德河的入海口，面积达 4000km^2）的一个由堤防闸坝组成的庞大防潮抗洪系统（图 4.3）。荷兰三角洲工程是全世界至今最大型的防洪工程，被选为世界七大工程奇迹之一。

图 4.3　荷兰三角洲

1953 年 2 月 1 日，荷兰发生的重大水灾促成了庞大的三角洲治理计划的实施。荷兰政府成立了三角洲委员会指令其为西南三角洲制定防洪计划。三角洲委员会制定《三角洲法案》，该法案于 1957 年正式获得批准，1961 年三角洲委员会完成了报告最终版。整个工程于 1954 年开始设计，1956 年动工，20 世纪 70 年代初针对开始修建的东斯海尔德河水坝因入海口是否封闭的问题的斗争愈演愈烈，1974 年政府下令停止了该工程。经内阁会议讨论决定，公共工程及水管理局应将剩余 4km 设计一个可移动的风暴潮屏障后才能恢复施工。新的屏障是一项革命性的设计，终结了水利工程师的主流观点，即只有完全封闭入海口才能确保最佳的防洪效果。该工程于 1986 年宣布竣工并正式启用，1986 年 10 月 4 日，贝娅·特丽克丝女王为东斯海尔德水闸揭幕，建设跨度长达 30 年。

荷兰政府称其三角洲工程为世界最大的防洪工程，工程堤防总长约 1650km，其中主堤长 240km，副堤长 1410km；有大小建筑 30 座。三角洲使荷兰海岸线缩短了 70km，围垦土地 1500km^2，并开发出一个面积为 85km^2 的淡水湖，还包括 5 处挡潮闸坝和 5 处水道控制闸。其中哈灵水道挡潮闸、东斯海尔德挡潮闸，以及鹿特丹新水道挡潮闸令世人瞩目。河口地区洪泛降为 4000 年一遇，内陆地区降为万年一遇。

（1）东斯海尔德（Eastern Scheldt）闸坝。该闸坝横跨东斯海尔德河，是一座挡潮坝。河口被小岛分成 3 个口门，宽度分别为 180m、1200m 和 2500m，最大深度 45m，大坝全长 9km。三个挡潮闸共长 2800m，共设 63 孔，每孔宽 45m，于 1986 年竣工。

（2）费尔瑟（Veerse）挡潮闸。该闸位于东斯海尔德闸坝之南，东面有赞德克列克（Zandkreek）闸坝。两闸坝之间形成一个 22km 的淡水湖。赞德克列克闸坝设有泄水闸排泄洪水。两座闸坝分别于 1961 年和 1969 年竣工。

（3）布劳沃斯（Brouwers）挡潮闸。该闸位于赫雷弗灵恩河口，上游有赫雷弗灵恩（Grevelingen）闸坝，两闸坝之间形成 110km 的封闭水域。这两座闸坝分别于 1978 年和 1983 年竣工。

（4）哈灵水道（Haringvliet）挡潮闸坝。该闸坝位于哈林水道河口，口门宽 4.5km，坝长 3.5km，闸长 1km，共设 17 孔，每孔宽 56m，于 1971 年竣工。

（5）荷兰艾瑟尔（Hollandse Ijssel）挡潮闸。该闸位于鹿特丹新水道的支流荷兰斯艾瑟尔河口，为单孔闸，跨度为 80m，装有垂直提升闸门。另还设有一座船闸，以维持关闸挡潮时通航。该挡潮闸于 1958 年竣工。

荷兰三角洲水道上的其他 3 座闸坝是沃尔克拉克（Volkerak）闸坝，由一座 4 孔节制闸和 3 座 22m×300m 的船闸组成，1970 年竣工；菲利浦（Philips）闸坝，1986 年建成；牡蛎（Oester）闸坝，1986 年建成，设有船闸。

荷兰三角洲委员会最初作出的预算为 18 亿荷兰盾（按今汇率为 10 亿美元）但最终成本为 120 亿荷兰盾（按今汇率为 66.5 亿美元），其中的 70 亿荷兰盾（按今汇率为 39 亿美元）用于东斯海尔德河屏障的建设。

荷兰三角洲工程是由荷兰政府主导的工程，政府动用国库大批资金修建，为此政府成立了三角洲委员会负责制定防洪计划，即《三角洲法案》。《疏浚、排水及围垦：民族的艺术》一书作者约翰·范文（Johan van Veen）担任三角洲委员会秘书，经济分析局局长、经济学家简·丁伯根（Jan Tinbergen）兼三角洲委员会委员，他的观点在该计划的政治决策中发挥了关键作用。公共工程及水管理局成立三角洲总部，并负责设计及施工。

荷兰三角洲工程使荷兰自 1953 年以来平安度过了 60 多年漫长的无大洪水时期。在过去一千年中，荷兰从未在如此漫长的时间里免受严重洪灾的威胁。

1. 工程背景

在荷兰的历史发展中，水一直扮演着重要的角色。一方面，航运贸易和捕鱼业为荷兰带来了无数的财富；另一方面，频繁的水灾也给这个国家造成了巨大的损失。今天，水对于荷兰依然举足轻重。荷兰地处四条大河交汇的三角洲地区，地理位置优越，为开展远洋贸易和沟通其他欧洲内陆国家创造了条件。通过围海造田、围湖造田，荷兰的国土面积几乎翻了一番。也正是由于这样的造地工程，荷兰 40% 的国土低于海平面，其中包括西部如阿姆斯特丹和鹿特丹这样人口密度大、经济发达的地区。各种排水设施保证了这些低地不受水涝之扰。

然而由于沿海地区地势较低，三角洲地区经常遭受风暴和洪水的袭击。1953 年 2 月 1 日夜晚的那场灾害至今让人难忘。当晚，春潮与风暴同时冲击着日兰德省泽兰的海岸，最终海水冲垮了堤防，导致海水倒灌，淹没了荷兰 5.7% 的国土，10 万人被疏散，1835 人死亡，4.7 万座房屋被摧毁，土地被水淹没，损失高达 10 亿荷兰盾。这次惨痛的创伤激起了公众的社会情绪，政府也决心避免悲剧的再次发生。

1953 年 2 月 21 日，大水灾后的 20 天，一份成立三角洲委员会的动议被正式提出。三角洲委员会就提高三角洲地区的安全出谋划策。三角洲委员会的任务是极富挑战性的，它需要制定一份在保证安全的同时不影响北海航道和西斯海尔德河航运的方案，以保证鹿特丹港和安特卫普港正常经贸运输。1955年10月18日，三角洲委员会最终发布了共五条意见的"三角洲计划"。三角洲计划预计需要25年完成，总预算约15亿至20亿荷兰盾（约合6.8亿欧元至9亿欧元）。1959年，《三角洲法》颁布，以确保堤坝的建设质量。由于三角洲工程的各组成部分无法同时完工，荷兰国家水利和公共工程局为此确定了"从小到大、从易到繁"的顺序。水利和公共工程局也兼顾了尽快实现抵御洪涝功能的问题。

2. 工程价值

荷兰三角洲工程入选世界七大工程奇迹，其中东斯海尔德水道闸坝是三角洲工程13座闸坝中规模最大、耗资最多、建设难度最高的工程，被荷兰人称作世界第八大奇迹。2013年三角洲工程被国际咨询工程师联合会宣布为世界上最负盛名的水管理项目。国际专业文献中对荷兰在该领域的工作给予了极大关注。其工程价值体现在以下几个方面：

1）工程技术价值

三角洲工程是一项浩大的水利工程，荷兰的水利工程师设计和实施了大量新的工程技术，建成了让人惊叹的水利设施。针对大坝截流这样一个难题，水利工程师使用了"凤凰一体化沉箱"和钢索船技术来封闭河道。费尔瑟大坝、布劳沃斯大坝的建设中运用了"凤凰一体化沉箱"技术。布劳沃斯大坝的建设依靠了钢索船技术。

东斯海尔德河大坝是为人所称道的工程，同时也是三角洲工程的转折点。反对的声音提出——尽管安全有了保障，但东斯海尔德河流域独特的咸水生态环境会因此遭到严重破坏。1976年一项替代方案诞生了，原规划中的"东斯海尔德大坝"将改建成一座水闸，仅在出现极端气候条件时才关闭。流域内的咸水生态环境、贝类、牡蛎养殖业和潮汐将得以保存。全长3km的防潮闸由65根预制混凝土柱组成，柱之间共安装62根钢门。由于河床底层土质过于松滑，为了加固这层底土，人们实施了包括用砂石填充物铺垫底层等在内的一系列工程。

混凝土柱是水闸最重要的组成部分。每根柱长30.35m至38.75m，重1.8万t。混凝土柱的安放是一项对精度要求极高的工作，并且只能趁着潮汐转向，即水流平缓的时候进行。通过分块堆垒，混凝土柱被顺利地安放到位。东斯海尔德水闸是全球最大的防潮闸。建造费用达25亿欧元，远远超过了原先设想的大坝的费用。1986 年 10 月 4 日，贝娅特丽克丝女王为东斯海尔德水闸揭幕。

然而，三角洲工程仍在继续完善中，人们一开始以为，随着东斯海尔德水闸的竣工，三角洲工程的建设也将告一段落。但是，北海航道两岸风暴堤的高度尚不足以确保包括鹿特丹等城市在内的沿岸地区的安全。为此，荷兰交通和水利部向社会招标，在北海航道上再建设一座浮体闸门。北海航道是通往鹿特丹港最重要的水路枢纽，这就要求新的水闸不能妨碍船只的正常通行，仅在特殊情况下闸门才可以关闭。最终中标的设计方案是两扇架在河床上的钢结构弧形门设计。马斯朗特水闸是全世界唯一一组拥有如此大型可活动部件的防潮水闸，每扇闸门长 240m，高 22m。正常情况下，闸门完全打开，隐藏在设于河岸边的坞体内，这样通往鹿特丹的航路便畅行无阻。风暴潮来临时，闸门闭合。闸门的弧形设计保证了风暴期间闸门能够抵抗海水的冲击力。1997 年 5 月 10 日星期六，北海航道水闸竣工启用仪式在荷兰角举行。这座水闸保护了南荷兰省超过 100 万的居民免于海水的威胁。

2）工程经济价值

荷兰三角洲工程的经济价值体现在以下几个方面。首先，工业和农业现代化项目取得巨大成功。1963 年鹿特丹港已成为世界最大的港口。仅仅几十年时间，荷兰就成为一个现代化的工业国家。建设艾瑟尔湖圩田不但使荷兰实现自给自足，而且经过几十年使荷兰成为世界第二大农产品出口国。荷兰经济从边缘地位发展成世界上最成功的经济体系之一。

荷兰三角洲工程有效地把排放河水和海岸防护变成一个工业体系，使之几乎用监管制造业的方式进行监管。淡水资源管理得到大幅改善，对内河航运起到了推动作用。

荷兰三角洲工程推动地区旅游休闲和自然生态的发展。尽管一些天然生态区受到无可挽回的影响，但其他地方却因此创造和维持了其自然价值。

荷兰三角洲工程是世界上以人类和环境安全为核心的技术发展的典范。荷兰也因此拓宽了对生存安全问题和水资源的视野。三角洲工程是生存安全、经济发展、旅游休闲和生态保护之间一种独特的妥协。经济政策分析局局长兼三角洲委员会成员简·丁伯根教授表示此计划还会带来一些无法用经济来衡量的其他利益。首先，该计划具有国家级重要性。其次，该计划可以推动水利工程理论和实践的发展，大大提高荷兰水利部门的国际声誉，由此带来参加国际重大项目的机会。最后，实施该计划将对民族自豪感产生积极影响。

3）工程环保价值

海岸综合治理必须遵循与时俱进的思想，即使是成功的经验，也要接受时间的考验，要随着科学的发展和认识的深化而不断发展和更新。兴建水利工程的观念从"与水抗争"已转变成"与水共筑"和"与自然共建"。体现出水利工程与环境保护相辅相成的关系。荷兰海岸带防治从筑坝到填沙再到输沙的转变就是最生动的例子。荷兰海岸带治理的经验表明，在海岸地区输沙具有以下优点：

（1）与修建沿岸堤坝或防浪堤相比，海岸输沙的花费更少；因为海沙较便宜，尽管输沙活动可能要在某一岸段周期性重复进行。

（2）海岸输沙与海岸本身的自然特征相协调，不会破坏海岸带的自然变化规律，因此对周围地区没有负面影响；而海岸堤坝的建设常常会对周围的环境产生始料未及的不良效应。

（3）海岸输沙比较灵活、简单，又能有效防止海岸的侵蚀，几乎适用于所有地方。

4）国家决策和组织对超级工程的价值

荷兰三角洲工程实施跨度达 30 年，实际上至今仍在完善中。制定详尽的规划是这样一个巨大的系统工程成功的前提，《三角洲法案》于 1953 年提出，直到 1957 年才获得正式批准，1961 年完成包含整个三角洲计划的具体技术和财务细节。计划从提出到完成经历了近 8 年的时间，但却是值得的。

国家或政府在此类超级工程中的决策和组织起着关键作用，同时也需要得到当地居民的支持。换句话说：人们越来越关注当地政府、居民组织和非政府的环保组织的社会韧性和自组织能力。

3. 工程启示

与荷兰的围海造陆相比，我国海岸线绵长，围海造陆活动主要是为经济发展服务。1949 年以来，我国掀起过三次围海造陆的热潮。第一次是新中国成立初期进行围海晒盐；第二次是 20 世纪 60 年代中期至 70 年代，围垦海涂，扩展农业用地；第三次是 20 世纪 80 年代中后期到 90 年代初，进行滩涂围垦，发展养殖。21 世纪以来，我国经济增长速度加快，土地资源又持续紧缩，新一轮大规模的围海造陆热潮正在兴起。通过对荷兰三角洲围海造陆活动的专题研究，能为我国当前的围海造陆工程提供以下启示：

（1）大型水利工程要从国家层面进行全面规划和布局，坚持与时俱进。荷兰三角洲工程有一整套系统、科学的规划设计，且经历了漫长的建设期。尽管存在着地势低洼、河道纵横等困难，建设过程中抗洪挡潮的任务也极其艰巨，但是荷兰人民从一开始就呈现出了惊人的耐心和毅力。他们以严谨务实的态度，按总体规划，逐年分期一步一个脚印地付诸实施，科学规范有序地完成了预期目标。作为一个长期的动态发展的工程规划，由于人类理性认识的有限性，不可能一开始就尽善尽美，需要根据情势变化不断调整既定方案。在荷兰三角洲工程的建设过程中，为了较好地适应社会上关于加强水坝工程生态保护的呼声，政府果断停止原来的设计方案，不惜延长工期和追加预算，有效地协调了人力、财力、技术、生态环境保护等问题同防洪总目标之间的矛盾，并尝试将社会保险、保障、财富、福利、意识、制度等与工程收益有机地交融在一起，因而取得了成功。拦海大坝工程和三角洲工程的工程规模巨大，难度极高，用到了大量先进的新工艺、新技术和新方法，为其他国家的海岸工程的设计和施工提供了可资借鉴的经验。这些填海造陆活动取得了非凡的成就，不仅给人民增加了安居之地、劳作之地和休闲之地，提高了国民生活水平，还在推动国民经济快速发展、促进社会稳定进步、维持国民安居乐业及增强公民的国家和民族意识方面都取得了显著的绩效，成为世界各国向海洋发展、谋求海洋开发的典范。荷兰人都由衷地为自己的国家拥有须德海大堤和三角洲工程这举世闻名的成就而感到自豪和骄傲。

（2）创新的工程技术和理论对于超级工程不可或缺。单纯使用所谓成熟技术和理论是无法完成超级工程的。荷兰三角洲工程采用了"风险是概率与后果的乘积"这个未曾在水利工程中使用过的指导原则，防洪第一次被定义为财政和经济问题。这种新的风险计算方法是基于概率计算和利用比例模型研究洋流和波浪爬高的动态。这是科学解决水管理问题的重大飞跃，最终摆脱了盛行至 19 世纪末的试错法。重视理论研究和技术水平的提高，避免了低水平的重复建设。尤其在水利工程理念上要跟上时代步伐。科学理论和技术的提高可以使水利工程的整体效益大大提高，同时可以降低施工难度，缩短建设时间、节约投资，提升国家的整体科技水平和国际竞争力。

（3）坚持"绿水青山就是金山银山"的思想，重视环境保护，避免对区域及周边生态环境造成不可逆转的破坏。从"与水抗争"转变成"与水共筑"和"与自然共建"。

4.1.4 青藏铁路

青藏铁路（图 4.4），简称青藏线，1956 年开始勘测设计工作，一期工程 1958 年开工建设，1979 年铺轨，1984 年 5 月建成通车；二期工程 2001 年 6 月 29 日开工，2006 年 7 月 1 日全线通车运营。总投资约 330 亿元，其中 75% 为国债，25% 为铁路建设基金。二期建设共动用约 22.7 万名工人；全线路共完成路基土石 7853 万 m³；桥梁 675 座、近 16 万延长米；涵洞 2050 座、37662 横延米；隧道 7 座、9074 延长米。青藏铁路是世界上海拔最高、在冻土上路程最长、克服了世界级困难的高原铁路，中外媒体对其评价为"有史以来最困难的铁路工程项目""它将成为世界上最壮观的铁路之一"。青藏铁路建成通车，对推进青海、西藏两省区的经济发展，提高当地人民生活水平，增进各民族团结进步和共同繁荣，促进青海与西藏经济社会又好又快发展产生广泛而深远的影响。

图 4.4　青藏铁路

20 世纪 50 年代起，毛泽东主席以伟人的气魄毅然决然地作出了一个石破天惊的历史决断：要修一条把西藏和内地连接起来的路。1956 年起铁道部开始对进藏铁路进行前期规划。建设青藏铁路是党中央、国务院做出的重大战略决策。

1. 工程背景

青藏高原交通闭塞，物流不畅，高原人只能长期固守自给自足的经济模式。1949 年以前，整个西藏仅有 1km 多便道可以行驶汽车，水上交通工具只是溜索桥、牛皮船和独木舟。交通运输设施的落后，严重制约了这一地区经济、社会的发展，使之成为中国主要的贫困地区之一。20 世纪 50 年代，中央决策把铁路修到拉萨。

1954 年 12 月 25 日，青藏公路、川藏公路同时通车。千里之外的北京，一直关心西藏交通的毛泽东主席，高兴得彻夜未眠。毛主席把王震将军召进中南海，让他出任铁道兵司令员。王震立下军令状："一定把铁路修到喜马拉雅山下。"

1956 年 11 月至 1957 年 7 月，在苏联专家的帮助下，青藏铁路进行了历史上的第一次航空选线；1958 年 5 月，兰青铁路正式开工；同年 9 月，青藏铁路西格段开工；同时，铁道部设计总局第一设计院抽调了近 600 人的队伍，开展了格尔木至拉萨段的初测工作。1959 年 3 月，经历过朝鲜战场洗礼的铁道兵，满怀豪情，第一次踏上高原，揭开青藏铁路施工建设的序幕。1961 年 3 月，青藏铁路被突然叫停。当时，铁道部设计总局第一设计院已完成全线的初步设计和部分的施工设计，所有的资料被认真地封存了起来。

1974 年，沉寂了整整 13 年的青藏铁路又一次迎来建设高峰。首先是西格段恢复施工，青藏高原一下子集结了 6 万人的铁道兵。其次是在格拉段展开会战。一方面，来自全国的 1700 多名科技人员，在全国范围内开展青藏铁路科研攻关大合作。另一支 1700 人的队伍是铁道部第一勘测设计院的 6 支勘测队，外加物探队和钻探队。站舍、路基、桥梁、隧道都设计出来了，人工手绘的图纸可拉两大卡车。定测后施工的木桩，一根一根地从柴达木盆地登上昆仑，穿可可西里，过 5000 多米的唐古拉山口，向拉萨方向不断延伸。

1978 年，高原和冻土两大难题尚未得到彻底解决，5 年间已先后有 400 余名官兵牺牲。为此，铁道部和铁道兵联合打报告，建议停建格尔木至拉萨段。

从 20 世纪 50 年代至 70 年代，青藏铁路几次上马，又多次停工，几经波折，终于在 1979 年铺轨至格尔木，1984 年西宁至格尔木段 814 km 交付运营。

1983 年 7 月，时任西藏自治区党委书记阴法唐向邓小平同志汇报工作，邓小平亲切地问他："进藏铁路到底走哪边好？"阴法唐回答："还是走青藏铁路好，一是投资少，二是修建得快。"邓小平向阴法唐仔细地询问了许多问题，掐指计算着，说："进藏，看来还是要修青藏线啊。"

1994 年 7 月，时任中共中央总书记江泽民在第三次西藏工作座谈会上，提出要做好进藏铁路建设的前期准备工作。2000 年，党中央、国务院在讨论"十五"规划时明确提到进藏铁路。2001 年 2 月 8 日，国务院总理办公会议审议了青藏铁路建设方案。2001 年 6 月 29 日，青藏铁路二期工程开工仪式在拉萨和格尔木同时举行，朱镕基总理在格尔木庄严宣布：青藏铁路全线开工！2006 年 7 月 1 日，雪域高原迎来最激动人心的时刻——举世瞩目的青藏铁路全线建成通车。

2. 工程价值

1）工程主要成果

截至 2009 年 1 月，青藏铁路工程共获专利数十项，发表论文千余篇，推动了多年冻土工程、高原医学和环境保护等领域的科技进步，总体技术达到国际领先水平。2009 年 1 月 9 日，青藏铁路工程荣获 2008 年度中国国家科学技术进步奖特等奖。2013 年 9 月入选"全球百年工程"，成为世界铁路建设史上的一座丰碑。

2）工程主要技术

为攻克多年冻土冬天冻胀和夏天融沉的工程难题，建设者们广泛借鉴和吸收国内外冻土工程理论研究和工程实践的成功经验，通过不断的科学实验，掌握了铁路沿线多年冻土分布特征和变化规律，确立了"主动降温、冷却地基、保护冻土"的设计思想，创新性提出了片石气冷路基、碎石（片石）护坡护道路基、通风管路基、热棒路基等一整套主动降温工程措施，有效保护了冻土。

3）工程管理创新

在青藏铁路上，首次创造性地实行了建设项目法人制。2002 年，成立了国有独资公司——青藏铁路公司，全面负责青藏铁路的建设和运营管理，青藏铁路建设总指挥部作为它的派出机构，在格尔木代表法人全面负责铁路的建设管理工作。成立青藏铁路公司具有三方面优越性：一是有利于铁路建设目标的实现；二是有利于青藏铁路社会经济效益的发挥和可持续发展；第三，有利于建设投资控制。在青藏铁路建设中，对质量、环境、卫生保障实行一体化管理，制定了"质量控制、环境保护、卫生安全、工期控制和投资控制"五大目标，各项要求纳入工程合同中，承发包双方责任明确、目标清晰、指标量化，具有可操作性。创新了组织协调机制，提出了队伍管理和路地共建的模式。一方面严格按合同管理，另一方面在青藏铁路建设总指挥部设立党工委，吸纳主要施工单位主管领导为成员，将行政上没有隶属关系的施工单位统一在党工委领导之下，形成"既管建设，又管施工队伍；既管工程，又管思想"的新模式。

4）工程社会价值

青藏铁路的开通吸引了大量的人流、资金流、物流、信息流涌入西藏，产生了巨大的乘数效应，使西藏的资金、服务、人才、管理等要素蓬勃发展，为西藏的经济发展增添了新活力。2006 年通车后，铁路达成的货运量从 2006 年的 2 万 t 猛增至 2007 年的 12 万 t，到 2016 年达到 65 万 t，增长了约 31 倍；货物周转量从 2006 年的 1.7 亿 t·km 增至 2007 年的 4.1 亿 t·km，到 2016 年已经达到了 30.14 亿 t·km，增长了 16.7 倍，带动西藏的客货运量及周转量有了飞跃式的增长。在铁路修建期间与正式开通后，西藏的生产总值保持飞速增长状态，从 2000 年的 117.46 亿元增长到 2016 年的 1151.41 亿元，增长了 8.8 倍。国际旅游收入由通车前（2005 年）的 44.43 百万美元增加到 2007 年的 135 百万美元，一年翻了将近两番。如今，青藏铁路让雪域高原和祖国其他地区联系得更加紧密，"团结线""经济线""幸福线""生态线"已成为青藏高原各族人民对青藏铁路最亲切的称呼。

5）工程生态价值

青藏铁路建设能够促进铁路沿线及附近地区的资源开发，扩大就业，减少了当地人口对土地的压力，有利于生态环境保护；多样化经济得到发展，可以改变原来主要以农牧业为主，过分依赖土地资源、草场资源发展经济的局面，有利于合理利用土地、保护土地。青藏铁路可以将西北地区丰富的煤炭、石油资源通过经济、便捷的通道运进西藏，满足西藏对能源的需求，从而为西藏改变能源结构、制止盲目砍伐森林草场、保护生态环境作出积极贡献，具有极其深远的意义。

6）工程文化价值

青藏铁路通车有利于西藏文化与其他文化交融。青藏铁路通车后，其文化交流的成本大幅降低，区内外的文化交流更加广泛，西藏的文化艺术更有条件走向全国或走向世界，国内外的文化艺术院团也纷纷走进高原。这必将对学习借鉴国内外先进的管理模式、领先的文化理念，扩大西藏对外文化交流的空间与规模，提升其对外文化交流的层次与水平起到积极作用。同时，更有利于增进各民族的相互联系与了解，增进各民族文化的交流与发展进步，增强西藏民族文化与祖国其他文化、世界文化的交流，推动西藏和谐文化建设，使其民族文化更具有时代气息。青藏铁路建成通车有利于西藏传统文化的保护和发展。青藏铁路开通后，将大幅降低文化进出西藏的成本，进一步促进西藏传统文化的对外开放和交流。青藏铁路通车后，随着来藏人数的骤增，西藏非物质文化遗产将会成为吸引进藏人员的新亮点，进而受到更多的关注。青藏铁路开通促进了西藏传统文化的多元化。

7）工程政治价值

西藏处于中国的西南边陲，与印度、巴基斯坦、尼泊尔等国接壤，地理位置十分重要。青藏铁路的建成运行使中国内陆主要城市与尼泊尔贸易的陆路运输时间从 12 ~ 18 天缩短到一周以内，推动尼泊尔落后的北部山区的经济发展，帮助尼泊尔独立自主地出现在世界政治舞台上。同时，青藏铁路加强国内其他广大地区与西藏的联系，促进藏族与其他各民族的文化交流，增强民族团结。

3. 工程启示

1）成功关键因素

青藏铁路工程建设的成功主要来源于建设管理创新、工程技术创新和环境保护创新三方面。

（1）建设管理创新。

①在公益性建设项目中首次实行法人责任制。传统的铁路建设管理，多采用建设指挥部模式。存在缺乏明确的经济责任、不易形成专业化的管理经验、过分强调管理的指挥职能而忽视了管理的规划、决策、筹资职能，也不负责建成后的运营管理等弊端。青藏铁路创新性成立国有大型企业——青藏铁路公司，直接负责项目建设管理，强化工程质量、环境保护、卫生保障、安全生产、投资等全过程管理和监控，有利于建设目标的实现。同时由于其既管建设又管运营，消除了建管脱节的弊端，使建设与运营紧密衔接，有利于青藏铁路社会经济效益发挥和长远发展。

②实行质量、环境、职业健康安全一体化管理。在青藏铁路建设中，将质量、环境、职业健康安全各要素加以整合，对各项指标加以量化，将各项要求纳入工程合同之中，使承发包双方责任明确、目标清晰、指标量化，具有可操作性。施工单位将质量、环境、职业健康安全一体化管理目标、任务和要求层层分解到各个项目、工点和每个岗位。

③坚持实验先行、样板引路。为避免工程建设走弯路，在全线冻土工程和站

后工程全面展开施工之前，选择不同冻土地段先行建设了 5 个冻土工程试验段和格尔木至不冻泉 188km 站后工程试验段，对冻土工程、房屋、水电、通信、信号等进行试验，用取得的阶段性试验研究成果指导全线设计和施工。针对机车、客车的测试结果，督促制造单位抓紧整改存在问题，强化重要设备的可靠性、耐久性。

（2）工程技术创新。

对于地质条件特别复杂的不良路段采取"以桥代路"措施，冻土段桥梁总长度达到 120km。积极研究开发先进工艺，采用先进机械设备和自动化检测手段，合理选择施工时间，有效提升了冻土施工技术水平。运营以来的观测结果表明，冻土环境得到有效保护，未发生重大冻胀或融沉病害，冻土路基变形逐步趋于稳定，桥梁和隧道处于稳定状态。在多年冻土工程技术领域，我国铁路已经走在世界前列。

（3）环境保护创新。

为保护好铁路沿线极为脆弱的生态环境，青藏铁路在中国铁路工程建设史上首次建立了环境监理制度，首次为野生动物修建了迁徙通道，首次在青藏高原进行了植被恢复与再造科学实验并在工程中实施；保证列车在高原运行污染物零排放，并在格尔木、拉萨站配置卸污和垃圾、污水集中处理设施设备；格拉段各站区的生活、取暖均采用电能、太阳能等清洁能源，减少对大气污染物的排放，对铁路沿线生活垃圾实行日常集中存放，定期收集转运至市政垃圾处理场，使高原生态环境得到了有效保护。据工程环保验收调查报告，青藏铁路建设有效保护了野生动物迁徙条件、高寒植被、湿地生态系统、多年冻土环境、江河源水质和铁路两侧的自然景观，实现了工程建设与自然生态环境的和谐。

2）工程哲学启示

青藏铁路践行了科学管理与人文关怀的结合。"以人为本"是青藏铁路工程质量和进度的保障。以人为本，一方面是强调人的生命只有一次，人是目的，因此是最宝贵的；另一方面是强调生命的有效保障是生产实践活动的前提，人不是手段。正是由于突出了以人为本的理念，实现了"高原病零死亡、非典疫情零传播、鼠疫疫情零发生"的"三无"目标，一流的工程质量是与一流的人文关怀相统一的。

青藏铁路建设实现了客观规律性与主观能动性的统一。在工程建造中汲取公路建设和铁路线路勘探的经验教训，将人放到工程实践的第一位，充分发挥第一生产力的作用，攻克高寒缺氧难关；通过以人工智能的无限性克服人的体能的有限性，实现工程作业的"机械化"；通过相对低海拔作业替代相对高海拔作业，实现"工厂化施工";通过以相对富氧小环境代替相对缺氧大环境,实现全过程的富氧作业,充分发挥人的主观能动性,有效协调好人的主观能动性与客观规律性的有效统一,在尊重客观规律的基础上使人的主观能动性得以充分发挥。

3)未来发展指导

青藏铁路建设过程中需要形成具有先导性、基础性、全局性作用的建设理念。坚持"以人为本、环境协调、持续创新、系统优化、服务运输"。

"以人为本"是科学发展观的核心,也是青藏铁路工程建设理念的核心。其实质是以人民群众为本,始终将为沿线人民群众服务和保障参建人员的健康安全作为全部工作的出发点,并为运营期间旅客和运营人员健康安全创造良好条件。

"环境协调"体现的是遵循客观规律,落实可持续发展要求。青藏铁路建设坚持"预防为主、保护优先"的原则,做到人人环保、依法环保、科技环保,促使各参建单位努力做到铁路建设与环境保护相协调、人与自然相和谐。

"持续创新"体现了针对青藏铁路重大难题,在项目各个阶段持续不断开展专题研究,丰富创新成果。建立了多年冻土、环境保护、水土保持及健康安全长期监测系统,继续深化研究。

"系统优化"是指应用系统工程原理,实现铁路系统整体功能最优化。设计、施工要重视总体把关和各专业系统相互协调,使项目整体系统优化。

"服务运输"是铁路工程建设的导向和目的。青藏铁路以满足运输需求为出发点和落脚点,不仅要满足客运量、货运量的需求,而且要满足安全、便捷、舒适、经济等服务质量要求,以及服务国防要求。

4.1.5 大兴国际机场

北京大兴国际机场是国家重大基础设施项目,于 2012 年 12 月 22 日获国务院批准。2013 年、2014 年,民航局先后向国家发展改革委报送《关于报送北京新机场工程可行性研究报告的函》(民航函〔2013〕1021 号)及《关于报送北京新机场工程可行性研究报告补充说明的函》(民航函〔2014〕107 号)等多份材料。2014 年 12 月,国家发展改革委下发批复表示,为满足北京地区航空运输需求,增强我国民航竞争力,促进北京南北城区均衡发展和京津冀协同发展,以及更好服务全国对外开放,同意建设北京新机场。北京大兴国际机场于 2014 年 12 月 26 日开工建设,2018 年 9 月 25 日正式通航。国家发展改革委批文显示,机场工程总投资 799.8 亿元,资本金占总投资的 50%,其中,民航局安排民航发展基金 180 亿元，首都机场集团公司安排自有资金 60 亿元，并积极吸引社会资本参与，不足部分由国家发展改革委和财政部按同比例安排中央预算内投资和国有资本经营预算资金解决，资本金以外投资由首都机场集团公司通过银行贷款等多元化渠道融资解决。建设单位为中国民航机场建设集团公司，其中机场航站楼由法国 ADP Ingenierie 建筑事务所和扎哈·哈迪德（Zaha Hadid）工作室设计。航站区工程施工主要的总承包单位为北京城建集团有限责任公司、北京建工集团有限责任公司、中国建筑第八工程局有限公司。其建造的主要原因是首都机场的客流吞吐量预计将达到饱和。

大兴国际机场是世界规模最大的单体机场航站楼，世界施工技术难度最高的航站楼，世界最大的采用隔震支座的机场航站楼，世界最大的无结构缝一体化航站楼。2016 年，英国《卫报》评选"新世界七大奇迹"，当时尚在建设中的北京大兴国际机场被评为七大奇迹的榜首。

1. 工程背景

作为国内最繁忙的机场，北京首都机场几经扩建，但总是提前迎来饱和状态，机场扩建的速度一直追赶不上旅客增长的速度。2018 年北京首都机场旅客吞吐量首次突破一亿人次，创造了新的纪录。北京大兴国际机场的建设不仅是为了满足目前北京整体航空业务量增长的需求，更是在时代背景下"京津冀一体化"迈出的重要一步。

北京大兴国际机场的建设，对于京津冀经济圈的发展具有重要意义。目前，京津冀地区缺少枢纽机场、枢纽港群和区域快速交通系统等重大区域性基础设施，北京大兴国际机场的建设可有效改善这一状况。借助高效快捷的航空运输体系，加快周边市政设施配套和交通改善，吸引临空产业的聚集，迅速形成产业链条完备、服务功能齐全、高效率、高产值的临空产业集群，而该产业集群又将进一步促进京津冀地区的经济联系，进而影响和统筹京津冀经济圈的整体发展。

仅仅用了三年零九个月，就在一片荒地中（图 4.5），建起了世界瞩目的大型机场（图 4.6），又一次刷新了中国建造的速度，建设规模和建造速度震撼海外！

在经济全球化时代，机场早已超越了简单的空港概念，不只是跑道和航站楼组成的运输场地，还是一个整合了航空、铁路、高速公路的综合交通枢纽，也是空港、产业、城市一体化的特殊城市单元，是全球生产和商业活动的重要节点，成为带动区域经济发展的引擎。

图 4.5　航站楼基坑工程开始前

图 4.6　大兴国际机场

2. 工程价值

"十三五"期间我国新建约 50 个机场，北京大兴国际机场工程作为一个重要的窗口工程，对我国后续机场建设起到了重要的标杆和引领作用，并形成了中国机场建设新理论、新标准，推动中国机场建设走向全球。总结提炼出大型机场航站楼建造的成套关键技术，不仅可以指导北京大兴国际机场航站楼的优质、高效建造，同时为我国后续大型机场航站楼建造提供样板和范例，推动我国大型机场航站楼建造向着更加精益、绿色、集约化方向发展。

北京大兴国际机场自 2018 年投入运营至 2022 年间，累计获得国内外多项权威荣誉，涵盖绿色建筑、工程质量、科技创新及行业标杆等领域。在绿色建筑方面，其先后获评"全国建筑业绿色建造暨绿色施工示范工程"（2017 年 6 月）、住建部"绿色施工科技示范工程"（2017 年 9 月）三星级绿色建筑和节能建筑 3A 级认证（2017 年 11 月）[1]，并于 2021 年 4 月摘得"全国绿色建筑创新奖一等奖"[2]。工程领域表现尤为突出，斩获北京市建筑结构长城杯金质奖（2018 年 10 月）[1]、中国钢结构金奖及年度杰出工程大奖（2019 年 4 月）[1]、中国建设工程鲁班奖（2020 年 12 月）[3]以及中国土木工程詹天佑奖（2022 年 1 月）[4]。行业创新方面，2018 年 12 月被民航局列为"四型机场"示范项目[1]，2021 年 3 月获国际机场协会（ACI）颁发的"亚太地区最佳卫生措施奖"及"最佳机场奖"[5]。此外，机场还于 2018 年 10 月通过民航科技成果评价认定，2021 年 6 月被中宣部列为"全国爱国主义教育示范基地"[6]，充分彰显其在技术、管理与社会责任方面的综合成就。

在国务院已经批复国家发展改革委印发的《北京新机场临空经济区规划（2016—2020 年）》中明确，为充分发挥北京新机场大兴国际航空枢纽辐射作用，北京市将与河北省合作共建新机场临空经济区，促进京冀两地深度融合发展，总投资将超 2000 亿元。根据国内机场建设经验，在宏观经济拉动效应方面，机场的投资效益比保守估计为 1 ：8。以此计算，北京新机场未来产出将达到 1.6 万

---

① https://enterprise.bdia.com.cn/#/airportIntPage/honorAchieve。

② http://news.haiwainet.cn/n/2021/0408/c3541083-32049351.html?baike。

③ http://www.caacnews.com.cn/1/5/202012/t20201215_1316127.html。

④ http://123.57.212.98/html/tm/12/13/content/6833.html。

⑤ http://www.caacnews.com.cn/1/5/202103/t20210302_1320186.html；https://baijiahao.baidu.com/s?id=1826254201226912676&wfr=baike。

⑥ https://baijiahao.baidu.com/s?id=17029954043533933869&wfr=spider&for=pc。

亿元。北京新空港临空经济区的建设，将带动区域经济的发展，并成为京津冀协同发展的一个新突破点，是中国的世界门户、全球的航空枢纽以及京津冀新增长极。

（1）工程特点与难点。

北京大兴国际机场地下二层为轨道层，高铁、城际铁路、地铁与航站楼无缝衔接，为国内首创；高铁以 300km 时速高速穿越航站楼，引起的振动控制问题属于世界性难题。一层楼面混凝土结构超长超宽，东西向最长为 565m，南北向最宽为 437m，面积达 16 万 m^2。受地上钢结构柱脚水平推力影响，无法设置结构缝，超大平面混凝土结构裂缝控制难度大。受机场净空高度的限制，采用常规的抗震设计，需加大梁截面和梁柱节点配筋量，不仅施工难度和工程成本显著提升，且难以满足航站楼功能区使用净高的要求。为解决高铁高速通过引起的振动和超大平面混凝土的裂缝控制的难题，同时满足隔震层上部结构的水平地震作用及抗震措施降低一度（即七度）的设计预期，地下一层柱顶采用独有的层间隔震技术，在地下一层柱顶设置 1152 套超大直径隔震支座，有效减小梁截面面积，降低配筋率，节约工程造价。核心区屋盖钢结构为放射型的不规则自由曲面，空间网格结构最大落差达 27m，投影面积达 18 万 m^2，重量达 4 万多吨。如此庞大的网格结构主要由 8 根 C 型支撑和 12 个支撑筒支撑，中心区域形成了直径 180m 的无柱空间，C 型支撑受力大，节点形式复杂，构件单元单重达 34t，施工安装难度大。全焊接的节点高空定位控制精度要求高，网格结构空间变形控制难度大。且由于隔震层的存在，C 型支撑、筒柱、幕墙柱不能直接生根于基础上，在生根层楼板内大量采用劲性结构转换梁，劲性结构节点复杂，单元构件最大达 38t，与结构周边场距离远，安装难度大。机电系统复杂，功能先进，多达 108 个系统，系统间关联性强，交互点多，空间受限，施工深化难度大。屋面幕墙皆为双曲面造型，板块单元形状不规则，深化设计、加工下料难度大；空间曲线、曲面施工控制难度大。核心区屋面大吊顶为连续流畅的不规则双曲面吊顶，大吊顶通过 8 处 C 型柱及 12 处落地柱下卷，与地面相接，形成如意祥云的整体意向的同时也给装饰施工带来了很大挑战。

（2）工程科技创新。

作为工程施工总承包的北京城建集团，在诸多挑战面前，首次在项目上成立国际科技部，进行科技创新策划、科技攻关以及 BIM（building information modeling）技术综合应用、数字建造与智慧工地管理等工作，为打造精品工程提供科技支撑。

航站楼核心区超长超宽，结构施工期间的物料运输是制约施工工期的瓶颈，利用 BIM 技术多方案比选，创造性地采用了两道通长钢栈道横穿航站楼工程核心区，打通东西料场，开创了施工现场全新的运输格局，通过轨道式无线遥控运输车进行材料运输，工效比传统方法提高四倍。针对层间隔震引起的隔震支座防火包封处理、隔震层二次结构墙体顶部隔震构造、隔震层机电管线的隔震补偿等一系列难题，研发二次结构隔墙的层间隔震体系、机电管线抗震补偿器等专利技术，并通过 BIM 技术逐一模拟优化，为隔震支座及各构配件的安装质量提供了最强的保障。不规则自由曲面空间网格钢结构曲线变化流转，位形控制精度要求高、下方混凝土结构错层复杂，在钢结构巨大的施工挑战下，通过 BIM 技术的多方案比选，以及对各个施工工况采用有限元计算软件进行的受力和变形分析，建立了屋盖钢结构预起拱的施工模型，63450 根架杆和 12300 个球节点依据预起拱模型进行加工安装。在就位、提升、卸载、合拢过程中与施工设计方案步步对比、步步验证，最终确定了"分区施工、分区卸载、变形协调、总体合拢"的技术方案。通过 BIM 模型、工业级光学三维扫描仪、摄影测量系统等集成智能虚拟安装系统，确保出厂前构件精度满足施工要求；同时通过物联网、BIM 技术、二维码技术相结合，建立多钢构件 BIM 智慧管理平台，构件状态可在 BIM 模型里实时显示查询。在施工过程中，参照 BIM 模型，采用三维激光扫描技术与测量机器人相结合，建立高精度三维工程控制网，严格控制网架拼装、提升等各阶段位形，确保最终位形与 BIM 模型的吻合，合拢长度达 9008m，对接口达 8274 个。在屋面和幕墙工程部分，采用三维激光扫描技术和 BIM 技术相结合的方式，通过三维激光扫描仪对 12300 个球节点逐一定位三维坐标，形成全屋面网架的三维点云图，仅 10 天就精确确定了主次檩拖的安装位置，保证了 4 个月内完成了 18 万 m^2、由 12 个构造层组成、安装工序多达 18 道的自由曲面屋面的施工。而如果采用传统的测量方式，完成这样的工作至少需要一个月。机电工程中采用 BIM 技术还与工厂预制化技术结合，助力复杂机房的装配式安装。从施工前形成实体模型，到深化设计形成 BIM 模型，再到依照 BIM 模型进行标准件划分、工厂预制化以及物流信息管理，最终进行现场快速装配。连续流畅的不规则双曲面大吊顶，通过 8 处 C 形柱及 12 处落地柱下卷与地面相连，板边系统采用流线多曲面 GRG（glass fiber reinforced gypsum）板。在 BIM 技术与三维激光扫描仪、测量机器人等高精设备的组合下，现场结构实体模型，融合设计面层模型，通过碰撞分析与方案优化，对双曲面板和GRG板进行分块划分，建立龙骨、面板以及机电等各专业末端布置的施工模型，并根据模型进行下料加工和现场安装，保证施工质量与装修效果。

（3）绿色机场。

北京大兴国际机场工程为国内首个获得了绿色三星和节能3A认证的工程，无论在设计和施工中都贯穿了绿色机场理念。

在照明系统方面，非公共区、公共区层间照明采用了声控、人体感应、停航或无人期间自动启用低功率消防应急照明、数字可寻址照明接口（digital addressable lighting interface，DALI）灯具等多种智能照明控制策略；大空间照明采取自然采光和智能照明相结合的节能方式。白天主要靠自然采光，周边幕墙及18万 m^2 屋面有四分之一区域使用了超白玻璃、彩釉玻璃、铝网玻璃等新型屋面幕墙采光材料。当自然采光照度不够时，室内可实现自动开启照明，大屋面和值机区全部采用DALI控制，精确调控每套灯具的照度、开关模式，设置不同场景造型。

在暖通系统方面，采用了全新风系统，降低能耗，且全部安装除 $PM_{2.5}$ 装置、静电除尘装置、高压微雾加湿装置等，高效保障室内空气质量"优质"；为实现大空间及人流密集区空气温湿度的舒适度，采用了地沟式风机盘管和地板散热器、辐射供冷系统、低温辐射供暖系统、冷辐射吊顶空调系统、循环风机组。与传统设计和施工对比，这些区域安装了大量的智能传感器。这些"知冷知热"的新设备贴身服务旅客，大范围降低传输能耗。因为节省出风管安装空间，还平均增加了建筑层间高度至少300mm，使航站楼内层间更加开阔敞亮。

采用绿色节能智慧化运营管控平台（IBMS，即智能建筑管理系统），以BIM数据为基础，实时采集电力监控、电梯监控、智能照明、设备监控、能效管控、机场信息集成、消防、安防等十大重要系统数据并集成，实现各系统与机场运营数据库（AODB）、安全业务数据库（SODB）、交通业务数据库（HODB）、机场信息集成AODB等核心数据库联动，可以实现登机桥、候机区、旅客大厅等大范围节能策略管理，实现自动或远程启停设备的功能，实现最大监控点数不小于10万，系统实时数据传送时间不大于2s，系统控制命令传送时间不大于3s，系统联动命令传送时间不大于3s。同时，该平台还可以实现航站楼设备运营的安全、最佳、高效、有效节能，提升航站楼运营管理水平，为航站楼运营提供数据支持及专家解决方案，实现航站楼的三维可视化动态管理，智慧化运行。

在航站楼的施工过程中，紧紧围绕"四节一环保"这一绿色施工理念，严格控制各项绿色施工指标。扬尘控制方面，在不同施工阶段采取了绿化、硬化、覆盖、洒水、喷洒抑尘剂等综合措施，并建立了相应管理制度。配备先进的雾炮车、雾炮机、洒水车、清扫车及喷雾降尘设备。现场钢网架马道上设置整体喷淋系统，定期对现场降尘，喷淋水使用非传统用水。大门内设置自动洗轮机，建立冲洗制度，设吸湿垫，并使用专用渣土车。噪声震动控制方面，现场设置木工棚、混凝土泵车降噪棚，现场安装了扬尘、噪声自动监控设备，有效控制噪声污染。光污染控制方面，现场照明全部为 LED 灯具，设置定型灯架，控制角度；电焊作业设遮挡。现场大门、围挡、加工棚、通道均采用标准化定型工具式材料，可多次周转，节能环保。由于周边的市政设施不完善，项目生活区高峰达到 7000 人，现场建立了污水处理站，处理生活污水，达到中水标准后用于厕所冲洗、洒水降尘、绿地灌溉。工程施工需经历多个寒暑季，办公区、生活区需夏季提供冷气、冬季提供暖气，以提供相对舒适的生活条件。为降低能耗，现场为生活区、办公区装配了目前最清洁的"中央空调"——空气源热泵系统。空气源热泵系统相对于传统的分体空调、锅炉等具有显著的优点：安全、高效、低碳环保。项目被列为住房城乡建设部绿色施工科技示范工程、建筑业绿色施工示范工程。

（4）人文机场。

北京大兴国际机场的设计始终以旅客为中心，给旅客最舒适便捷的交通体验。采用五纵两横的交通体系，衔接机场与城市。轨道交通直接布置于航站楼下，真正实现零换乘。世界首创的五指廊放射构型，将旅客的步行距离缩至最短，安检后到最远登机口 600m，步行 8min。集中式的航站楼使旅客获得最充分的乘机选择和最便捷的中转条件。世界上首次采用双层出发车道边的大型航站楼，方便旅客乘降。

航站楼拥有国内最丰富的商业服务，集中式的航站楼也为旅客提供了大量的商业服务，商业的规模和品类的丰富程度在国内都首屈一指，混流的设计不仅服务出发的旅客，也同时服务到达的旅客。

航站楼采用全新的 C 型柱支撑体系，为旅客提供了大跨度的开敞空间，中心区最大跨度达到 180m，减少了竖向支撑构件对旅客通行和对空间感知的干扰。C 型柱支撑体系同时为航站楼带来充足的自然采光，结合天窗的布置，为旅客提供了明亮宽敞的室内环境。天窗的设计还为旅客提供引导，由中心区通向五条指

展了"绿色选址专题研究",经多个场址反复比较,最终选择了距主客源地较近,空域环境和外部配套条件较好,场址地势开阔平坦,工程地质条件比较好,区位优势明显的南各庄场址。该场址地面开阔,无大型建筑设施,可以最大限度节约资源,同时能实现环境适航与环境友好的良好平衡,并为京津冀协同发展、"一带一路"建设、雄安新区建设等贡献力量,既实现了绿色选址的要求,又为绿色机场的设计和建设奠定了坚实基础。

(2)智慧工地信息化管理平台。

针对工程的特点难点,通过技术研究,基于 BIM 技术,利用互联网、物联网、云计算等先进技术,融合 BIM 数据、GIS 数据以及物联网数据,搭建北京大兴国际机场智慧工地信息化管理平台,为该工程实现信息化、精细化、智能化管控提供支撑平台,打造国内智慧化工地新标杆。平台集成了可视化安防监控系统、施工环境智能监测系统、劳务实名制管理系统、塔吊防碰撞系统、资料管理、OA 平台和 BIM5D 系统等功能,将现场视频、人员管理、数据监测、物料管理等集成在物联网平台中,实现 PC 端和手机端网络远程访问,提高了管理人员对现场的远程管控能力。

2)工程哲学启示

(1)管理创新确保工程的成功完成。

大兴国际机场项目部始终坚持高度的使命感、荣誉感和责任感,科学组织、团结协作、严谨高效、求实创新,通过高标准管理策划和超强执行力,把新机场建设成为代表新世纪、新水平的标志性工程,成为引领机场建设的风向标。

项目采用"总包统筹、分区管理"的管理模式,体现整体与局部的辩证统一:既需要宏观视野把握全局脉络,又需要在微观层面深耕细作,使整体在分区的协调中焕发生机。全方位全过程采用 BIM5D 技术,实现工程动态化管理,体现了通过构建"数字孪生"来理解和优化现实世界的哲学方法。对新技术、新工艺的拥抱,特别是如"机电安装工程"般的系统整合,其根本目的在于提升效率、保障安全、优化管理,最终服务于项目整体的需求和价值。最终将各种技术、管理手段、信息流整合成一个协同运作的"智慧工地"平台,体现了系统思维的力量。

(2)卓越的团队力量突破种种工程困难。

团队以"军人+学生"的独特模式,融合"令行禁止、无私奉献"的军旅文化与"创新激情、担当于行"的学生文化,铸就了一支"创新、激情、诚信、担当、感恩"的铁军。充分发扬敢于担当、勇于奉献的精神,先后克服夏季高温多雨、冬季冰雪雾霾等困难,在艰苦的环境中和巨大的压力下,积极探索,不断创新,砥砺前行,创造出一个又一个建设奇迹。

项目组织体系由决策层(含三个专家组、两个督导组)、管理层、作业层组成。管理层为 13 部 1 站 1 办:综合办公室、工程部、协调部、技术部、质量部、安全环保部、机电部、钢结构部、科技部、测量工作站、物资部、商务部、招标采购部、财务部、物业部,各部门各司其职。建立项目协同管理 OA 系统,可以实现对项目的工程、技术、质量、安全、物资、商务、行政办公等信息的网络化协同管理。

建立以共同目标为基础,各系统工作指标、个人工作完成情况为内容的绩效考核机制,以及人才培养、人员培训机制,创建学习型、创新型、实干型团队。

3)未来发展指导

(1)超级工程建设过程中需要提前进行管理规划。

通过科学的项目管理策划,探索和发展新型的总承包管理模式,大力推广应用绿色环保和新技术新工艺,实现管理人本化、项目实施标准化、施工组织专业化、管理手段信息化、资源管理集约化、日常管理精细化。

严格执行各项规章制度,通过科学务实的项目管理策划,建立一整套完善的机场航站楼工程管理体系、制度、程序。优选管理人员,优选社会最强资源,利用先进的管理理念和手段,发扬超强的团队精神和执行能力,创新项目总承包管理模式,确保各项指标高标准完成。

该工程的管理实行行政管理 + 合同管理的模式。一改传统总承包管理模式,实行区域管理模式创新。总包统筹资源整合组织调度,与二级公司合作实行区域管理,优势互补。总承包单位以指挥、管理、协调、控制为主。各参与实施单位作为分部,独立主体,自成管理体系,参与总承包管理,以组织管理为主。应用开发国内先进的信息化管理手段,建立综合管理平台,以工程计划管理为主线,对工程的进度、深化设计、方案模拟、劳务管理、质量管理、物资管理、安全管理、经营管理进行全方位的管控和支持。

(2)超级工程的建设中需要进行全寿命期的绿色建设。

随着能源及环境危机的不断加剧,世界各国对于节能与环保都给予了高度的重视,特别是发达国家,将节能环保列为国家的基本发展战略。

北京大兴国际机场对应绿色建设目标，对标国内外机场，从"资源节约、环境友好、高效运行、人性化服务"4个方面提出了54项绿色建设指标，机场运行效率、旅客的人性化服务等指标的引入，进一步丰富了绿色机场的内涵和外延。其中，北京大兴国际机场在建筑节能、噪声与土地相容性规划、最短中转时间、自助服务设施等21项指标达到国际和国内先进水平。

综上所述，北京大兴国际机场的建成标志着中国航空业进入了一个全新的发展阶段。它不仅极大地提升了北京的航空运输能力，还进一步优化了中国的航空网络布局，增强了国际航空枢纽的地位，促进了全球航空资源的优化配置。大兴机场在设计、建设和运营过程中，广泛应用了最前沿的科技成果，展现了我国在科技创新领域的强大实力。大兴国际机场带动了周边产业的快速发展，促进了物流、旅游、商业等多个领域的繁荣，为区域经济增长注入了新的活力。同时，机场的辐射效应也促进了周边城市的互联互通，加速了区域一体化进程。它的建成不仅提升了中国的国际影响力，也为中国在国际舞台上赢得了更多的赞誉和尊重。北京大兴国际机场作为超级工程，其意义不仅在于提升了中国的航空运输能力和科技创新能力，更在于推动了区域经济的繁荣和国家形象的提升。它将成为中国未来发展的重要支撑和动力源泉 [120]。

4.2 失败案例

4.2.1 福岛核电站

福岛第一核电站位于日本福岛县沿岸，是日本最早开始修建的核电站之一。2011年3月11日，日本东海岸发生9级强烈地震并引发了海啸，摧毁了外部电网，淹没了柴油机厂房，核电厂失去了全部交流电源，无法为堆芯提供冷却水，堆芯余热无法排出。压力容器内的水大量蒸发，燃料组件逐渐裸露出水面，包壳开始熔化，放射性核素从燃料棒中逸出。为防止安全壳超压失效，1号、2号、3号机组安全壳泄压阀门先后被开启泄压，氢气伴随着部分放射性物质释放到反应堆上部维修厂房，先后发生了氢气爆炸，导致放射性物质释放到环境中。而因4号机组的乏燃料池无法冷却，导致卸出的燃料棒包壳熔化发生锆水反应产生氢气而引发火灾，部分放射性物质外泄。随后向反应堆和乏燃料池注入海水冷却，对反应堆主要部件造成腐蚀，各个机组严重受损，最终决定永久报废。

1. 福岛核电站泄漏事故的原因

1）核电站设计缺陷

核电站的选址与设计应当包括足够的防护措施，足以应对频繁且同时发生的多起外部事件。应特别针对多机组厂址和多个厂址考虑共因故障。核设施的应急计划应考虑应对长时间的全厂断电和多机组事故，核管理委员会（Nuclear Regulatory Commission，NRC）应该对与以上事故相关的应急准备方案进行附加审评。

日本位于环太平洋火山－地震带，常年多发地震，在核电站设计之初更应充分考虑到地震、海啸等自然因素影响下核电站的安全运行问题，进行核电站的可靠性分析，并且保有一定的安全设计余量。福岛核电站安全设计存在重要缺陷，大量引进存在本质缺陷的美式轻水堆，给日本核电安全埋下隐患。日本核电产业在技术应用层面具有较强的模仿能力和改良能力，核燃料循环技术中，铀浓缩、后处理、快堆以及高放射性废物处理是"四大关键"。日本在核燃料循环技术自主开发上乏善可陈，设计只关注核电站自身技术系统安全性，而忽视极端事件外力的强大冲击。针对海啸采取的附加防护措施没有经过监管机构的评估和批准，不足以应对大海啸及相关自然灾害。此外，福岛核电厂均为沸水堆，结构设计易导致放射性泄漏，且核电装置未设计氢气复合装置，当反应堆内氢气达到一定浓度时与厂房内的氧气发生化学反应而引发爆炸，从而导致放射性物质大面积泄漏和扩散。

2）设备管理的失职

福岛核电站的六台机组均建于 1970 年的核电大发展时期，修建于 1971 年的一号机组在事故发生时已服役了 40 年，已经进入了寿命的末期，应该考虑退役。对于安全危害重大的设备、设施，不仅要关注和评价其寿命周期费用，更要关注和评价其"寿命周期代价"或者"寿命周期风险"，设备的实际服役周期是需要依据风险而调整的。但东京电力公司为了让核电站产生更多的经济效益而牺牲了其安全性，忽视机组老化、压力容器腐蚀、堆内构件破损等严重问题，继续将核电站投入运行，核电站的可靠性急剧下降。

3）应急工作机制的缺失

核电站这一复杂而庞大的系统，要求设计严谨精密，对紧急事故的发生要有一系列详细而周密的应急处理方案，否则事故将进一步恶化。应急计划所考虑的事故不仅包括预期的运行工况和事故工况，还应考虑那些发生概率更低但后果更严重的事故，包括环境后果比设计基准事故更严重的事故。福岛核电站在已处于高危情况下，日本东京电力公司对公众的安全问题考虑不足，首要考虑的却是核电站的经济性，仅从自身利益出发，采用保守的冷却方式，而不是果断关闭核电站。另外，在海啸袭击过后核电站已经出现了问题的情况下，东京电力公司没有在第一时间公布相关情况，从而造成政府后续救援不力，没有能够在第一时间采取正确的措施对发生核泄漏的机组进行维修，进而诱发了更大的核灾难。

2. 福岛核电站的失败带来的深刻启示

1）核能安全应放在首位

福岛核电站事故暴露了核能行业在安全管理方面的严重不足。这警示我们，无论技术多么先进，核能安全必须始终放在首要位置。任何潜在的风险都不能被忽视，必须采取最严格的安全措施来预防类似事故的再次发生。

2）自然灾害的应对能力需加强

地震和海啸等自然灾害是导致福岛核电站事故的重要原因。这提醒我们，在设计和建造核电站时，必须充分考虑各种自然灾害的可能性，并采取相应的预防和应对措施。同时，提高核电站的抗震、防洪等能力也是至关重要的。

3）应急响应机制需完善

在福岛核电站事故中，应急响应机制的不足导致了事故的进一步恶化。因此，建立和完善应急响应机制是防范和应对核事故的关键。这包括制定详细的应急预案、加强应急演练、提高应急响应速度等。

4）环境保护和可持续发展需重视

福岛核电站事故对周边环境和生态系统造成了长期的影响。这警示我们，在利用核能等清洁能源时，必须高度重视环境保护和可持续发展。我们需要确保核能的开发和利用与环境保护相协调，避免类似的事故再次发生。

5）国际合作与交流需加强

福岛核电站事故是一个具有潜在全球影响的问题，需要各国共同应对。因此，加强国际合作与交流是防范和应对核事故的重要途径。各国可以分享经验、交流技术、共同研究解决方案，以提高全球核能安全水平。

综上所述，福岛核电站的失败给我们带来了深刻的启示。我们需要从中吸取教训，加强核能安全管理、提高自然灾害应对能力、完善应急响应机制、重视环境保护和可持续发展以及加强国际合作与交流等方面的工作，以确保核能的安全利用和可持续发展。

4.2.2 空中客车 A380

空中客车 A380 是欧洲空中客车公司研制生产的四引擎、550 座级超大型远程宽体客机，投产时是世界上载客量最大的喷气式客机，重 575t，有空中巨无霸之称。

1. 空客 A380 的失败因素

空客 A380 飞机在技术上是成功的，但是作为一个超级工程项目，其商业运营却是失败的，主要因素包括：

1）市场预测出现偏差

空中空客公司从 1996 年开始研制 A380，当时规划者设想，航空公司会继续青睐使用大型四引擎飞机来执行长距离航线飞行。但是，市场并没有按照他们所预期的发展。2003 年，空中空客公司的竞争对手波音公司推出了机型稍小，但更高效的双引擎飞机波音 787。2006 年，空中空客公司也推出了竞争机型 A350。这两种机型改变了长距离飞行市场。空客 A380 在 2007 年 10 月开始投入商业飞行时，长途飞行市场的机型竞争已经很激烈了。受到包括恐怖袭击在内的危机影响，航空公司的客流量发生了重大变化。再加上燃油价格上涨的影响，21 世纪前十年，航空公司越来越关注成本和回报，对利润的关注超过了对市场份额的关注。于是，大型飞机也不再是航空公司的宠儿。阿联酋航空公司是空客 A380 最大的客户，截至 2019 年，共有 123 个订单，已交付 108 架。2019 年 2 月 14 日，空中空客公司与阿联酋航空公司达成削减 A380 订单协议后宣布，将于 2021 年完成最后的交付。A380 之所以被航空公司"抛弃"，主要原因在造价昂贵和运营成本高，不少航空公司担心上座率的问题。随着新型飞机的效率越来越高，航空公司倾向于提供更多的"点对点"服务和"中心加辐射"的运营模式。

2）组织架构不科学

A380 的制造面向全球招标，零部件生产遍布全球 40 多个国家的数百家生产厂商，各环节生产独立却又彼此有联系，若其中某一环节出现差错，便会出现连锁反应影响整个项目的交货期。空客特有的组织架构又使流程管理具有多重复杂性。机身各部分的生产主要分布在 4 个国家的 16 个工厂，其中飞机机翼在英国设计制造，尾翼在西班牙设计制造，机身的前段、后段及飞机内部装饰在德国完成，驾驶舱、机身中部以及机身和机翼的联结工作在法国完成，而最后的组装一般在法国进行。而且4国都有着自己独立的供应商、技术人员、会计、法律顾问。这种古怪的组织架构导致了同一项目下的不同项目成员之间难以进行有效的沟通。一方面，这种低效率的沟通导致了项目的整个开发周期延长。另一方面，各项目成员之间缺乏沟通也埋下了发生技术风险的隐患，以至于不同国家的工程师竟然使用了不兼容的软件。另外，空客实际上是一个巨大的法德双控组合，两国各拥有22.5%的股份，以维持一种微妙的权力平衡。空客设立两个董事长、两位首席执行官职位，法德双方各居其一，各自享有平等的管理权利。因此，为了满足政治目的，空客的管理结构和生产进程中有太多不必要的低效设置，这也是阻碍了项目沟通的原因之一。

3）项目风险评估不足

低估了整个项目的风险，在风险暴露之前没有做好应急计划。A380是一个总投资107亿美元的庞大项目，四年的开发周期其实相当紧张，空客在立项之初就低估了整个项目的难度。前两次延迟交付都是因为技术原因，可见空客并没有对项目中的技术风险做出正确评估。第三次延迟是因为线路重装问题所需时间估计不足，空客再一次低估了风险。从管理层的频繁更换可以看出，空客并没有做好应急计划，在风险暴露时只是简单地采取换帅的做法，不仅不能解决问题，反而使得整个项目管理更加混乱。

2. 空中客车A380失败的启示

1）对市场需求的严谨判断

空客在开发A380时，可能过于乐观地估计了市场对超大型客机的需求，特别是忽视了航空公司对成本控制和航线灵活性的需求。这告诉我们，在产品开发前，必须进行充分的市场调研和需求分析，确保产品能够满足市场的真实需求。

2）项目管理中进行合理沟通和风险控制

A380的制造涉及全球多个国家的数百家生产厂商，这种全球化的生产模式虽然具有成本优势，但也带来了沟通和管理上的巨大挑战。空客在项目管理中未能有效解决这些问题，导致项目延期、成本超支和技术风险频发。这启示我们，在大型复杂项目的管理中，必须建立高效的沟通机制和严格的风险控制体系，确保项目能够顺利进行。

3）正确预估生产难度

作为一款超大型客机，A380 在设计和制造上都面临着前所未有的挑战。空客在立项之初可能未能充分评估这些挑战，导致在后续的生产过程中出现了诸多问题。这告诉我们，在产品开发过程中，必须充分评估技术难度和生产风险，确保项目具有可行性。

4）进行合理竞争

空中空客公司在开发 A380 时，可能过于关注与波音公司等竞争对手的竞争，而忽视了市场需求的变化和航空公司的实际需求。这导致 A380 在推出后并未能如预期那样受到市场的欢迎。因此，在制定竞争策略时，我们必须以市场需求为导向，注重产品的差异化和个性化定制服务，以满足不同客户的需求。

综上所述，空中客车 A380 的失败给我们带来了深刻的启示，在超级工程的市场判断的准确性、项目管理的有效性、生产难度的充分评估以及竞争策略方面应具有合理的论证 [121]。

4.2.3 苏联 N1 火箭

20 世纪 60 年代，美苏两国太空争霸进入白热化阶段，美国率先在 1969 年 7 月 16 日，由土星 5 号 [122] 搭载阿波罗 11 号飞船，成功登陆月球。这一事件对苏联的刺激是相当严重的，为了追赶美国在探月计划方面的脚步，苏联加速开始研制代号为 N1 的重型运载火箭。

苏联 N1 重型火箭的四次发射全部失败，从而使得苏联的登月计划流产。其失败很大程度上是由于政治、基础设施建设落伍和技术性不稳定的相互影响。由于缺乏资金支持，N1 火箭从未经过严格的出厂测试，再加上种种技术失误，甚至导致其每次爆炸都在一二级分离之前。计划的十二次试飞也因前四次彻底失败而提前告终。N1 火箭技术难度大，苏联当时技术储备不足，技术规范与技术对策存有严重问题，极大地降低了火箭构件及总体的可信性。

为了与美国在太空开展竞赛，苏联在 N1 火箭的开发上，先是把政治摆在第一位，后来又把任务摆在第一位，而没有把技术的可靠性和安全性摆在第一位。原计划配套的苏联登月飞船"联盟 7K-LOK"和"LK 登月舱"，由于没有像美国阿波罗飞船和登月舱那样先进的材料技术和设计理念的支持，使得最终建造完成的苏联登月飞船和登月舱比原计划整整重了 20t，这已经远远超出了 N1 火箭原本的运载能力。

　　但由于苏联政府的不断施压，时间紧迫已经不允许研发团队重新设计运载火箭，于是他们不得不在 N1 火箭的基础上进行"魔改"，其中包括使用超低温液氧技术提升了每台发动机 2% 的推力极限，但是这样做依然达不到要求，因此不得不在一级燃料罐下又加了 6 台发动机。简言之，N1 的发动机设计完全是临时"抱佛脚"的产物，没有经过系统而充分的理论论证和模拟测试，这也为后来一连串的事故埋下了隐患。

　　在人类探索太空的过程中，航天飞机可以说是一个里程碑式的发明。航天飞机的出现，为人类探索太空的计划提供了最优解，它具备了可往返、可重复利用、可载人等优点，这在当时无疑是具备跨时代意义的。但是，有关航天飞机的灾难、昂贵的投资和没有达到预期目标的成果，也让人们给这种飞行器打上了"失败"的标签。失败原因分析如下：

　　（1）政治干预与技术决策的冲突。

　　N1 火箭的失败首先暴露了政治压力对技术决策的负面影响。在太空竞赛的背景下，政治目标往往凌驾于技术实际之上，导致项目在不具备充分技术条件的情况下仓促上马，这是非常危险的。

　　（2）技术储备与风险评估不足。

　　苏联在研制 N1 火箭时，显然对技术难度和风险估计不足。重型运载火箭的研发涉及众多复杂技术，需要长期的技术积累和严格的测试验证。N1 火箭因缺乏严格的出厂测试和系统性技术评估，导致其在实际发射中问题频发。

　　（3）资源分配与项目管理问题。

　　N1 火箭的研发过程中，资源分配不均和项目管理不善也是导致失败的重要因素。资金短缺、基础设施落后以及团队间沟通不畅，都严重影响了项目的进度和质量。

　　（4）外部竞争与内部压力。

　　面对美国的成功登月，苏联内部产生了巨大的竞争压力和紧迫感，这种压力在一定程度上促进了 N1 火箭的研发，但同时也导致了项目决策的盲目性和短视性。

　　苏联 N1 火箭的失败给我们带来了多方面的深刻启示，这些启示不仅关乎航天技术的研发，更涉及项目管理、团队合作以及科学决策等多个层面。

　　（1）技术与政治应独立决策。

　　在高科技项目的研发中，必须确保技术决策的独立性和科学性，避免政治因素的过度干预。技术项目应以技术可行性和安全可靠性为首要考虑因素，而非单纯追求政治目标。

（2）加强技术储备与风险评估。

在研发复杂技术产品时，必须充分评估技术难度和风险，并提前进行技术储备和风险评估。只有在具备充分技术条件和资源保障的情况下，才能确保项目的顺利进行和成功实施。

（3）优化资源分配与项目管理。

有效的资源分配和项目管理是确保项目成功的关键。在项目推进过程中，必须注重资源的合理配置和高效利用，同时加强项目管理和团队协作，确保项目的顺利进行和高质量完成。

（4）保持冷静与理性竞争。

在面对外部竞争时，应保持冷静和理性，避免盲目跟风和短视行为。应根据自身实际情况和技术实力制定合理的竞争策略和发展规划，确保在竞争中保持稳健和可持续的发展态势。

综上所述，苏联 N1 火箭的失败给我们带来了深刻的反思和宝贵的启示。在未来的高科技项目研发中，我们应充分吸取这一教训，注重技术决策的独立性、科学性和安全性，加强技术储备和风险评估，优化资源分配和项目管理，保持冷静和理性的竞争态度，以推动科技事业的持续健康发展。

第 5 章

典型超级工程比较分析

　　本章对世界近现代同类型典型超级工程之间的相似性与差异性进行了比较分析，选取了巴黎歌剧院[123-126]与悉尼歌剧院、阿斯旺大坝与三峡水利枢纽工程、中国西北风光储输示范工程[127]与美国 Alta 风能中心、日本柏崎核电站与秦山核电站、罗马什金油田与中国大庆油田、国际空间站与中国空间站等工程进行对比。期望能从对比分析中为中国未来超级工程建设给予重要智力支撑，因此着重分析了中国近现代超级工程与世界近现代超级工程的不同特征。分析内容首先介绍各项工程的基本情况，然后从工程规模、工程技术、工程管理和工程价值等方面进行比较，总结了中国在超级工程建设方面所取得的成绩以及与世界其他国家的差距，并探讨了中国超级工程建设未来的发展方向。

　　巴黎歌剧院和悉尼歌剧院都是著名的文化地标，具有极高的艺术价值和历史意义。巴黎歌剧院以其精美的建筑和悠久的历史而闻名于世，而悉尼歌剧院则以其独特的建筑风格和卓越的音响效果而备受赞誉。在技术水平方面，两者都代表了当时最高的建筑和声学技术。投资规模方面，悉尼歌剧院的投资规模较大，但两者在社会影响力方面都具有极高的价值。

　　阿斯旺大坝和三峡水利枢纽工程都是大型水利工程，具有防洪、灌溉、发电等多种功能。阿斯旺大坝位于埃及，而三峡水利枢纽工程位于中国长江流域，它们都是世界上最大的水利工程之一。在技术水平方面，三峡水利枢纽工程代表了中国在水利工程领域的最高水平。投资规模方面，三峡水利枢纽工程的投资规模较大。社会影响力方面，两者都对社会产生了深远的影响。

　　中国西北风光储输示范工程和美国 Alta 风能中心都是新能源领域的代表性工程。中国西北风光储输示范工程是中国在新能源领域的一项重要工程，旨在展示新能源技术的可行性。美国 Alta 风能中心则是美国在风能领域的一项重要工程，具有极强的发电能力。在技术水平方面，两者都代表了当时最先进的新能源技术水平。投资规模方面，Alta 风能中心投资总金额为 3.14 亿美元；中国西北风光储输示范工程总投资达 93 亿元人民币。社会影响力方面，Alta 风能中心投产后年发电量可满足约 48 万户家庭用电，通过绿电替代化石能源减少碳排放；中国西北风光储输示范工程开辟了我国新能源综合开发利用的新途径，提升了行业的自主创新能力，确立了我国在新能源领域的竞争优势。

施工、阻尼器技术和双层巨型结构体系等方面取得了显著成就。

（3）团队协作：两者都注重与参建单位的沟通协调，形成了良好的合作氛围和团队精神。但在具体协作方式上可能因项目特点和需求而有所不同。

4. 工程价值

哈利法塔作为迪拜的标志性建筑，不仅极大地提升了迪拜的城市形象和国际知名度，还带动了周边地区的经济发展，其内部的大型购物中心、湖泊和塔楼群等配套设施为游客提供了丰富的休闲和娱乐体验。

上海中心大厦作为中国第一高楼和全球首栋获得中国绿色三星和美国LEED-CS铂金级双认证的最高等级绿色建筑，不仅体现了中国超高工程建造技术的国际领先水平，还推动了绿色建筑和可持续发展理念的普及。

（1）城市形象：两者都极大地提升了所在城市的形象和国际知名度，成为城市天际线上的标志性建筑。

（2）经济发展：哈利法塔通过其内部配套设施带动了周边地区的经济发展，而上海中心大厦则通过其多功能业态布局促进了周边地区的产业升级和经济发展。

（3）技术影响：两者都为全球建筑技术和设计创新的典范，对全球高层建筑的发展产生了深远的影响。但上海中心大厦在绿色建筑和可持续发展方面的贡献更为突出。

5.2 阿斯旺大坝与三峡水利枢纽工程

世界近现代超级工程以阿斯旺大坝为例[130]，中国近现代超级工程以三峡水利枢纽工程为例，分别从工程规模、工程技术、工程影响及工程价值等方面进行比较分析。

1. 工程规模

尼罗河上所筑的阿斯旺大坝，位于埃及首都开罗以南约800km，阿斯旺城南6km处的山口地带。这是一项集防洪、灌溉、航运、水力发电为一体的综合利用工程，枢纽建筑物包括大坝、引水工程和水电站。坝顶长3830m，宽40m，坝基宽980m，最大坝高111m。坝体工程量4260万 m^3，其体积约相当于胡夫大金字塔的17倍，是当时世界上最大的水坝工程。

三峡水利枢纽工程是世界防洪效益最为显著的水利工程。三峡水库总库容 393 亿 m^3，防洪库容 221.5 亿 m^3，水库调洪可消减洪峰流量达 2.7 万～3.3 万 m^3/s，能有效控制长江上游洪水，增强长江中下游抗洪能力。总装机容量 2250 万 kW，年发电量 1000 亿 kW·h。三峡大坝坝轴线全长 2309.47m，泄流坝段长 483m，水电站机组（70 万 kW）26 台。三峡工程主体建筑土石方挖填量约 1.34 亿 m^3，混凝土浇筑量 2794 万 m^3，钢筋 46.30 万 t。三峡工程截流流量为 9010 m^3/s，施工导流最大洪峰流量 79000 m^3/s。三峡工程泄洪闸最大泄洪能力为 10.25 万 m^3/s，是世界级数最多、总水头最高的内河船闸。三峡工程的双线五级船闸，总水头 113m，是世界规模最大、难度最高的升船机。三峡工程升船机有效尺寸为 120m×18m×3.5m，最大升程 113m，船箱带水质量达 11800t，过船吨位 3000t。长江三峡是一座具有防洪、发电、航运、养殖、旅游、保护生态、净化环境、南水北调、供水灌溉等巨大综合效益的宏伟工程。

2. 工程技术

1964 年，阿斯旺大坝完成了一期工程，挡住了当年的洪水。之后大坝又几度救主，帮助埃及免遭 1975 年、1988 年和 1996 年的洪水，躲过了 20 世纪 80 年代中期给整个非洲带来沉痛灾难的严重干旱。水库吸收了绝大部分上游河水携来的泥沙，让下游河道淤积显著减少，航道吃水深度增加 1.5～1.8m，使全年通航成为可能。在发电上，大坝同样起到重要作用。阿斯旺水电站总装机容量 210 万 kW，设计年发电量 100 亿 kW·h。阿斯旺至开罗的 500kV 输电线路，将全国的电网连成一体，让埃及电气工业焕然一新。巨大而廉价的电能让埃及 40000 多个村庄进入电气时代，甚至有余电供给邻国。此外，大坝建成后，埃及政府得以开展大规模的土地开垦，全国耕地面积扩大了 53 万 m^2。大量耕地得到长年灌溉，变化为一年两熟或三熟。纳赛尔湖还成为埃及的渔业中心，1981 年鱼产量就达到 3.4 万 t。

三峡工程混凝土工程量巨大，总量达 2800 万 m^3，其中大坝混凝土量达 1600 万 m^3，高峰施工强度需要 1 年浇筑混凝土逾 500 万 m^3。如何在高强度混凝土施工中，实现混凝土浇筑的高质量，让三峡工程按期保质，甚至提前发挥其巨大的综合效益，一直是三峡工程设计、施工与工程管理的核心问题。为此，三峡总公司组织参建各方和科研单位在混凝土原材料与配合比、混凝土浇筑方案与配套工艺、大体积混凝土温控防裂等方面进行综合攻关，采用一系列最新技术，集成创新，成效显著。

3. 工程影响

20 世纪 60 年代后期，以修建阿斯旺高坝为标志，埃及开始径流的多年调节，提高枯水年的用水保证率，采取增水、保水、省水等措施，提高水资源利用率，全面进行河流综合利用。阿斯旺高坝高 112m、长 5km，将尼罗河拦腰切断，在高坝内形成了一个长 650km、宽 25km 的巨大水库——纳赛尔湖。这是一项具有灌溉、发电、防洪等综合效益的大型水利工程，是世界七大水坝之一。

三峡工程以工程建设带动政治、经济、社会、文化、生态综合完善，三峡工程以工程建设构建工程管理的全生命周期管理体系。

目前，阿斯旺大坝的发电量能够保证全国大部分地区的用电需要。它可以平定洪水，贮存足够用几年的富余水量。20 世纪 80 年代，尼罗河流域曾发生严重干旱，苏丹及埃塞俄比亚发生饥荒，但埃及却因有此大坝而幸免于难。大坝东端有观景台可供观赏大坝及水面景观。

三峡大坝实现了全年全线昼夜通航，万吨级船队可由上海直达重庆，长江航道成为名副其实的"黄金水道"。2007 年，三峡大坝景区入选中国国家 5A 级旅游景区。

4. 工程价值

阿斯旺大坝保证了农业区不受尼罗河河水水位过高或过低的影响，并保证了在任何农业年份的灌溉用水。大坝水库的巨大容量不仅调节了下游流量，防止了洪水泛滥，还利用蓄积的水量扩大了灌溉面积。大坝电站每年发电 80 亿 kW·h，解决了埃及的能源短缺问题。

三峡工程作为治理和开发长江的关键性骨干工程，也是迄今为止世界最大规模的水利枢纽工程，在防汛、发电、航运、补水和生态等方面给国家带来了巨大的社会经济效益，有力推动了长江经济带高质量发展。

5.3 美国 Alta 风能中心与中国西北风光储输示范工程

中国风光储输示范工程和美国 Alta 风能中心是两个不同类型的能源工程，一个是风能储能示范工程，另一个是风能研究中心。以下是它们在工程规模、工程技术、工程管理和工程价值等方面的比较。

1. 工程规模

中国西北风光储输示范工程是世界首个集风力发电、光伏发电、多类型储能和智能输电"四位一体"的大规模新能源发电综合示范工程，总体建设规模为风电 500MW、光伏 100MW、电化学储能 70MW，拥有 30 个风电机组测试机位，总投资为 120 亿元。Alta 风能中心位于美国加利福尼亚州，是世界第三大陆上风电场。截至 2024 年，实际装机容量达到 1020MW。该风能中心绝大部分机型都采用了 Vestas 3MW 风电机组。

2. 工程技术

中国西北风光储输示范工程涉及太阳能和风能的储能技术，包括电池储能、储热技术和输电技术。这些技术可用于提高可再生能源的可靠性和可用性。美国 Alta 风能中心主要专注于风能技术，包括风力涡轮机的研发、性能测试和监测，可用于推动风能领域的技术创新。

3. 工程管理

中国西北风光储输示范工程由中国政府和相关企业合作管理，工程管理涉及合作伙伴之间的协调和技术开发。美国 Alta 风能中心由美国国家可再生能源实验室（NREL）管理，NREL 隶属美国能源部，它采用美国国家实验室的管理模式，专注于研究和开发。

4. 工程价值

中国西北风光储输示范工程在新能源发电技术创新和应用基础研究领域取得了多项原创性成果。该工程突破了风电、光伏并网关键核心技术，建成国内首个智能源网友好型风电场，首次应用国内陆上单机容量最大的 5MW 直驱风机，在国内首次提出直驱、双馈型风机高电压穿越技术实现方案，引领风电技术发展；开创了储能规模化应用的先河，建成世界上规模最大的多类型化学储能电站，自主开发分层耦合实时控制系统，实现了 5 类、共 30 多万节电池的系统集成与协调管理，响应时间小于 900ms，出力误差小于 1.5%。Alta 风能中心通过风力产生的新能源减少二氧化碳排放量超过 520 万 t，相当于减少 44.6 万辆汽车的行驶排放。

总的来说，中国西北风光储输示范工程和美国 Alta 风能中心是两个不同类型的项目，前者是示范工程，旨在展示可再生能源储存和输送技术，而后者是研究中心，专注于风能技术研究。它们在规模、技术、管理和价值方面都有不同的重点和目标，但都在可再生能源领域作出了重要贡献。

5.4　日本柏崎刈羽核电站与中国秦山核电站

日本柏崎刈羽核电站和中国秦山核电站分别是两国规模最大的核电站，然而在工程技术、工程管理以及工程价值方面，都存在一定的差异。

在工程规模方面，日本柏崎刈羽核电站共包含 7 台机组，总装机容量为 8212MW，是当时世界上规模最大的核电站，这个电站的发电能力相当于东京地区消耗电力的 20%；中国秦山核电站，共包含 9 台机组，总装机容量为 6564MW，是目前国内核电机组数量最多、堆型最丰富、装机容量最大的核电基地。

工程技术方面，柏崎刈羽核电站 5 台采用了沸水堆（BWR）机组，2 台采用了先进沸水堆机组；秦山核电站采用了技术成熟的压水堆机组，并进行了自主创新，可以承受极限事故引起的内压、高温和各种自然灾害。

工程管理方面，柏崎刈羽核电站严格遵守日本的法规要求，进行了可靠、值得信赖的地震响应分析，对最不利情况下的荷载组合和容许限制采取了苛刻规定；秦山核电站采取了"垂直管理，分级授权，相互协作，横向约束，规范化、程序化和信息化运作"的管理模式。

工程价值方面，柏崎刈羽核电站实现了大型模块的现场预制与吊装，在先进沸水堆机组中采用了全模块化施工[131,132]。秦山核电站在 CANDU 反应堆（加拿大重水铀反应堆）中是首次使用了改进的热传输支管材料及放射性废液处理系统工艺，改进后放射性废树脂的产生量大大减少。

5.5　加瓦尔油田与中国大庆油田

加瓦尔油田[133] 和大庆油田[134] 分别是世界最大油田和中国最大油田。

在工程规模方面，大庆油田是中国迄今最大的油田，也是世界上为数不多的特大型陆相砂岩油田之一。1963 年底，大庆油田进入全面开发建设，年产油量于 1976 年上升到 5000 万 t，并实现连续 27 年高产稳产，创造了世界同类油田开发史上的奇迹。加瓦尔油田是世界上储量最大、产量最高、累计产油最多的头号油田。在其高峰期，加瓦尔油田的年产量曾达到约 500 万 bbl/d。这意味着其石油年产量大约为 18 亿 bbl。该油田原油含蜡量少，多为轻质油，凝固点低于 −20℃，便于运输。至今，在全球其他被发现的油田中，没有一个可以达到加瓦尔级别。

工程技术方面，大庆油田自主创新了世界领先的大型陆相非均质砂岩油田开发技术系列，发展了以提高采收率为目标的一整套核心主导技术系列，水驱精细挖潜和三次采油技术处于国际领先水平。加瓦尔油田的油藏动态表征技术、储层建模技术、最大储层接触井（MRC）技术、地质导向技术、智能完井技术、智能油田技术和超前注水等多项主体技术等智能化开发集成技术全面提升了油田开发效益。

工程管理模式上，大庆油田始终以建设资源节约型企业为目标，不断完善管理体系，细化考核指标，优化管理流程，加强管理创新，推进技术进步，培养节能文化，形成了立体化节能管理体系。加瓦尔油田为沙特阿拉伯国家石油公司所有，在管理方面，积极引进先进技术，提高工作效率及资源利用率，凭借资源、技术和作业上的优势，使该公司能够保持其世界成本最低生产商的地位。

工程价值方面，大庆油田先后三次荣获国家科学技术进步奖特等奖，油田勘探开发成果与"两弹一星"共同载入了中国科技发展的史册；主力油田采收率突破 50%，比国内外同类油田高出 10 ～ 15 个百分点，为维护国家石油供给安全，支持国民经济发展，作出了重大贡献。加瓦尔油田的成功开发，使得沙特阿拉伯年产油量跃居世界第一，该国经济不断得到提升，从贫穷的沙漠国家发展成最繁华的地区，石油使其国民享受着高标准的生活水平。

5.6 国际空间站与中国空间站

国际空间站（International Space Station，ISS）和中国空间站（China Space Station，CSS，又称天宫空间站）都是太空站，但它们在工程上有很大的不同之处。

1. 工程规模

国际空间站是由多个国家合作建造的太空站，参与国家包括美国、俄罗斯、11 个欧洲空间局成员国（法国、德国、意大利、英国、比利时、丹麦、荷兰、挪威、西班牙、瑞典、瑞士）、加拿大、日本和巴西等。国际空间站的总质量约为420t，体积相当大，拥有多个实验室、协同工作区、生活区域和太空漫步平台。国际空间站位于地球轨道上，距离地球表面大约400km，每个宇航员驻留期通常为6个月。国际空间站已经在太空中运行了多年，是一个国际合作项目的杰出代表，用于科学研究和太空探索。

中国空间站是中国独立建造和运营的太空站。其总质量为60～180t。该太空站计划包括一个核心模块、两个实验舱以及一些附加设备，提供科学研究、实验和国际合作的机会。中国空间站的轨道高度约为400km，设计使用寿命10～15年。

2. 工程技术

设计和建造：国际空间站需要整合多个国家的技术和模块，以创建一个庞大的太空站，每个模块可能具有不同的设计和规范。国际空间站的结构复杂，采取"边建造、边应用"的模式推进，共建造发射了16个主要舱段。国际空间站总体设计采用桁架挂舱式与积木式"混合"结构，即以桁架为基本结构，增压舱和其他各种服务设施挂靠在桁架上，形成桁架挂舱式空间站。中国空间站是中国独立设计、建造和运营的，它的核心模块是"天和"。这种独立性允许中国在技术上采用一致的标准和规范，以便更好地控制和管理太空站。

运载工具：国际空间站依赖于多个国家的运载火箭和太空飞船，如美国龙飞船和猎户座飞船，苏联的联盟飞船以及其他各国的太空飞船。中国空间站使用中国的长征系列运载火箭和宇宙飞船，如神舟飞船，将宇航员和货物送到太空站。

运营和维护：国际空间站的运营需要多国宇航员在太空中工作，这涉及多国协作、任务规划和资源共享。维护和更新需要多国合作，以确保太空站的持续运行。中国空间站的运营是由中国自行管理的，具有较强的独立性，但也在国际上寻求合作伙伴参与科学实验和任务。

国际合作：国际空间站是一个代表了国际合作的杰出范例，各国共享资源和研究机会，合作开展科学研究和太空探索。中国空间站虽然不是国际空间站的一部分，但中国政府表明愿意与其他国家和国际机构合作，以促进科学研究和太空合作。

3. 工程管理

项目管理：国际空间站是一个国际合作项目，由多个国家共同管理和运营。这需要协调众多国家的利益和资源，涉及国际合作、决策制定和任务规划。中国空间站是由中国单独管理和运营的，因此在项目管理上拥有更强的独立性和控制权。

合作伙伴：国际空间站的合作伙伴包括美国、俄罗斯、欧洲空间局成员国、加拿大和日本等多个国家。这些国家共同提供了各种技术、资金和资源。中国空间站的合作伙伴主要是国内的科研机构和宇航员，但中国政府也表明愿意与其他国家和国际机构开展科学合作。

预算：国际空间站的预算是由多个国家分摊，因此需要协商、管理和分配资源，这可能导致复杂的预算制定和审查过程。中国空间站的预算是由中国单独承担，因此拥有更强的预算独立性。

国际合作：国际空间站代表了国际合作的巅峰，各国共享资源、研究机会和任务，但也可能受到政治因素的影响。中国空间站工程采用系统工程管理模式，将整个复杂工程分成五个模块、七大系统，进行分解协调、有效管理。

4. 工程价值

国际空间站代表了国际合作的最高水平，它是多个国家合作建设和运营的太空站。各国在该项目中共享资源、技术和研究机会，为全球太空探索合作树立了榜样。国际空间站提供了科学研究和实验的独特平台，研究领域包括生物学、物理学、地球科学、天文学等。这些研究有助于我们更好地理解宇宙和地球，以及为未来深空探索提供有关太空环境的信息，有助于为未来深空探索任务（如登陆火星）提供基础。

中国空间站代表了中国国家自主研发、建设和运营太空站的能力。这标志着中国在太空技术领域的巨大进步，并显示了中国的科学和工程实力。中国空间站将用于各种科学实验和应用，包括生命科学、物理学、材料科学等。它将为中国和其他国家科学家提供一个重要的太空研究平台。

第6章

建造技术与独特方法

本章从科学决策、系统管理、技术集成和工法标准四个层面，分析了世界近现代超级工程的建造技术和独特方法。通过深入探讨这些工程的背景、目标和实施过程，揭示了超级工程在技术运用、创新思维和组织管理等方面的挑战和机遇。

超级工程通常涉及复杂的技术难题和未知的风险因素，因此科学决策在超级工程的建造过程中具有至关重要的作用。科学决策需要充分考虑工程项目的可行性、可靠性和可持续性。通过对工程项目的目标、需求、资源和环境等因素进行全面分析，制定科学合理的决策方案。此外，科学决策还需要重视科技创新和跨学科合作，以解决超级工程中遇到的技术和管理难题。

超级工程具有规模大、周期长、参与方众多等特点，因此需要采用系统管理的方法来协调和管理整个工程项目的各个部分。系统管理涵盖了项目策划、组织、指挥、协调和控制等一系列环节，旨在实现工程项目的整体优化和协调发展。在超级工程中，系统管理需要关注资源整合、信息共享和协同工作等方面，以提升工程项目的效率和效益。

超级工程涉及众多先进的技术领域，包括土木工程、机械工程、电气工程、计算机科学等。技术集成是将这些领域的技术进行整合和创新，以解决超级工程中的技术难题。技术集成需要充分发挥各领域技术的优势，结合实际工程需要进行创新和优化。同时，技术集成还需要重视技术评估和技术风险管理，确保超级工程的安全和稳定。

超级工程涉及从规划设计到制造施工，从质量控制到工程管理等多个层面。工法标准是超级工程建设过程中的重要组成部分，它规定了工程建设的技术要求和操作规范。在超级工程中，工法标准需要结合具体的工程条件和实际需求进行制定和实施。同时，工法标准还需要关注新技术和新工艺的发展，及时更新和完善标准体系。通过推行工法标准，可以确保超级工程的建造质量、安全和效率。

世界近现代超级工程的建造技术和独特方法涵盖了科学决策、系统管理、技术集成和工法标准等多个层面。这些技术在超级工程中的应用有助于解决复杂的技术难题和管理问题，提升工程项目的效率和效益。同时，超级工程也为科技创新和跨学科合作提供了广阔的平台，推动了工程技术的发展和创新。通过深入研究和探索超级工程的建造技术和独特方法，我们可以不断应对未来工程建设领域的挑战和机遇。

6.1 土木工程技术与方法

6.1.1 悉尼歌剧院

悉尼歌剧院是 20 世纪重要的建筑作品，代表了建筑形式和结构设计的多重创造力，在现代建筑史上被认为是巨型雕塑式的典型作品，也是澳大利亚的象征性建筑物。

1. 建造技术

悉尼歌剧院的建造过程面临诸多挑战和变化，其中包括运用创新的拱结构实现壳形屋顶，首次设计折合式混凝土墙技术支撑扇形薄壳，以及采用球形剖面截取技术确保壳体曲率一致，从而克服技术难题并实现设计的整体美学。

（1）壳形屋顶采用斜向悬挑的拱结构技术。在曲面结构体系中，主要包括拱、索和壳三种类型。壳结构在实际应用中难以实现，而索结构则改变了歌剧院的外观形式。相比之下，拱结构能够更好地实现设计方案。尽管外观形式与结构设计可能存在一定的冲突，但整体来看，使用拱结构来达到壳形屋顶的效果仍然是一个有效的方案。

（2）扇形薄壳采用折合式混凝土结构墙技术。鉴于是首次设计这种薄壳结构，且歌剧院内部无法使用柱梁来支撑屋顶重量，设计者最终选择了折合式混凝土结构墙。每层折合部分类似拱门，既能承重，又不影响设计的弯曲外形。由于这种大跨度结构前所未有，工程师使用计算机进行折合式结构的可行性分析，开创了建筑工程结构计算的新纪元。

（3）相同曲率的壳体群采用球形剖面截取技术。首先，使用一个共同的模具浇筑出不同长度的圆拱段，然后将这些相似长度的圆拱段组合成一个球形剖面，最终在球面上截取三角形作为歌剧院的壳体群。这种方法使所有壳体的曲率一致，简化了计算，标准化了施工，并且统一的曲率在看似自由的形体中蕴含了内在的和谐性。

2. 管理方法

悉尼歌剧院的工程管理创新主要体现在以下几个方面。

（1）引入工程管理咨询服务。在整个施工过程中，悉尼歌剧院项目引入了工程管理咨询服务。这种做法确保了工程项目的顺利实施，并为项目提供了专业的技术支持和管理指导，帮助应对施工中的各种挑战和复杂问题。

（2）预制构件拼装施工方法。采用预制构件拼装的施工方法，显著减少了现场施工的工作量。这种方法不仅降低了施工成本，还大幅缩短了工期。预制构件的使用提高了建造效率和质量控制，使悉尼歌剧院能够在既定时间内完成建设，同时提升了工程的整体质量。

（3）应对复杂挑战和风险。尽管悉尼歌剧院因其独特的艺术美学而获得了高度赞誉，但项目本身面临着比常规项目更为复杂的困难和风险。这些风险包括工程设计的创新性、技术难度以及施工过程中的不确定因素。

这些创新措施不仅提高了悉尼歌剧院的建造效率和质量[135]，也为项目在国内外赢得了良好的声誉和口碑。通过引入专业的工程管理咨询和采用先进的施工方法，悉尼歌剧院成功地克服了众多挑战，完成了一项具有里程碑意义的工程。

6.1.2　圣哥达基线隧道

圣哥达基线隧道，位于瑞士南部，全长约 57km，皆在瑞士境内，于 2016 年开通，刷新了此前日本青函隧道保持的 53.85km 的长度纪录，是目前世界上最长的铁路隧道。该隧道贯穿阿尔卑斯山脉，是瑞士新阿尔卑斯铁路运输计划的核心组成部分。其最深处距地表超过 2300m，也是世界上埋深最深的山岭隧道。

1. 建造技术

圣哥达基线隧道的建造过程中，通过密集的联系通道和多功能车站设计加强了应急救援能力，结合现代化的勘测手段，主要采用隧道掘进机（TBM）和传统钻爆法进行施工，并在环保方面采取了全面的土石方材料管理措施。

隧道设计方面，圣哥达基线隧道采用"密集设置联系通道 + 恰当设置隧道内车站"方案，用于应急救援并避免成本的大幅攀升。采用了每 325m 设置联系通道的"2 管"设计方案，共设置 178 条联系通道，以便在隧道某条隧洞发生事故时，通过附近的联系通道迅速将乘客转移到另一条未受影响的隧洞。此外，隧道在塞德龙（Sedrun）和法伊多（Faido）两处设置了多功能车站。以塞德龙站为例，紧急情况下，乘客可以通过站台的 5 条连接隧道进入逃生隧道，转移到对向隧道。车站建设过程中的竖井 I 和竖井 II 在隧道开通后将分别用于供气和排气。其中，竖井 I 用于供气及各种线缆和水管的通道；竖井 II 则用于火灾时通过 7 个抽气井将烟气送至排气隧道。

隧道施工方面，采用现代化的勘测手段对隧道的地质条件提前进行了全面的勘测和分析，并根据地质条件灵活制定施工方案。圣哥达基线隧道包括两条各约57km 长的主隧道，其中 80% 采用 TBM 施工，20% 使用传统钻爆法施工。如果综合考虑包括辅助隧道和竖井在内的总长度 151.8km 的隧道系统，则 56% 采用TBM 方式，44% 使用钻爆法。隧道建设中使用了四台直径 9.58m 的海瑞克撑靴式硬岩掘进机，每台掘进机配备 62 个牙轮钻头，掘进速度最高可达 35 ～ 40m/d（在围岩条件较好时），平均掘进速度为 12m/d。在建设过程中，特别注重环保要求。在工程开工前，已规划了不同部位的隧道开挖料的处理方式，包括重复利用、填埋或弃渣，并指定了堆料和弃渣的具体位置。总共开挖出 2820 万 m^3 土石方材料，其中 33% 经过加工后用于隧道内的混凝土构件及喷射混凝土；66% 用于其他填筑项目，例如在卢塞恩湖（Lucerne Lake）建设自然保护区岛屿项目，约对 0.7% 的材料进行了填埋处理。

2. 管理方法

在圣哥达基线隧道项目中，瑞士展现了独特的组织和监管创新。该项目的管理架构设计如下。

（1）阶段性责任分配。在可行性研究阶段：由瑞士联邦交通局（FOT）负责领导和监管，确保项目的可行性和初步规划。在早期准备阶段：工程的早期准备工作由瑞士联邦铁路公司（SBB）接手，以便为后续的详细设计和建设做好准备。

（2）成立专门子公司。为有效推进项目实施，瑞士联邦铁路公司于 1998 年5 月成立了全资子公司 AlpTransit Gotthard（ATG）。ATG 负责圣哥达基线隧道的设计和建造工作，集中资源和专业知识来推动项目进展。

（3）监管与监督。瑞士联邦交通局作为 ATG 的上级监管机构，FOT 直接管理和控制项目，确保其按计划推进。作为最终的政治监督者，瑞士联邦议会定期检查项目进展，提高了实施的透明度和责任感。

（4）运营和整合。SBB 作为最终运营商负责 ATG 的战略和运营管理，但在建设过程中保持适度的干预。隧道建成后，将以交钥匙工程的形式交付 SBB，直接整合进现有铁路网并投入商业运营。

这种组织模式通过明确各方角色，提高了项目管理的效率。政府部门提供政策支持和资金保障，同时进行监督；ATG 作为专门的建设单位，集中力量实施工程；SBB 则在隧道建成后负责运营。这种扁平化的组织架构简化了决策过程，增强了沟通效率，促进了各方的协调合作，使得圣哥达基线隧道项目能够顺利推进并成功实施。

6.1.3 旧金山金门大桥

金门大桥，位于金门海峡之上，是连接旧金山市区和北部马林（Malin）地区的跨海通道，被誉为世界上最美的悬索桥和美国旧金山市的象征，不仅被印在 NBA 金州勇士队的标志上，也曾一次次出现在各种电影镜头中，成为世界上最上镜的大桥，是世界所建大桥中罕见的单孔长跨距大吊桥，曾被称为世界七大工程奇迹之一。

1. 建造技术

金门大桥在建造过程中取得了多项技术突破，包括中空钢化结构铆接的轻巧悬索桥塔、细钢丝绞制的缆线和多块铁板连接的防止桥面断裂设计，这些创新技术共同确保了桥梁的稳固性和耐用性。

（1）中空钢化结构铆接悬索桥塔技术。金门大桥是一座悬索桥，其主要承力部分由桥两端的两个钢塔支撑。塔架之间的钢缆垂下许多细钢绳，将桥面悬吊在空中。桥面的重量和交通流量会使钢缆向下拉，钢缆将这些力传递到塔架上，然后分散到地面下。同时，桥在水平方向上的拉力也会传递到岸边两端固定钢缆的装置上。20 世纪初，大多数悬索桥的塔是用石头或钢制成的。然而，金门大桥的设计者需要使塔更加轻巧灵活，以抵御强风和地震。他们的创新设计使用了中空钢结构，通过铆钉将每平方米的钢板连接在一起，逐层堆砌而成。其中，一座钢塔的结构就用了约 60 万个铆钉。

（2）细钢丝绞线制备缆线技术。金门大桥的缆线支撑着整个桥面和吊绳的重量，一旦缆线断裂，整个桥面将崩溃。设计师将每根缆线由约 2.5 万个独立金属丝绞成，虽然每根金属丝不粗，但它们非常坚固，个人无法折断。建成的缆线长度达到 2332m，直径约 1m。随后，建筑师用压实机对每条缆线施加了超过 7.3t 的压力，使其更加紧实。自 1937 年金门大桥通车以来，这两条缆线至今仍是唯一未曾更换的部分。

（3）多块铁板连接防止桥面断裂技术。由于钢铁会热胀冷缩，或者因大风和地震而移动，桥面铺设的钢铁甲板被分成许多部分，与旁边的孔洞相衔接。由于这些孔洞，桥面可以弯曲但不会使其断裂。此外，旧金山位于两个地质板块的交界处，同样出于安全的考虑，桥梁的两端还配备了减震器，以吸收来自风力或地震力的能量。

2. 管理方法

金门大桥工程管理创新主要体现在两方面。

（1）为筹集资金专门成立了董事会，并设立了金门大桥和高速公路行政区（简称桥区）。该区通过贷款、发行债券和收取过桥费等方式筹集资金，用于建设和维护金门大桥及其相关公路。旧金山通过设立专门的董事会来负责工程的筹资、建造和管理，有效克服了资金短缺问题，这一机制不仅确保了金门大桥建设的顺利推进，还为项目的可持续发展提供了保障，最终实现了工程的圆满完成。

（2）采用平行工序法。首先，工程团队制定了严格的时间规划表，明确了每个工序的开始时间、完成时间和关键节点，以确保工作有序进行，避免时间上的交叉和延误。其次，团队将主要工序分解成更小的子工序，并安排这些子工序并行进行，以最大化地利用各施工区域的资源和设备。此外，团队通过协调和沟通，确保信息流畅、资源共享，并及时解决可能出现的问题。最后，工程团队密切关注风险因素，准备应对技术问题、供应链延误等不可预见的挑战，并及时调整计划，以确保整体进度不受影响。

6.1.4 哈利法塔

矗立于迪拜的哈利法塔，以其巍峨身姿傲视全球，高达 828m，共 162 层，自 2010 年荣耀竣工以来，便稳坐世界最高建筑的宝座。这座占地 34.4ha 的宏伟工程，不仅见证了人类建筑技术的巅峰，更在多个国际奖项中摘得桂冠，包括 2010 年获得的"中东和非洲最佳高层建筑奖"，以及 2011 年获得的"国际桥梁与结构工程协会的杰出结构奖"和美国供暖、制冷和空调工程师学会（ASHRAE）的"卓越工程奖"，无一不彰显其非凡成就。

1. 建造技术

1）超高层建筑结构体系

面对强风的严峻挑战，哈利法塔的设计团队展现了非凡的智慧与创新能力。他们巧妙地将住宅区规划于低层，办公区则高耸云端，这一布局不仅优化了居住与工作的舒适度，更是一种被动的"抗风"策略。通过加拿大安大略 RWDI

（Rowan Williams Davies & Irwin Incorporated）风洞实验室的精密测试，团队对建筑的刚性及弹性模型进行了全面评估。历经无数次的优化调整，最终成就了哈利法塔的稳定与坚固。尤其值得一提的是，该塔打破了传统认知，创新性地采用了下部混凝土结构结合上部钢结构的混合体系，特别是在 601～760m 的高度区间，引入了带斜撑的钢框架结构，极大地限制了上部结构的水平位移，确保了建筑的稳定与安全。同时，其独特的三叉形（Y 形）平面设计，不仅赋予了建筑独特的美学价值，更在水平方向上提供了卓越的侧向刚度和抗扭能力，使整个抗侧力体系犹如一座坚固的堡垒。

2）超高层建筑沉降控制技术

作为一座以混凝土结构为主的超高层建筑，哈利法塔的自重沉降问题尤为关键。为了克服这一难题，建设团队采用了先进的 GL2000 模型，深入分析了钢筋、施工等因素对沉降的影响，将复杂的施工过程细分为 15 个阶段，利用三维模型进行时间点的精确分析。在实际施工中，团队采取了前瞻性的补偿措施，对水平位移进行预先校正，并通过调整建筑标高来补偿竖向压缩，平均每层补偿达 4mm，确保了建筑的整体稳定性和安全性。

3）超高混凝土泵送技术

哈利法塔的建造过程中，还创造了混凝土单级泵送高度的世界纪录，高达惊人的 601m。这一壮举的背后，是技术团队对混凝土配合比设计的无数次试验与优化。他们最终选定了一种含 13% 粉煤灰、10% 硅粉，且集料最大粒径为 20mm 的特殊混凝土配方，该配方在保证混凝土强度的同时，降低了泵送所需的压力。此外，施工中还动用了三台当时世界上最大的混凝土泵，其压力可达 35MPa，为混凝土的成功泵送提供了强有力的支持。这一系列技术创新的成功应用，不仅铸就了哈利法塔这一建筑奇迹，更为全球超高层建筑的建设树立了新的标杆。

2. 管理方法

1）跨国协作的设计 - 建造模式

哈利法塔宏大的规模与复杂的设计施工需求，远远超出了单一国家的能力范畴。因此，项目开创性地采用了跨国协作的设计 - 建造模式，汇聚全球智慧与力量。阿联酋以其远见卓识提出需求愿景；美国则以卓越的设计才华赋予建筑灵魂；韩国凭借丰富的项目管理经验担任总包角色，确保工程有序推进；中国则以其精湛的土建技术与卓越的装修工艺，为哈利法塔奠定了坚实的基础与华丽的外观。各国精英在这一平台上紧密合作，相互学习，共同探索建筑艺术与结构技术的完美交融，最终成就了这一令世界瞩目的建筑奇迹。

2）全新施工技术的灵活运用

哈利法塔，自其诞生之初便承载着创造并捍卫世界最高建筑纪录的使命。为了实现这一宏伟目标，项目团队在结构设计与施工技术上进行了前所未有的创新。塔顶安装的直径达 1200mm 的可活动中心钢桅杆，不仅设计巧妙，更预留了高达 200m 的额外高度，为未来的扩展提供了可能。此外，哈利法塔的主体结构更是开创了混凝土结构与钢结构组合建造超高层建筑的先河，这一创新模式不仅解决了超高层建筑的诸多技术难题，更为后续的世界建筑提供了宝贵的参考与借鉴。

6.1.5 大兴国际机场

大兴国际机场是全球规模最大的单体航站楼，具备世界级施工技术难度。它不仅是采用隔震支座技术的最大机场航站楼，还以无结构缝一体化设计著称，代表了当前航空设施建设的最高水平。

1. 建造技术

大兴国际机场施工过程中应用了多项先进建造技术，包括层间隔震技术、劲性结构转换梁支撑技术、智能化运输车控制技术、智能照明控制策略和绿色节能智慧化运营管控平台，从而有效解决了振动控制、结构支撑、物料运输、照明管理和能源优化等多个挑战。

1）层间隔振技术

地下二层作为轨道层，高铁以 300km/h 的速度穿越航站楼，带来了全球性的振动控制难题。地上一层混凝土结构受到地上钢结构柱脚水平推力影响，无法设置结构缝，导致超大平面混凝土结构裂缝控制困难。此外，机场净空高度限制了常规抗震设计的应用，需要增大梁截面和梁柱节点的配筋量，这不仅提高了施工难度和工程成本，还影响了航站楼功能区的使用净高。为解决这些问题，地下一层的柱顶采用了层间隔震技术，安装了 1152 套超大直径隔震支座，有效减少了梁截面面积和配筋率，同时节约了工程成本。

2）劲性结构转换梁强化支撑技术

大兴国际机场核心区的屋盖钢结构为放射型的不规则自由曲面，空间网格结构最大落差达到 27m，投影面积为 18 万 m^2，重量达 4 万 t。这庞大的网格结构由 8 根 C 型支撑和 12 个支撑筒支撑，中心区域形成直径 180m 的无柱空间。C 型支撑承受的力大且节点复杂，构件单元重达 34t。全焊接节点在高空定位时精度要求极高，网格结构的空间变形控制难度也大。此外，由于隔震层的存在，C 型支撑、筒柱和幕墙柱不能直接与基础连接，生根层楼板内大量使用了最大达 38t 的劲性结构转换梁。

3）智能化运输车控制技术

航站楼核心区因具有超长超宽的结构特点，使得物料运输成为施工工期的瓶颈。通过建筑信息模型（building information modeling，BIM）技术进行多方案比选，我们创新性地引入了两道通长钢结构栈道横穿核心区，打通东西料场，开创了全新的施工现场运输模式。利用轨道式无线遥控运输车进行材料运输，相较于传统方法，工效提高了四倍。

4）公共区智能照明技术

公共区层间照明采用了声控、人体感应以及在停航或无人时自动启用低功率消防应急照明等智能控制策略，结合数字可寻址照明接口（digital addressable lighting interface，DALI）灯具进行管理。大空间照明则采取自然采光与智能照明相结合的节能方案。白天主要依赖自然光，周边幕墙及 18 万 m^2 屋面中，四分之一区域使用了超白玻璃、彩釉玻璃和铝网玻璃等新型采光材料。当自然采光不足时，室内照明可自动开启。大屋面和值机区均采用 DALI 控制系统，精确调节每套灯具的照度、开关模式，并设置不同的场景模式。

5）绿色节能智慧化运营管控平台技术

基于 BIM 数据，系统实时采集并整合电力监控、电梯监控、智能照明、设备监控、能效管理、机场信息集成、消防、安防等十大系统数据，实现与运营、安全业务、交通业务、机场信息集成等核心数据库的联动。这将实现登机桥、候机区、旅客大厅等区域的大范围节能管理，支持自动或远程控制设备，监控点数不少于 10 万，系统数据传送时间不超过 2s，系统联动命令传送时间不超过 3s。最终实现航站楼设备的安全、高效、节能管理，提升运营水平，提供数据支持和专家解决方案，达成航站楼三维可视化动态管理，推动智慧化运营。

2. 管理方法

大兴国际机场在工程管理方面引入了一系列创新模式和管理方式，以确保主航站楼工程的高效推进。

1）总包统筹、分区管理

项目通过一个主承包商统筹协调各个分包商和施工团队，确保整体工程的进度和质量控制。将主航站楼工程划分为多个功能区域进行管理，每个区域独立施工、管理，提升了施工效率和灵活性。

2）"六化"管理方式

大兴国际机场的工程管理创新采取"施工组织专业化、安全管理人本化、资源组织集约化、管理手段智慧化、现场管理标准化、日常管理精细化"的"六化"管理方式，确保了主航站楼工程建设井井有条高效推进。

6.2 水利工程技术与方法

6.2.1 荷兰三角洲工程

荷兰三角洲工程，位于荷兰三角洲地区（莱茵河、马斯河和斯海尔德河的入海口，面积达 4000km²），是一个由堤防闸坝组成的庞大防潮抗洪系统，也是世界最大的海上防洪工程。

1. 建造技术

荷兰三角洲工程的建设突破重重技术难关，采用了许多先进的工程技术。

1）多种水坝建设技术

针对大坝截流这样一个难题，水利工程师使用了"凤凰一体化沉箱"技术和钢索船技术来实现封闭河道。荷兰三角洲工程主要包括 5 处挡潮闸坝和 5 处水道控制闸。其中费尔瑟（Veerse）挡潮闸、赫雷弗灵恩（Grevelingen）闸坝的部分、沃尔克拉克（Volkerak）闸坝和布劳沃斯（Brouwers）挡潮闸的建设过程中运用了"凤凰一体化沉箱"技术。格雷弗林恩大坝、哈林弗里特大坝和布劳尔斯大坝的建设依靠了钢索船技术。

2）先进的土壤加固技术

工程面临的一个主要挑战是处理软土地基，这包括液化地层和不稳定土壤。为了解决这个问题，工程采用了深层水泥搅拌桩（DMP）和真空预压等当时最先进的土壤加固技术。这些技术通过在软土地基中注入加固剂或降低地下水位来增加土壤的稳定性，为工程的成功建设提供了重要保障。

152

3）采用先进的水路运河技术

工程需要建设大量的水路运河和水道，以连接不同的河流和湖泊。为了确保水路运河的通航能力和防洪能力，工程采用了当时最先进的水路运河技术，包括运河和水道的开挖和衬砌、自动化水闸等技术，提高了工程的施工效率和质量。

2. 管理方法

荷兰三角洲工程，作为一项具有突破性的大型水利工程，不仅在工程技术和设计上取得了巨大的创新，还在工程管理和融资模式上进行了富有前瞻性的探索。

1）采用信息化和数字化的技术手段

该工程建立了一套完整的信息管理系统。这个系统对工程建设和运行过程中的数据进行实时监测和分析，从而能够及时发现问题、评估风险、优化方案。这种信息化和数字化的管理方式不仅提高了管理效率，减少了人为错误，还为决策者提供了科学、准确的数据支持，大大提高了决策的科学性和准确性。

2）注重公众参与

鼓励当地居民和利益相关者参与决策和管理过程。通过开展公众咨询、公示信息、组织座谈会等方式，工程团队充分了解了当地居民的需求和关切，使决策更加贴近实际、符合民意。这种公众参与的方式增强了决策的科学性和民主性，也为工程项目的顺利实施赢得了广泛的社会支持。

3）注重风险管理

荷兰三角洲工程建立了一套完整的风险评估和管理体系。这个体系对工程建设和运行过程中的风险进行识别、评估和控制，确保了工程的安全性和稳定性。通过事前评估、事中监控、事后总结的风险管理方式，工程团队有效地减少了潜在的风险和损失，为工程的成功建设提供了有力的保障。

4）采用创新的融资模式

通过公私合营（PPP）等方式，工程团队成功地吸引了社会资本参与工程建设和管理。这种创新的融资模式不仅缓解了政府的财政压力，还提高了工程建设和管理的效率和质量。公私合营模式下的竞争机制和激励机制，激发了企业的创新活力，推动了工程项目的可持续发展。

荷兰三角洲工程采用了综合管理的理念，将水利工程、环境保护、城市规划等多个领域的知识和技能结合在一起，以共同应对三角洲地区的复杂问题。这种跨学科、跨领域的合作模式，为工程的成功建设提供了坚实的理论基础和强大的

技术支持 [136,137]。

6.2.2 雪山调水工程

雪山调水工程，澳大利亚第一个雪山跨地区的调水工程，该工程是跨州界、跨流域，集发电、调水功能于一体的水利工程，位于澳大利亚大陆东南部，通过抽水经隧道或明渠将南流入海的雪山河水调入城市，并将东部的水调至西部干旱地区引水灌溉和发电。雪山调水工程是世界上最复杂的大型跨流域、跨地区调水工程之一，于 1967 年被评为"现代社会七大土木工程奇迹"。

1. 建造技术

雪山调水工程采用了非开挖顶管施工法和新型长距离输水技术，前者通过地下铺设管道减少了对地表的破坏，后者利用高强度复合材料提升了输水效率和适应性。

1）先进的非开挖顶管施工法

雪山工程利用先进的顶管设备，采用了非开挖顶管施工法进行管道铺设，通过在地下钻孔、扩孔、回填等步骤，将管道逐段铺设在地下。相比传统的开挖施工方法，非开挖顶管施工法具有不破坏地表植被、施工速度快、对周围环境影响小等优点，减少了对地表植被的破坏，同时提高了管道铺设的质量和效率。

2）先进的长距离输水技术

雪山工程中长距离输水技术的创新点主要体现在新型输水管道材料的选择上。该工程采用了具有高强度、轻质、耐腐蚀特点的玻璃纤维增强塑料（GFRP）管和碳纤维增强塑料（CFRP）管复合材料制作输水管。这种输水管能够适应复杂的地形和地质条件，有效覆盖水源地与目的地之间的输水距离，提高了输水效率，满足了工程的用水需求。

2. 管理方法

雪山调水工程通过设立专门管理局和实行政府控股下的股份制运作，实现了水源调配的统一管理和企业化管理，提高了运营效率和权益保障。

1）建立雪山水电工程管理局，实现水源与调水的统一运营管理

联邦政府在 1949 年成立了雪山水电工程管理局。该部门负责工程的商务和运营，同时为便于工程管理，又将工程分为墨累（Murray）区、蒂默特（Tumut）区、图马（Tooma）区和科修斯科（Kosciusko）区，下设合作部、

经营部和商务部，统一负责有关雪山工程的财政拨款和利益分享，不仅充分发挥了工程效益，提高了运作效率，还形成了良性的运行管理机制。

2）实行政府控股下的股份制运作，实现调水工程的企业化管理

澳大利亚国会和相关各州议会通过立法，雪山调水工程由联邦及相关各州政府控股，实行股份制运作、企业化管理，实现了所有权与经营权分离，提高了企业和资本的运作效率，理顺了投资各方的产权关系、雪山工程公司与用水户的关系，保障了所有者的权益[138-143]。

6.2.3 丘吉尔瀑布水电站

丘吉尔瀑布水电站，位于加拿大拉布拉多半岛丘吉尔河上，建设时是北美最大的土木工程项目，拥有当时最大的地下厂房，至今仍是世界上最大的地下电站之一。丘吉尔瀑布水电站的装机容量为 542.8 万 kW，是世界第十大水电站、加拿大第二大水电站。丘吉尔瀑布水电站的建设规模宏伟、建造技术先进和管理制度完善，被誉为世界上最伟大的工程成就之一。

1. 建造技术

丘吉尔瀑布水电站的工程技术主要体现在水库与大坝建造（蓄水系统）、巨型地下空间建设、发电装备革新上，形成了水电工程建设的成套创新技术。

1）复杂蓄水系统建造技术

丘吉尔瀑布水电站的水库由多个湖泊组成，每个湖泊都有一定数量的支流，这使得水库蓄水困难。为了提高库水位，围绕水库周边建造了 90 个总长度为 64km 的堤坝，包括均质坝、堆石坝和复合坝，堤坝总体积为 1990 万 m^3，平均高度为 9.15m，最大高度为 36.6m。水库的湖泊之间通过四座控制结构连接，调节各湖泊的水位，此外还建设有两座溢洪道，多余的水通过溢洪道排入电站下方的丘吉尔河。由此建造的丘吉尔瀑布水电站蓄水系统充分利用了区域的水力条件，有效提高了库水位，这使地下发电厂房可以获得 1388m^3/s 的流量。

2）巨型地下厂房建设技术

水电站的地下发电厂房在完整的花岗岩中开挖而成，位于地下近 300m，挖掘出的 180 万 m^3 的岩石被用于道路、城镇建设和堤坝材料。地下厂房长 300m、宽 24.5m、高 45.5m，长度接近三个足球场的长度。为了在深部地下开挖如此巨大的空间，建设方采用了一系列创新的工程举措。例如，通过航空照片解释、超深钻探（约 12200m）、原位测试与取心、钻孔摄影等措施实现了高精度的地质调查与测绘；通过精细建模与有限元分析实现地下空间布局的优化，缩小了不良拉应力区范围；使用了"锚杆＋柔性钢丝网＋钢拱架＋不锈钢天花板"联合支护方案，有效提高了围岩稳定性并控制了厂房渗漏；开展了地下结构连续监测，发现了潜在问题区域以及岩体条件优于预期的区域，确保以最小的成本获得最优的结构稳定性。这些技术措施严谨而全面，并且具有超前的设计理念，为当时世界上最大的地下厂房建设提供了坚实的技术支撑。

3）水轮机创新改良技术

在水电站的地下厂房中装设有 11 台混流式水轮机，水流从四周径向流入转轮，其动能转换为旋转机械能，带动发电机皮带转动和发电。这些混流式水轮机具有当时世界上最大的转轮，直径达到 6.1m，高 2m，重 85t，单机功率约 500MW。除此之外，研发人员首次将混流式水轮机轮转设计为整体不锈钢结构，使其质量从 100t 降低为 85t。混流式水轮机的改良可谓是一次技术革新，不但输出功率更高，而且变得更轻便，大大降低了运输与安装成本。

2. 管理方法

丘吉尔瀑布水电站在管理理念、管理措施、管理设施、管理模式等方面进行的一系列创新，在当时开创了大型水电工程"精细化管理"的新局面，施工管理水平走在了世界前列。

1）建立信息化施工全过程管理体系

施工管理部门在蒙特利尔设立信息中心，每天接收从承包商、计划小组和主要设备制造商处传输的信息，从而完成对施工和装配作业过程的信息收集及后续分析。信息中心每月两次用程序计算和编排施工计划表，对施工过程进行合理安排与调整。这种利用信息中心实施大型水电工程施工过程管控的理念在 20 世纪 60 年代可谓是一次大胆的创举，有效加快了施工进度并减少了潜在风险事故。

2）建立安全避险成套体系

丘吉尔瀑布水电站发电主厂房和引水系统均建设在地下近 300m 处，水电站的安全管理措施设计非常完美，可以防范各种风险和抵御各类灾难。例如，在地下主厂房出口设一台紧急逃生巴士，并对其实行"每天检修确保无故障，保持 24h 全天候待命状态"的管理制度。又如，在地下增设了临时避难所，并规定在内放置能保证 15 人维持一个月的食品及各类生活设施，且定期更换新鲜食品。更难能可贵的是，水电站的历任负责人 40 多年如一日，严格按照当初的设计和制度，一丝不苟地维护着逃生巴士和避难所设施。

3）注重员工素质建设，建立精细化管理体系

为了维持水电站的高效与安全运转，丘吉尔瀑布（拉布拉多）公司特别重视员工的教育与培训。通过与当地教育系统密切合作，使员工达到维护和操作复杂工厂设备的技能水平。职业病、财产损失、安全漏洞、污染的预防和控制等纳入管理的各个方面，并为每一个主要关切领域设立了具体的委员会和培训方案。

6.2.4 三峡水利工程

三峡水利工程，坝址地处长江干流西陵峡河段、湖北省宜昌市三斗坪镇，是防洪效益最为显著的水利工程，能有效控制长江上游洪水，控制流域面积约 100 万 km^2，保护长江中下游荆江地区 1500 万人口、150 万 ha 耕地。三峡水利工程是当今世界上最大的水利枢纽工程之一，也是世界上承担综合功能任务最多的水利水电工程，三峡水电站是目前世界上装机容量最大的水电站。

1. 建造技术

在三峡工程多年的施工中，三峡建设者依靠科技创新，攻克了六大工程技术难题。

1）永久船闸开挖面临高边坡稳定难题

三峡永久船闸完全在花岗岩体中开挖，总开挖量超过 5100 万 m^3，最大开挖边坡高度达到 175m，这被认为是世界级的施工难题。在长达 5 年的开挖过程中，船闸边坡的变形通常控制在 2 ～ 3cm，优于设计要求。

2）大江截流和二期深水围堰难题

大江截流面临复杂的基础地质条件，这是三峡工程建设中的关键技术难题。通过科技攻关，采用了"预平抛垫底，双向进占"的方案，成功完成了截流工作。

3）混凝土高强度施工难题

在三峡工程的大坝浇筑中，采用了以塔带机为主、缆机和门塔机为辅的施工方案。在混凝土配套工艺方面，推行了仓面设计和降低混凝土级配等新工艺。1999 年和 2000 年，工程连续两年进行高强度施工，并两次刷新了混凝土浇筑的

世界纪录。

4）大体积混凝土温控难题

三峡大坝不仅混凝土体积庞大，而且季节性温差极为悬殊，使得温控防裂任务十分艰巨。经过深入研究，三峡水利工程建设者开发了生产预冷低温混凝土和提高抗裂能力的系列工艺措施，有效减少了因温度骤降而产生的裂缝。

5）大型压力钢管和蜗壳制作难题

三峡电站的单机容量达到 70 万 kW，是全球最大的机组。在施工过程中，科技人员研发了一整套制作、安装和监控方法，确保了大型压力钢管和蜗壳的施工质量，得到了国务院三峡枢纽工程质量检查专家组的认可。

6）沥青混凝土心墙施工难题

三峡工程的茅坪坝全长超过 1800m，最大坝高 104m，采用了碾压式沥青混凝土心墙防渗技术。这在内陆百米以上的土石坝中属首创，显著提升了中国沥青混凝土防渗技术的水平。

2. 管理方法

三峡水利工程在建设管理上不断创新，以新模式推动工程建设，逐步建立枢纽管理体系，使工程进度、投资、质量、安全控制等跻身国际一流水平。

1）运用市场经济规律组织工程建设

在建设招标过程中，实行分段负责、分级管理、集体决策的招标管理制度，有效控制了投资、供货进度。同时，从制度上确定了决策、招标、评标、合同执行等四者中立的内控机制，为投标人营造了公平的竞争环境。在现场管理过程中，全面、全过程、彻底推行了工程监理制度。以项目为单元，由中标监理单位执行监理职责，机电设备制造实行驻场监造，土建、金属结构安装工程实行旁站监理。在资金筹措方面，制定了分阶段筹资方案和多元化融资的策略。一期建设阶段，以国家注入的资本金和政策性银行贷款作为主要的资金来源；二期建设阶段，逐步增加了市场融资份额，在资本市场上开辟了"三峡债券"和"长江电力"两个具有品牌效应的债券和股票融资窗口，保障了工程建设的顺利进行。

2）推行"静态控制、动态管理"投资管理模式

三峡水利工程建设采取"静态控制、动态管理"的模式，使工程建设纳入全过程管理的轨道。在投资管理中建立了合同和执行概算两个价格体系，根据工程

进展与投资情况，建立了定期投资分析制度。建设过程中，三峡工程投资一直控制在初步设计概算范围之内，并略有节余。

3）首创大型集成化工程项目管理系统（TGPMS）管理信息系统

TGPMS 系统全面覆盖了三峡工程管理的预算管理、计划合同、资金与成本控制、工程进度、质量控制、技术、物资设备、施工、安全、文档等项目管理各环节，构建了工程管理的信息沟通平台，成为中国长江三峡集团有限公司各部门及三峡工程参建各方进行工程管理不可或缺的工具，为企业创造了可观的管理效益和经济效益，为提高工程管理水平、促进企业管理的科学化、规范化发挥了很好的作用。如今，TGPMS 已经走出三峡，在吉林台、恰布其海、洪家渡、索风营、构皮滩、清江水布垭和京沪高速铁路等多个国内大中型工程建设项目中得到推广。

6.2.5 胡佛大坝

胡佛大坝，位于美国亚利桑那州西北部与内华达州交界之处的黑峡大孤石处，是美国综合开发科罗拉多河水资源的一项关键性工程。它横跨科罗拉多河，作为美国最大的水坝，被赞誉为"沙漠之钻"，被列为"美国七大现代土木工程奇迹之一"，是"继巴拿马运河完成后，西半球最大的建筑工程"，堪称 20 世纪西方科技史上最有影响力、最有挑战性的公共水利工程之一。

1. 建造技术

胡佛大坝的技术创新主要体现在工程设计和施工两个方面，不仅提高了工程效率和质量，还为后来其他水坝的建设提供了宝贵的经验。

1）工程设计方面

创造性发展了大体积混凝土高坝筑坝技术，利用水泥本身重量来稳固坝体，从而达到抵抗水压的效果。在坝体横截面的设计过程中，上半部分沿着上游缓慢向外弯曲构成了拱形，使其受力更加稳定，抗水压能力更强。此外，胡佛大坝还创新地设计了 230 个垂直的水泥柱，分段进行浇筑，既提高了施工效率，又增强了坝体的稳定性。

2）施工方面

胡佛大坝的建造过程采用了先进的温度控制技术，通过在混凝土中埋设温度传感器和采用循环冷却系统等措施，有效控制了混凝土的温差和收缩，提高了水坝的耐久性和稳定性。此外，胡佛大坝还采用了四条导流隧洞和四个泄洪隧洞等创新设计，有效降低了科罗拉多河的水流速度，提高了工程的安全性。

2. 管理方法

在胡佛大坝的建设过程中，采用了一种新型的组织结构，以确保工程的顺利推进和高质量完成。

1）技术任务组

技术任务组负责研究和开发新型建筑材料、设备和工艺。该小组关注最新科技动态，确保将最先进的技术应用于工程实践中，以提升工程的技术水平和效果。

2）工程任务组

工程任务组负责工程的规划和设计，包括预算编制、进度计划制定以及质量标准的设定。该小组协调各个工作组之间的任务，确保工程各环节的顺利衔接和整体进度。

3）施工任务组

施工任务组负责现场施工和项目管理，包括施工安全、现场管理和进度控制等。施工任务组密切关注实际施工情况，及时调整工程计划，以确保施工质量和按时完成。

这种组织结构通过明确分工和任务，使工作流程更加高效，同时促进了各部门之间的协调与合作。这种创新的管理模式为胡佛大坝的成功建设提供了坚实的保障，确保了工程的高质量和顺利完成。

6.3　能源矿业工程技术与方法

6.3.1　美国罗切斯特煤矿

美国罗切斯特煤矿，位于美国的怀俄明州粉河盆地波德河煤田，属于露天矿，是世界上最大的可开采煤矿，也是世界上面积最大的煤田之一。

1. 建造技术

罗切斯特煤矿通过先进的地质勘探技术和露天采矿技术，精确了解地下煤层分布，提高了开采效率和安全性，并降低了成本。

1）采用先进的地质勘探技术

罗切斯特煤矿在开采前采用先进的勘探技术，如三维地震勘探和地质雷达勘探等，进行详细的地质勘探，以准确了解地下煤层的分布情况和地质构造，为开采计划的制订提供了可靠的数据支持，从而提高了开采效率和安全性。

2）采用先进的露天采矿技术和设备

罗切斯特煤矿的露天采矿技术涵盖了钻孔爆破、机械铲装、运输和排土等环节，每个环节都使用了先进技术和设备。钻孔爆破环节使用了高精度钻机，以确保钻孔的准确性和高效率；机械铲装环节则依赖于大型挖掘机和装载机，以高效装载和运输煤炭；运输环节使用了大型运输车辆和皮带输送机，实现了长距离高效运输；排土环节则采用了推土机和刮板输送机，快速处理剥离物。此外，长壁采煤技术在该矿得到了广泛应用，其长壁布置提高了资源利用率和开采效率。这些技术和设备的应用显著提升了开采效率并降低了成本。

2. 管理方法

美国罗切斯特煤矿在工程管理方面进行了多项创新。

采用数字化矿山管理技术，通过引入信息化、数字化技术，优化了矿山生产过程，实现了矿山生产过程的全面数字化管理和监控，提高了生产效率，降低了安全风险，为矿山的可持续发展提供了支持。

建立完善的安全管理体系，实行严格的安全管理制度。通过强化安全管理、开展安全培训、完善应急预案等措施，提高了员工的安全意识和应急处理能力；此外，建立了全面的质量管理体系，从原材料采购到煤炭开采、加工和运输等各个环节都进行了严格的质量控制和检测，确保煤炭产品的质量符合国家标准和客户要求。

通过采用这些管理创新方式和手段，确保煤矿生产过程的安全，为企业的可持续发展做出了贡献。

6.3.2 北海油田

北海油田，地处设得兰群岛、大不列颠岛、荷兰低地、日德兰半岛和斯堪的纳维亚半岛南端之间的北海，总面积约 57.5 万 km^2，是欧洲能源的心脏，世界五大油气产区之一。北海油田的石油产量位居世界第四位，仅次于沙特阿拉伯、美国和俄罗斯；天然气产量位居世界第三位，排在美国和俄罗斯之后。北海油田所开采的石油天然气为沿岸的英国、挪威、丹麦、荷兰和德国所享有。

1. 建造技术

在北海油田勘探开发建设工程过程中，创新性技术层出不穷。

1）海洋工程突破性技术

从半潜式钻井平台、钢筋混凝土重力平台、张力腿平台到浮式采油系统，这一系列技术成果的应用都是北海油田不断追求技术革新最真实的见证。

2）数字化和智能化技术

近年来，在认识到大数据、机器学习和人工智能等数字技术的进步可以为行业带来巨大回报后，国际石油巨头纷纷加紧数字化转型的步伐。道达尔通过应用数字化技术，使其在北海油田中运营成本下降近10%。此外，道达尔还利用无人机执行北海油田生产巡查任务，同样的工作量使用无人机不仅显著缩短工时，成本也仅相当于人工巡查的10%。雪佛龙利用机器人对管道内部进行清理检查，不仅加快了工作进度也大幅提升了北海油田产量。

2. 管理方法

北海油田工程管理创新主要表现在以下几个方面。

1）北海油田采用了数字化管理

通过建立数字化平台，实现了对油田生产全过程的实时监控和数据采集，不仅提高了生产效率，还降低了生产成本。

2）北海油田建立了完善的标准化管理体系

通过对不同岗位和不同工种的工作流程进行标准化管理，实现了对油田生产全过程的标准化控制，不仅提高了生产效率，还保证了生产质量。

这些创新措施不仅提高了油田的生产效率和管理水平，也为其他石油企业的管理创新提供了有益的借鉴和参考。

6.3.3　柏崎刈羽核能发电站

柏崎刈羽核能发电站，位于日本新潟县柏崎市刈羽村，共有 7 台机组，总装机电量 821.2 万 kW，是日本最大的核能基地，也是世界上发电能力最大的核电站。这个电站的发电能力相当于东京地区所消耗电力的 20%。同时，柏崎刈羽工厂也是世界上第一家将先进沸水反应堆（ABWR）用于商业用途的工厂。

1. 建造技术

ABWR 型核电机组在发电技术和工程建设方面的创新显著提升了核电机组的整体性能和建设效率。

1）在发电技术方面，采用了大量前沿技术

首先，通过改进堆芯设计，优化了燃料棒的结构和分布，将初装燃料棒分为高、中、低浓缩度三种，并合理布置，以保持良好的操作性能。ABWR 机组还引入了湿分分离加热的再热循环系统和加热器疏水回注系统，将热效率提高至 35%。内置循环泵（RIP）减少了对堆芯冷却系统的管道防护需求，从而降低了检查和维修的工作量，并减少了工作人员的辐射剂量。此外，微动型控制棒驱动机构（FMCRD）采用了电动和液压双驱动系统，提高了安全可靠性。应急冷却系统分为三部分，提升了冷却能力。而钢筋混凝土安全壳（RCCV）则增强了抗震性和空间利用。数字化技术和人机对话系统进一步提升了操作的便利性和准确性。

2）在工程建设方面，日本沸水堆核电工期具有较大优势

ABWR 的设计利用了优化的厂房布局、高度模块化的施工方案以及开顶式施工方法，充分发挥了大型结构和设备模块的优势。标准化设计借鉴了日本在沸水堆机组上的多年经验，使得 ABWR 设计成为全球通用的标准化机组。这种设计不仅降低了施工和设备制造的难度，也减少了相关的建造和制造成本。高度模块化的施工方案适应了沸水堆机组相对简单的结构，结合重型吊装设备科技的发展，有效缩短了建造工期。开顶式施工方案进一步优化了施工进度，尤其是在寒冷的冬季，通过临时厂房屋顶和室内施工的配合，确保了重型设备的顺利吊装，并提高了施工效率。

2. 管理方法

为了使发电站建设工程顺利进行，保证质量和安全，对设计、施工质量、安全等方面都进行了深度全面的管理和控制。

1）设计变更管理

对于新的设计和设计变更项目均由设计评审委员会进行分类审查，其审查内容包括系统的性能、作用、运行条件、控制系统；设备的性能、结构、材料强度、设备可用性、可控性和可维修性；各台机组在制造、安装、运行各阶段应达到的性能等。

2）安全预评价

采用新设计、新施工方法前，必须进行安全预评价，其评价内容包括审查安全管理制度，确认干扰物的状态、对周边设备的影响，确认临时设施的强度，作业顺利实施和中止的条件，预计的灾害，具体的安全措施等。

3）制定设备和系统全面检查制度

全面检查的目的是要确认设备和系统的制造和安装是否符合标准要求，确认其可用性、可控性、可维修性等，提出需改善的项目。检查分 3 个阶段进行，即压力容器水压试验前、初次装燃料棒前、投入运行前。检查工作由建设、运行、制造、施工四方面联合进行[144-147]。

6.3.4　西气东输

作为中国"西部大开发"标志性工程，西气东输是中国距离最长、管径最大、投资最多、输气量最大、压力最高、技术含量最高、施工条件最复杂的天然气管道工程，是中国有史以来最浩大的能源工程，也是世界上最大的天然气管道系统之一，和南水北调、西电东送、青藏铁路并称为"改写中国经济区域版图"的四大工程。

1. 建造技术

在西气东输工程中，多项创新技术的应用显著推动了项目的进展和效率提升。这些技术包括：卫星遥感选线技术的引入优化了线路设计；关键材料和设备的国产化提高了工程的自给自足能力；螺旋缝埋弧焊管技术突破了国际限制；超薄盐层盐穴储气库建库技术达到了国际先进水平；盾构技术在长江穿越施工中取得了重大突破；管道控制系统和智能巡检平台的应用，显著提升了系统性能和现场管理水平。

1）卫星遥感选线技术

将卫星遥感技术应用于线路选线，在南湖戈壁约 600km 无人区采用取直穿越，缩短线路近 150km，节省工程投资 10 多亿元；通过卫星遥感技术测定地质危害带和地震断裂带，设计管道最佳避害线路和最佳通过角度。

2）关键材料、设备国产化技术

西气东输实现了 X70 钢级针状铁素体型管线钢、X80 钢级针状铁素体型管线钢、抗大变形管线钢等关键材料国产化。就全球已建成和在建的 X80 输气管道而言，二线工程无论从设计压力、管道长度，还是管径、壁厚等方面均堪称世界之最。另外，自主研发了 PAW200 全位置自动焊机、PAW3000 双焊炬外焊机、CPP900 自动焊机、高压大口径全焊接球阀、30MW 级燃驱压缩机组、20MW 级电驱压缩机组等关键设备。

3）螺旋缝埋弧焊管技术

西气东输突破了国际上螺旋缝埋弧焊管的使用禁区，确立了具有中国特色的"大口径高压输送主干线螺旋缝埋弧焊管与直缝埋弧焊管联合使用"的技术路线。

4）超薄盐层盐穴储气库建库技术

采用老腔利用的储气库建设方式，掌握了老腔改建储气库技术、盐穴储气库钻完井技术、造腔工艺配套技术等多项储气库建设配套技术，开展腔体堆积物处理与孔隙空间利用等技术研究，开展造腔软件开发与应用，将造腔设计工作逐步由依托国外公司过渡到双方共同完成，开发了适合我国多夹层超薄盐岩特点的建库系列技术和溶腔改造技术，达到国际先进水平。

5）盾构技术

在三江口长江穿越施工中，第一次在中国运用泥水平衡盾构技术，成功研制出适合岩性剧烈变化的综合泥浆体系的新型盾构组合刀具，建成了长江第一座长度 1992m、内径 3.8m 的盾构隧道；第一次在国内运用分段顶管穿越技术，刷新了单程连续顶进 1259m（直径 1.8m）的顶管世界纪录。

6）管道控制系统（PCS）

自主研发的 PCS 于 2018 年开始在二线工程醴陵压气站上线运行，在功能、性能和可靠性方面超过国外同类产品，打破了国外对 SCADA 系统的长期技术垄断。

7）智能巡检平台

综合智能巡检平台融合了防爆巡检机器人、电力巡检机器人、防爆激光甲烷遥测云台、红外热成像仪温度检测等多种巡检方式，由同一平台集中管理，实现任务统一派发、报警统一处置等功能，可有效减少基层一线员工在危险区域的停留频次和时间，提升现场安全运行管理水平 [148]。

2. 管理方法

在西气东输工程的推进过程中，合作模式和监理方式等创新的管理方法发挥了关键作用。

1）首次采用中外合作投资建设大型国家项目

西气东输实行了全线开放、全面对外合作的方针，中外企业以股权合作的方式，在上游气田开发、管道建设和下游天然气销售 3 个领域开展合作，合作期限为 45 年。其中，中国石油控股 50%，中国石化控股 5%，英荷皇家壳牌集团、埃克森美孚公司、俄罗斯天然气工业股份公司等外方企业共同控股 45%。该方式不仅解决了部分资金问题，还吸收了外方企业在天然气开采和管理管网方面的经验。

2）首次采用中外合作监理模式

西气东输选择与中国寰球工程有限公司和中油朗威监理有限责任公司合作组成西气东输工程监理总部，与国内 9 家监理公司合作组成各监理分部，共同承担工程建设监理工作。在工作中，以外方监理人员为主编制了完善的工程项目监理文件，应用了 P3、EXP、AUT 等项目管理技术，首次在国内管道工程建设中大规模采用 HSE 监理，有效提升了监理水平。

6.3.5　神华煤直接液化工程

神华煤直接液化工程，是世界上第一套百万吨级的煤直接液化商业化示范工程。这个工程是国家"十五五"期间的重点项目之一，涉及国家能源战略、产业战略以及神华集团自身的战略发展，是解决我国石油供应问题的重要途径。

1. 建造技术

神华煤直接液化工程采用的各单元技术都是经过国外百吨级工业性试验装置验证的新工艺、新技术。其中，最为关键的几个方面如下。

1）采用人工合成的高效液化催化剂

该液化催化剂即超细水合氧化铁（$FeOOH$），也被称为"863 催化剂"，其具有高活性和低添加量的特点，能够提高煤液化转化率，减少残渣中带出的液化油，从而增加了蒸馏油产率。

2）采用全部经过预加氢处理的供氢型溶剂

该溶剂具有良好的稳定性，能够制备高浓度的煤浆，并且煤浆流动性好、黏度小。此外，由于预加氢处理，溶剂的供氢性能得到提高，可以在温和的反应条件下实现液化反应。

3）采用内循环悬浮床反应器

该反应器的特点是全返混、径向和轴向温度分布均匀，反应温度容易控制。

通过进料温度即可控制反应温度，不需要采用反应器侧线急冷氢控制，从而保证了产品性质的稳定性。

4）采用减压蒸馏法进行固液分离

该方法有效去除沥青和固体物，生产的馏出物中不含沥青，且柴油馏分含量较高。使用高活性催化剂可以减少催化剂的添加量，同时降低排出残渣的量。

5）采用强制循环悬浮床反应器进行溶剂加氢处理

该反应器首次引入到煤直接液化工艺中，由于采用上流式设计，催化剂可以在线更新。加氢后的供氢溶剂供氢性能好，产品性质稳定，操作周期长，同时也避免了固定床反应因催化剂积炭而增大的风险。

2. 管理方法

神华煤直接液化工程采取了国内外相结合、行业联合和人才整合的管理策略，通过创新的管理模式，实现了工程的顺利进展和高效管理。以下是一些主要的管理创新方面。

（1）项目团队在决策过程中非常谨慎，采用了科学的研究和分析方法，集思广益，重视前期工作和项目过程的风险预判。通过与国内煤炭、石化、化工行业的研究机构、设计院、工程建设单位以及大专院校的全面合作，积极进行技术配套和优化，对工艺技术、工程技术进行了细致的规划和实施，取得了显著的成果，在项目的稳定达标过程中发挥了重要作用。

（2）神华煤直接液化工程建立了"产业业主核心项目管理新模式"。这一模式有效地推进了工程的总体进展，该模式将整个产业规划内容视为一个巨大的项目群进行管理，并按照可行性研究、定义、执行和试车四个阶段进行划分。在研究开发、工程技术、工程建设管理、生产运营管理等环节中，对已形成的业主核心技术、工艺流程、核心竞争力等关键部分采用业主自行管理或拥有的方式进行管理；对于非核心部分则采用多种资源整合手段，实现外部资源利用最大化，以降低管理成本和人员成本。

（3）神华煤直接液化工程创新地采用了项目群运作模式下的 EPCM/EPC 项目管理机制。这一机制推动了对项目管理流程的优化和再造。在技术研发进入工程实施阶段后，项目引进了具有丰富工程设计和建设经验的中国石化、中国石油、中国化学工程股份有限公司、中国核工业集团有限公司等合作单位。核心联合装置总承包单位 SEI 按照与国际接轨的标准，以矩阵管理模式下的项目经理负责制为基础，深化以设计为龙头的工程总承包模式，通过项目群管理、模块化设计、集中化采购等管理模式的运用，实现了工程总承包（EPC）模式工序深度交叉，最大化项目资源利用，优化项目成本和管理过程。同时，与业主形成了风险共担、利益共享的项目治理模式，成功地整合了业界一流的设计、制造、安装资源，为项目成功实施提供了坚实的组织保障[149]。

6.4 制造工程技术与方法

6.4.1 图160

图160，即图160战略轰炸机，俄文名称为Ty-160，北约代号为Blackjack，因优雅外形和白色涂装被誉为"白天鹅"。作为俄罗斯空军现役的超声速可变后掠翼远程战略轰炸机，图160拥有强大的远程、超声速飞行和负载能力，并曾创下44项世界纪录。作为世界上最重的轰炸机，它是俄罗斯"三位一体"核威慑中空基力量的核心。图160项目于1967年提出，历经竞标、研制，于1981年首飞，1987年开始服役。图160由图波列夫设计局（现俄罗斯联合航空制造集团公司）设计，苏联举全国之力推进研制，共约800家企业、组织和上千名设计师、专家参与其中，其研制经费具体数额保密，但苏联共生产了25架，单机价格相当于现在的8.5亿美元。历经30多年，图160依旧占据全球轰炸机前沿地位，是苏联轰炸机先进技术的结晶，也是俄罗斯复兴轰炸机设计制造能力的标志，更是当前俄罗斯保卫国家安全和利益的坚实后盾。

1. 建造技术

1）气动结构技术

图160轰炸机采用了独特的可变后掠翼常规布局与翼身融合设计，该气动结构兼顾了亚声速与超声速性能，有效降低了飞行阻力，并显著提升了升力和内部容积。在气动布局设计阶段，团队精心制作了70种比例模型，并进行了2200h的高速风洞试验，最终获得了最佳气动性能。图160的中央翼段为固定段，与外翼段的可变后掠设计相结合，前缘后掠角可在20°至65°之间调整。机翼全后掠时，两侧后缘襟翼的内段会竖起，形如大翼刀，进一步增强飞行性能。作为世界最大轰炸机，图160机体20%采用钛合金材料，机身长度比美国B-1B轰炸机长约20%，且作战半径在不进行空中加油的情况下也更大。

2）动力系统技术

图 160 在动力系统方面也采用了创新技术，有效提升了航程。每侧中央翼段下方紧邻并列着两个发动机短舱，共配装了 4 台 NK-32-01 加力涡扇发动机，单台最大推力 137.2kN，加力推力高达 245kN。发动机垂直楔形可调进气道呈 V 形设计，喷管露出在中央翼段后缘之外。燃油装载于 13 个油箱中，总容量约为 200000L。得益于这四台强大发动机，图 160 开加力时推力比 B-1B 大 65%，具备强大的远距超声速飞行和负载能力。在现代化改型过程中，发动机改型是核心因素。升级后的 NK-32-02 发动机使图 160 飞行距离增加了 1000km。

3）先进的武器系统

图 160 还配备了当时先进的武器系统。机腹位置串列布置了两个武器舱，每个长 12m、宽 1.92m、容积 43m^3。武器舱可挂载多种武器，包括普通炸弹、地雷 / 水雷、近距攻击导弹或巡航导弹等。此外，图 160 还能挂载 Kh-555 和 Kh-101 常规巡航导弹，以及 Kh-102 核巡航导弹，进一步增强了其作战能力。

2. 管理方法

1）集成开发与敏捷响应

图 160 的研制采用了集成开发团队的方法，将跨领域的专家和团队整合，实现了高效的协作和信息交流，减少了沟通障碍，提高了工作效率。在研制过程中采用了敏捷方法，通过迭代和增量式的方式，使项目能够快速响应需求变化，提高了项目的灵活性和适应性。

2）先进项目管理技术的应用与明确目标设定

图 160 引入了如计划编制、资源分配、风险管理和进度控制等先进技术，确保项目按时交付并达到预期质量标准。在项目研制之初就设定了明确的目标和指导方针，确保团队成员对项目愿景和目标有清晰理解，促进了团队的一致性和协同性。

3）技术指标合理调整与工业力量集中调配

苏联军方及时对技术指标进行合理调整，确保了图 160 轰炸机的研制成功。在坚持关键要求的同时，对最大飞行速度进行了妥协，形成了符合国防要求和工业能力的轰炸机。此外，苏联政府对工业力量进行了集中合理的调配，指派实力雄厚的图波列夫设计局主持设计工作，并协调多达 800 家企业与机构共同进行图 160 的设计生产，确保了生产成功。

6.4.2　奥林匹克号邮轮

奥林匹克号邮轮，作为世界邮轮史上的璀璨先驱，其辉煌不仅体现在其宏大的尺寸——269m的傲人长度、28.19m的宽阔身躯以及10.51m的深邃吃水，更在于它无与伦比的奢华设计与尖端技术的完美融合。作为英国白星航运公司奥林匹克级邮轮系列的开山之作，同时也是泰坦尼克号的姊妹舰，奥林匹克号邮轮在外观与内饰上复刻了极致的凡尔赛宫式奢华，成为当时海上旅行的巅峰象征。

1. 建造技术

1）革命性推进系统：速度与效率的飞跃

奥林匹克号邮轮引领了航海动力技术的新纪元，采用了当时最前沿的蒸汽轮机推进系统，彻底摒弃了传统的蒸汽机模式。这一创新不仅赋予了邮轮前所未有的高速航行能力，更确保了动力输出的稳定与高效。配合四台精密设计的螺旋桨，奥林匹克号能够轻松驾驭各种复杂水域，展现出卓越的航行性能。

2）中央船体结构的稳定艺术

奥林匹克号在设计之初，便深谙稳定对远洋航行的重要性，因此采用了创新的中央船体结构技术。这一设计巧妙地将船体划分为多个均衡分布于中心线两侧的结构单元，形成了卓越的稳定性与抗风浪能力。中央船体结构不仅增强了船体的整体强度和刚度，有效减少了航行中的振动与摇摆，还通过优化水流路径，降低了水阻，提升了航行效率，让乘客的旅程更加平稳舒适。

3）高频无线电通信：连接世界的桥梁

在通信技术尚不发达的年代，奥林匹克号邮轮已率先装备了高频无线电通信设备。这一技术的引入，不仅极大地拓宽了邮轮的通信范围，实现了与陆地的即时沟通，更以其大容量、高质量、强抗干扰的特性，确保了信息传递的准确无误。高频无线电通信的运用，让奥林匹克号成为海上信息交流的枢纽，满足了乘客对通信便捷性的高度需求。

4）全自动水密舱：安全航行的坚实保障

安全始终是奥林匹克号邮轮设计建造的核心考量之一。为此，邮轮配备了先进的全自动水密舱技术，将船体划分为16个独立的水密小室。这一设计堪称航海安全领域的里程碑，它能在船体局部受损进水时迅速响应，将进水范围严格限制在受损区域，有效维护了船体的整体浮力与稳定性。奥林匹克号邮轮因此被《造船学家》杂志誉为"永不沉没"的超级邮船，其安全性能之卓越，可见一斑。

2. 管理方法

1）采用先进的计划和控制技术，实现了建造过程的高度协调和管理

通过精心编制的项目计划与严密的进度监控体系，确保了每一项施工任务都能精准无误地按既定时间表推进，同时促进了跨部门间的无缝对接与高效合作。这一创新管理模式不仅大幅提升了建造效率，还有效缩减了工期，避免了不必要的资源浪费，为邮轮业的建造流程树立了新的标杆。

2）在供应链管理方面进行创新

在供应链管理领域，奥林匹克号邮轮同样展现出了非凡的创新能力。他们与全球众多顶尖供应商建立了稳固的长期合作伙伴关系，共同制定了严格的质量检验标准与交付时效要求。通过实施先进的物流优化策略与库存精细化管理，奥林匹克号邮轮确保了建造所需材料与设备的准时到位，极大地减少了因供应链不畅而导致的等待时间与停工现象，整体供应链效率实现了质的飞跃。

3）注重安全管理创新

他们不仅采用了前沿的船舶结构设计理念与先进的安全装备配置，如创新的分隔式船舱布局与充足数量的救生艇，还极其重视人员培训与应急演练。通过船员与乘客全面的安全教育以及定期的实战演习，奥林匹克号显著提升了全体人员的应急响应能力与自救互救技能，构建了一种深入人心的安全文化。这一创新实践不仅保障了邮轮运营期间的安全稳定，更为整个航海业树立了安全管理的典范。

6.4.3 FAST 工程

FAST 工程，全称 500m 口径球面射电望远镜，是中国独立自主研发的超级望远镜，坐落于贵州省黔南布依族苗族自治州平塘县，历经五年半的精心建设而成，总投资达 1.73 亿美元，是目前世界上最大的单口径射电望远镜，被誉为"中国天眼"。该项目由中国科学院国家天文台发起并主导，汇聚了国内外众多科研单位与企业的力量，南仁东研究员作为奠基人和首席科学家，带领团队攻克了多项技术难题。自 2020 年正式投入运行以来，FAST 已发现超过 900 颗脉冲星，成为国际上发现脉冲星效率最高的望远镜之一，不仅在宇宙起源和演化等基础研究领域发挥重要作用，还将在日地环境、国防安全等领域产生深远影响，充分展现了中国在高技术创新能力方面的雄厚实力。

1. 建造技术

1）大跨度柔索牵引并联机构技术

FAST 工程的馈源支撑系统采用了创新的大跨度柔索牵引并联机构设计，由 6 座百米高塔、6 套索驱动、1 个 30t 重的馈源舱及 1 个停靠平台构成，是世界上最大的在建牵引并联机构之一，也是 FAST 的三大自主创新之一。该设计结合了柔性与刚性并联机器人的特点，通过先进控制系统精确控制 6 条索的出索速度，实现馈源舱空间位置和姿态的高精度调整，误差分别不超过 48mm 和 1°。同时，团队还创新设计了电磁波屏蔽技术，确保设备屏蔽达到国际 D 级标准，馈源舱甚至突破此标准，其中迷宫形状设计有效防止电磁波外泄，并已申请专利。

2）动光缆研制技术

作为 FAST 工程的"视神经"，动光缆负责传输馈源舱控制信号和天文观测信号，其性能要求极高。在面临国外技术封锁和禁运的严峻挑战下，FAST 工程团队历经四年艰苦研发，与三家单位紧密合作，进行了包括扭转、拉伸、渗水等一系列严格的实验测试。最终，他们成功研制出了高性能动光缆。这款光缆不仅耐反复弯曲，能够满足 10 万次以上的弯曲疲劳寿命实验要求，而且信号衰减极小，附加衰减小于 0.05dB，其性能远超出预期要求。

3）主动变位索网结构技术

主动变位索网是实现 FAST 镜面变形的关键机构，它要求具有超强的抗疲劳性能、抵抗超高的应力以及超高的长度精度。FAST 工程团队成功研发了具备主动变位功能的索网结构，其所承受的应力高达 500MPa，远超标准规范的两倍；索网的跨度更是达到了惊人的 500m，而长度的精度则被严格控制在 ±1mm 以内。这种钢索结构展现出极强的抗疲劳性能，即使在 200 万次的循环加载条件下，仍能保持 500MPa 的疲劳强度。FAST 工程对索结构的精度要求也远远超过了传统索网结构的标准。这些技术的突破对于中国钢索生产制造水平的提高具有巨大的推动作用。

4）主动反射面技术

FAST 工程采用了总面积达 25 万 m^2 的主动反射面设计，其形状如同一口超级"大锅"。总长超过 1.5km 的钢圈梁将上万根钢索牢牢固定，而索网结构上则精心布置了 4450 块长约 11m 的三角形反射面板。每块反射面的背后都有钢索进行牵拉，使整个反射面能够随着天体的移动实时调整瞬时抛物面的方向，而馈源舱也会随之同步运动并采集反馈信息。这种独具创新的设计不仅极大地提高了观测精度，还显著增强了 FAST 的观测能力。

综上所述，FAST 工程在建造过程中攻克了多项技术难题，自主研发了多项关键技术。这些技术的突破不仅推动了工程技术研究的进步，也为全球射电天文学的发展作出了重要贡献[150]。

2. 管理方法

1）创新管理模式

FAST 工程独创性地引入了"十字形"交叉管理系统，这一创新模式促进了多层次、跨专业的紧密协作与资源高效配置。同时，该项目采纳了"五维一体"的综合管理策略，在时间、质量、成本、项目范围及风险五大核心维度上实施全方位、精细化的管控，确保了项目的稳健推进与目标的精准达成。

2）大科学工程建设管理新模式

着眼于天文科学的长远发展，FAST 工程积极构建多学科交叉融合的生态环境，强化多方参与的协商机制，不仅促进了科技创新的蓬勃兴起，还深耕于人才培养的沃土。通过将科学研究与工程建设深度融合，FAST 工程不仅推动了天文科学领域的快速进步，更为我国乃至全球的大科学工程建设树立了新的典范。

3）全过程工程咨询模式

从项目萌芽至竣工交付，FAST 工程始终秉持咨询引领的理念，将设计、施工、监理、监测等关键环节无缝衔接，构建了一个覆盖项目全生命周期的高效管理框架。这一模式确保了各阶段信息的透明流通与资源的优化配置，为项目的顺利实施与高质量完成奠定了坚实基础。

4）科学规划与管理

FAST 工程秉持国际一流的管理追求，致力于打造顶尖的管理团队。通过详尽的可行性分析、科学的工作结构分解及精确的项目管理目标设定，项目实现了对计划执行的严密跟踪、精准监督、动态对比与客观评判。这一系列举措不仅为科学决策提供了有力支撑，更为项目管理的持续优化与提升提供了可靠保障。

5）工程方法论的应用

该工程采用了先进的技术手段和管理方法，为工程的成功提供了重要的保障，其强调在工程实践中注重采用先进的技术手段和管理方法，以提高工程的效率和质量。

6.5　运载工程技术与方法

6.5.1　鹿特丹港

　　鹿特丹港，雄踞莱茵河与马斯河交汇之地，是欧洲最大、最繁忙的港口之一，素有"欧洲门户"之美誉。自 1328 年建港以来，历经岁月洗礼，实现了从小渔村到世界级港口的蜕变。19 世纪时，鹿特丹港曾独领风骚，成为全球第一大港口，如今虽屈居全球第 11，但其重要地位依旧稳固。作为欧盟多国对外贸易的枢纽和全球物流中心，该港拥有 7 个主要港区，总面积超 80km^2，设施完善，配备多个专业码头，轻松应对各类货物及超大油轮的处理需求。鹿特丹港原由鹿特丹市港口管理局管理，后成功转型为鹿特丹港口控股公司，运营更趋市场化、专业化。凭借其优越的经济地理位置，鹿特丹港辐射欧洲半数国家，不仅是荷兰和欧盟的货物集散地，更是国际航运与贸易的关键节点，同时积极推动科技创新与高端产业发展，助力区域经济繁荣。

1. 建造技术

1）国际运输信息系统与大数据中心

　　鹿特丹港凭借其卓越的技术视野，创建了以港口为核心的国际运输信息系统（INTIS），该系统犹如一艘数据巨轮，汇聚并整合了港口的海量信息，构建起一个强大的大数据中心。这一创新举措不仅实现了港口价值链信息资源的集约化管理与高效调度，还凭借尖端设备与科学方法，引领港口运营步入精准高效的全新时代。INTIS 系统更以其开放包容的姿态，将船主、货主、船代、货代等物流链上的各方紧密联结，通过智能协调，显著提升了物流效率，削减了运营成本。其互联网平台的便捷性，更让信息自动化处理触手可及，实现了船方、货方、代理方、港方及海关、税务、银行等多元主体的资源无缝对接与高效协同，彰显了鹿特丹港在技术创新与物流效率提升方面的非凡实力。

2）全自动化集装箱码头技术

　　面对劳动力成本上升、空间资源紧缺及运营成本增加的多重挑战，鹿特丹港以前瞻性的技术创新为驱动，勇立潮头，成功打造了全球首个全自动化集装箱码头。该港口不断深化基础设施的智能化改造与升级，巧妙融合大数据、物联网、智能控制及计算等尖端科技，实现了从码头前沿水平运输到堆场作业，再到道口进出的全链条自动化与一体化控制。其中，鹿特丹港马斯莱可迪二号码头更是自动化技术的璀璨明珠，其采用的世界级全自动化解决方案，包括远程操控的 STS（ship-to-shore）龙门起重机和船岸起重机，以及 62 台电动无人搬运车的灵活编队，如同智能舞者般在船舶、码头与堆场间穿梭自如，精准执行集装箱堆垛任务。尤为值得一提的是，该码头能够轻松接纳满载的 3E 级巨轮，这一壮举不仅彰显了鹿特丹港的技术实力，更进一步巩固了其作为全球航运枢纽的领先地位。

2. 管理方法

1）智慧港口建设

鹿特丹港在工程管理上实现重大创新，成功应用数字孪生系统，转型为智慧港口。深度融合现代信息技术和人工智能技术，利用物联网、云计算、视频监控系统等手段，为港区、码头、堆场及港口物流提供数字化、网络化管理支撑。构建互联互通的信息平台，促进政府职能部门、港口企业、服务机构等的高效协同，实现港口价值链信息资源的集中统一管理。通过业务模式变革与发展理念创新，打造全面感知、运营高效、安全可靠、智能绿色、开放创新的智慧港口，显著提升运营效率与服务水平。

2）储、运、销一体化经营模式

鹿特丹港采用储、运、销一体化的经营模式，是其产业繁荣的重要基石。该模式允许保税仓库区内的企业对存储的商品进行加工，提升货物附加值，再运往欧洲其他国家。这种经营模式不仅推动港口产业发展，还带动关联产业繁荣，形成良性产业互动和增值效应。

3）直接产业与关联产业的协同发展

鹿特丹港将港口产业分为直接产业和关联产业两大类，其中直接产业又可细分为共生产业和依存产业。这种分类有助于港口更好地管理和规划产业发展。1995 年数据显示，鹿特丹港口整个产业的增加值约为 226.9 亿美元，其中直接产业约为 71.7 亿美元，关联产业约为 155.2 亿美元，直接产值和关联产值的比例为1：2.16，凸显关联产业对港口经济发展的重要贡献。

4）"地主港"管理模式

"地主港"管理模式对鹿特丹港的发展起到关键推动作用。该模式有助于降低私营企业投资风险，激发其参与港口运营的积极性，为鹿特丹市的相关产业和区域经济带来巨大发展机遇[151-157]。

6.5.2　重型猎鹰火箭

重型猎鹰火箭（Falcon Heavy，FH），作为世界顶尖的可部分回收再利用运载火箭，以其前所未有的推力和运载能力引领了航天科技的新纪元。该火箭由埃隆·马斯克构思，并于 2018 年成功实现首飞，携特斯拉跑车进入太空，成为全球瞩目的焦点。重型猎鹰火箭高 70m，重 1420t，搭载 27 台梅林 1D 发动机，能提供超过 2280t 的起飞推力，其近地轨道运载能力高达 63.8t，仅次于历史上的土星五号。重型猎鹰火箭由美国太空探索技术公司（SpaceX）打造，其总设计师汤姆·穆勒（Tom Mueller）是航天界的资深专家，曾参与阿波罗计划[158]等重要项目。该火箭不仅技术先进，更实现了成本的显著降低，通过可回收设计大幅减轻了太空发射的经济负担，推动了航天产业的可持续发展，其成功发射不仅标志着人类太空探索能力的新飞跃，也为未来深空探测、载人航天等任务奠定了坚实基础。

此外，重型猎鹰火箭的发射还标志着美国航天业在航天飞机退役后重新获得了独立进行载人航天任务的能力，对于全球航天领域具有里程碑式的意义。随着 SpaceX 持续推动可重复使用火箭技术的发展，重型猎鹰火箭将继续在太空探索的历史长河中留下浓墨重彩的一笔。

1. 建造技术

1）多发动机组合技术

重型猎鹰火箭一子级采用 27 台 Merlin-1D+ 发动机，这是当前世界上发动机数目最多的火箭。传统设计理念中，为避免多发动机存在的复杂振动和可靠性问题，火箭一子级发动机数目通常控制在 10 台以内。重型猎鹰火箭大胆挑战传统，通过先进的设计手段确保了高可靠性。例如，采用模块化设计，使得每台发动机都能独立工作，即使部分发动机失效，其余发动机也能自动增加推力补偿，保证火箭顺利升空。此外，"Merlin-1D"发动机自身设计简单，具有高度可靠性，且推力可在大范围内调整，进一步增强了火箭的整体可靠性。

2）动力冗余技术

动力冗余技术是重型猎鹰火箭的另一大亮点。在主动段飞行过程中，当一台或多台发动机发生故障时，箭载控制系统能迅速对故障发动机实施紧急关机和故障隔离，确保其余发动机正常工作，继续执行并完成主发射任务。这一技术极具挑战性，涉及动力系统故障诊断隔离、弹道在线规划与重构等多项关键技术。重型猎鹰火箭的成功应用，为火箭的可靠性和安全性提供了重要保障。

3）轻质箭体结构技术

重型猎鹰火箭采用了新型轻质箭体结构技术，大幅降低了结构重量，同时保证了安全性能。氧箱利用铝锂合金壳体制造技术，既保证了安全又减轻了重量；燃料箱则采用箱壁桁条及环形结构设计，增加了承载能力。整流罩、助推头锥等部件采用复合材料，进一步减轻了质量。此外，火箭还按比飞行载荷高出40%的结构安全裕度进行设计，确保了高可靠性。轻质箭体结构技术的应用，不仅提升了火箭的运载能力，还降低了发射成本。

4）发动机节流技术

重型猎鹰火箭在设计之初拟采用推进剂交叉输送技术，以实现一子级助推器分离时芯级仍有最多的推进剂，延长芯级飞行时间，提升火箭运载能力。然而，该技术实现难度较大。在首飞任务中，重型猎鹰火箭主要利用一二子级发动机的节流变推力能力，替代推进剂交叉输送技术实现目标。这种方式简化了火箭设计，降低了风险发生概率。发动机节流技术的应用，不仅提升了火箭的运载效率，还增强了火箭的适应性。

5）牵制释放技术

重型猎鹰火箭采用了牵制释放技术，在火箭竖立发射台点火起飞前，通过集成在发射台的牵制释放系统牵制住火箭，同时让火箭发动机低工况工作一段时间，对发动机主要敏感参数进行采集和评估分析，快速判断发动机工作状态。

6）无损式冷分离技术

重型猎鹰火箭的助推器分离和一二级分离均采用无损式"冷分离"模式，相较于传统的爆炸式"热分离"更具优势。冷分离模式通过冷氮喷射或机械式推杆实现分离，避免了热分离可能带来的结构损伤和安全隐患。

2. 管理方法

1）明确质量方针和目标

重型猎鹰火箭项目组明确了质量方针和质量目标，并制定了相应的质量计划和质量控制流程。通过明确的质量方针和目标，为火箭的建造过程提供了清晰的指导方向，确保了各项工作的有序进行。

2）制定详细的质量控制方案

项目组针对火箭的各个系统、组件和零部件，制定了详细的质量控制方案和检验计划，包括进货检验、过程检验和最终检验等多个环节，确保每个环节都符合相关法规和标准要求。对于关键零部件和系统，项目组还进行了 100% 的检验，进一步提升了火箭的可靠性。

3）建立有效的质量沟通机制

项目组建立了有效的质量沟通机制，确保质量问题能够及时被发现、报告和处理。通过定期召开质量例会，对质量问题进行讨论和分析，制定改进措施并跟踪实施情况。这一机制的应用，不仅提升了火箭的建造质量，还增强了团队的协作能力。

4）采用全面质量管理工具

SpaceX 公司采用 6Sigma 等全面质量管理工具，对火箭的建造过程进行全面监控和管理。通过数据分析、流程优化等手段，不断提升火箭的建造质量和效率。同时，SpaceX 公司还注重员工培训和技能提升，确保每名员工都能胜任自己的工作。

5）持续改进和创新

重型猎鹰火箭的成功并非一蹴而就，而是经过多次试验和改进的结果。SpaceX 公司始终坚持持续改进和创新的精神，不断对火箭的设计、建造和管理过程进行优化和完善。这种持续改进和创新的精神，为重型猎鹰火箭的成功提供了重要保障。

6.5.3　京沪高铁

京沪高铁，即京沪高速铁路，是连接北京与上海的高速铁路干线，全长 1318km，设计时速 380km，设 24 站，为国家"八纵八横"高速铁路网要道之一。该项目自 1990 年开始构想，历经多年筹备与建设，于 2011 年正式通车。京沪高铁不仅缩短了京沪间旅行时间，更促进了华北与华东地区的经济一体化，尤其是京津冀与长三角两大经济区的互联互通。京沪高铁总投资超 2200 亿元，由多家央企及地方平台共同投资。京沪高铁的建设成就彰显了中国高铁技术的领先地位，对促进区域经济发展、加速旅游业繁荣及稳步推动中国经济增长具有重要意义。京沪高铁的建成，是中国交通建设史上的重要里程碑。

1. 建造技术

1）高速铁路工程建造技术

在京沪高铁这一宏伟工程中，面对错综复杂的建设环境，中国成功研发并应用了高速铁路工程建造的前沿技术。通过不懈的技术创新，我们逐一攻克了高速铁路深水大跨复杂桥梁建设、超长高架桥上无缝无砟轨道铺设、大型综合交通枢纽构建、复杂地质条件下的地基处理与沉降精准控制，以及高速接触网大张力设计与材料优化等重重技术难关。这一系列突破不仅构建了中国时速 350km 高速铁路的建造技术标准体系，更实现了线路运行的高平顺性与高稳定性，树立了全球高速铁路建设的新标杆。

2）系列高速铁路复杂结构桥梁建造技术

京沪高铁，桥梁占比逾线路总长约八成，桥梁建设无疑成为整个工程的璀璨明珠。项目团队匠心独运，设计并实施了包括桁架钢梁、系杆拱桥、精密道岔梁、空间框构桥在内的多样化桥型结构，展现了高超的桥梁设计施工能力。尤为重要的是，团队深入研究了在极端温度与风场条件下，车辆、线路与桥梁之间的动态相互作用，以及高速运行时桥梁结构的微变形控制，确保了列车运行的安全与舒适。京沪高铁还大胆采用新结构、新材料、新工艺，极大地拓宽了高速铁路桥梁的设计与应用范畴，其中南京大胜关长江大桥更是创新性地使用了 Q420qE 高性能桥梁钢与 HRB500 高强度钢筋，彰显了我国在高速铁路桥梁建设领域的深厚底蕴与创新能力。通过原始创新、集成创新及引进技术的消化吸收再创新，京沪高铁在工程技术、装备制造、运营管理等多方面实现了质的飞跃，特别是在高速铁路用高强高导接触网导线关键技术上取得了显著成就，荣获国家科学技术进步奖二等奖，为中国乃至世界高速铁路的发展贡献了宝贵经验。

2. 管理方法

1）多位一体的协同攻关创新机制

京沪高铁建立了以政府为主导、企业为主体，集科研、设计、制造、施工、运营为一体的协同攻关创新机制。这一机制确保了技术创新的全面突破，实现了原始创新、集成创新和引进消化吸收再创新的有机结合，同时完善了工程技术体系和管理体系，为高质量建设提供了有力保障。

2）"六位一体"的目标控制体系

在工程管理方面，京沪高铁提出了工期、质量、环保、投资、安全、稳定"六位一体"的目标控制体系。这一体系确保了建造过程中能够全面考虑各种因素，实现了科学有序、优质高效的建设目标。

3）标准化管理体系

京沪高铁注重标准化管理，以管理制度、人员配备、现场管理、过程控制标准化为基本内涵，确保了技术标准高、系统复杂的国内大规模高速铁路工程的顺利进行。

4）产学研用紧密配合的开放创新体系

京沪高铁还建立了由政府、产业、高校、研究院所、用户等主体构成的产学研用紧密配合的开放创新体系。这一体系以用户为中心，共同推进技术创新，为京沪高铁的创新提供了有力的支持和保障。

5）政府的引导和支持

在工程管理过程中，政府发挥了重要作用。通过制定相关政策和规划，政府引导和支持了京沪高铁的工程创新，并为高铁技术研发提供了有力的资金保障[159]。

第 7 章

经验与启示

本章从决策启示、设计启示、建设启示、运维启示和哲学启示五个层面，深入探讨了世界近现代超级工程的经验与启示。通过对一系列具有代表性的超级工程案例的分析，本章总结了这些工程在规划、设计、建设、运营和维护过程中所获得的宝贵经验，以及它们对人类社会和文化价值观的深远影响。超级工程在决策过程中，通常需要面临巨大的技术、经济和社会挑战。

在决策启示方面，通过对超级工程项目的可行性、可靠性和可持续性进行全面评估，制定科学合理的决策方案。在决策过程中，对潜在的风险因素进行识别、评估和控制，以确保超级工程项目的安全和稳定。同时，重视多学科交叉和跨领域合作，以解决超级工程中遇到的技术和管理难题。例如，中国空间站的决策过程涉及了航天工程、机械工程、电子工程等多个领域，以及与国际合作伙伴的协同合作。

在设计过程中：①不仅需要关注超级工程本身的技术和经济问题，还需要考虑与周围环境和文化背景的协调，充分发挥创新思维和创造力，以解决超级工程中遇到的技术难题。例如，中国西北风光储输示范工程在设计过程中，通过集成可再生能源技术、储能技术和智能电网技术，实现了新能源的高效利用。②还要重视与当地文化和历史传承的融合，以提升超级工程的文化价值和社会影响力。例如，巴黎歌剧院的设计过程充分融入了法国传统的建筑风格和文化元素，成为巴黎乃至全球的文化地标之一。③体现人性化设计，关注人的需求和体验，使超级工程更好地服务人类社会。例如，悉尼歌剧院的设计过程充分考虑了观众的观演体验和音效效果，以及建筑结构的舒适性和可持续性。

在建设启示方面：①追求卓越的工艺和质量，确保超级工程的稳定性和耐久性。例如，在建设过程中，三峡水利工程采用了先进的施工技术和质量管理措施，确保了大坝建设的优质高效。②对潜在的风险因素进行实时监测和控制，以确保工程项目的安全和稳定。例如，国际空间站的建设过程涉及了多个国家之间的合作和复杂的工程技术问题，因此对风险管理的要求极高。③重视环境保护和可持续发展，以实现超级工程的绿色建设。例如，中国秦山核电站的建设过程充分考虑了核废料的处理和能源的可持续利用问题。

在运维过程中，超级工程需要关注设备的维护、能源的消耗以及安全问题等方面。另外，应对该过程不断进行优化并完善设备运行及管理机制，以提高效率及安全性，例如可以通过智能化改造等方式降低能耗及碳排放。

超级工程是人类智慧的结晶，是人类创新思维和技术能力的集中体现。它展示了人类对自然界的认知和探索以及对未来美好生活的向往和追求。超级工程不仅是科技力量的体现，更是人文精神的体现，它不仅展示了科技进步带来的便利和福祉，也体现了人类对美好生活的追求和向往。超级工程建设过程中需要与自然和谐共处，这启示我们在发展科技的同时要尊重自然、保护环境实现可持续发展。超级工程作为一项公共基础设施，它承载着社会责任，需要为人类社会的可持续发展作出贡献，这启示我们要关注公共利益，推动社会公正与进步。超级工程建设过程中需要遵循伦理道德规范，这启示我们要关注伦理道德问题，推动科技进步与社会发展的良性互动，实现科技向善的目标。

7.1　决策启示

世界近现代超级工程的决策通常有以下特征：

（1）工程决策任务通常机理都不太清晰，采用常规方法难以刻画，我们称之为"黑箱"问题，通常以数据挖掘为基础，采用大数据方法，将以往的决策数据和经验作为数据挖掘的基础，采用机器学习方法建立风险决策模型，对历史数据进行分解求解，这是数据分析方法。

（2）工程决策任务的主体决策模式都比较分散，决策主体复杂、多样，那么博弈论方法就可以用来进行多方利益平衡。

（3）工程决策任务的不确定性都很大，决策因素太多，比较适合使用鲁棒优化与控制和随机优化与控制的方法进行决策分析。

（4）工程决策任务大多是多目标决策问题，可以利用多目标决策方法。

（5）工程决策模型通常都复杂难以直接求解，可以利用智能优化方法进行决策求解。

超级工程决策的属性应该包含以下几个方面：工程决策机理的透明度、工程主体决策模式、工程决策任务清晰度、工程决策目标属性、工程决策模型难解度等。下面重点从两个方面分析决策启示。

7.1.1　世界近现代超级工程中决策机制的法制化

从世界范围来看，超级工程的决策无一不是国家战略意志的具体体现，其决策过程必须遵循相关的法律法规，否则将会给超级工程的建设和实施造成巨大的风险，使超级工程难以达到原计划的建设目标，甚至导致超级工程失败。

例如，美国的超级超导对撞机项目是当时美国大科学工程研究中投入建设最大的高能物理研究装置。该项目于 1983 年由美国能源部批准了正式的研究，1987 年由美国总统里根签署实施。该项目的初始预算达到了创纪录的 44 亿美元，拟建成周长 87.1km 的超级对撞机，以寻找顶夸克粒子和希格斯粒子，并探索新的物理现象，对超出标准模型理论的尝试进行肯定或否定，并揭示下一层次的新物理的标度和内容，打开一道通向物理新天地的大门。但是，在投入了 20 亿美元资金后，美国国会于 1993 年 9 月投票中止了该项目，这不但使美国高能物理学的发展受到了巨大打击，也给项目所在地得克萨斯州的经济带来了伤害。在后来针对该项目失败的综合分析中，专家认为其主要原因主要包括以下两个方面。首先，当时国际和美国国内政治经济环境发生了重大的变化。该项目实施的目标是使美国在重大科技领域能够取得超过苏联的霸主地位，然而，随着 20 世纪 90 年代初苏联的解体，美国突然失去了国际上的竞争对手，使该项目失去了其原本被赋予的政治意义。此外，美国国内也发生了政府的更替，随着克林顿政府的上台，一些花费巨大、不被看好的大型项目被中止。其次，该项目本身也存在较多的问题。例如，该工程的投资巨大，随着项目的推进，其预算从初始的 44 亿美元，先是增加到 59 亿美元，最后修改后的方案所需要的资金达到了 82.5 亿美元，使美国政府在经济衰退的情况下难以对其进行有效的资金支持。此外，该项目的管理过程中也存在浪费、效率低下的问题，并且该项目缺少明确的应用前景。这些因素叠加起来，最终导致了其被仓促下马。

相反，美国也先后组织实施了一些世界瞩目的国防科技超级工程，例如曼哈顿工程、阿波罗宇宙飞船等。这些超级工程的建设都取得了巨大的成功，极大地提高了美国的综合国力，维护了其国家安全和超级大国地位。它们的成功除了完善的工程组织和管理之外，其立项决策阶段的科学性和法制化都发挥了重要作用，有效保障了这些超级工程的顺利实施。例如，耗资 20 亿美元的曼哈顿工程、耗资 250 多亿美元的阿波罗登月工程，在立项之前的决策过程都进行了充分的论证和评价，建立了科学的决策流程。美国制定了严格的装备研制立项论证和评估措施，并且需要逐阶段逐级进行论证和评估，对这些超级工程立项决策都制定了法制化的决策政策和审批程序，并设立了专门的决策机构对项目的可行性、风险、预算进行详细的评估和审查。论证结束后，项目便进入联邦政府的顶层立项决策程序。在该决策程序中，会首先由联邦政府主管部门、国会、相关研究单位共同组成相应的评估委员会，对项目的预算进行审议，通过审议的立项最终送达总统，总统会根据白宫科技顾问主管的白宫科学和技术政策办公室的评估结果，决定该项目是否能够最终立项。此外，在投资决策规章制度建设方面，美国的《阳光法案》也对政府投资项目的决策行为进行了有效的约束，该法案要求政府将决策相关的信息公之于众，以保证公众的知情权，监督政府投资决策行为，其中包括公众对议会审议项目预算的监督以及对是否兴建项目决议的监督。

从上面的失败和成功的超级工程案例可以看出，针对超级工程的决策，只有制定完善的机制并将其法制化，才能够有效保障超级工程决策和实施的稳定性和连续性，避免因政策改变、经济衰退、政府更替等重大因素的干扰而迫使超级工程下马，保证超级工程建设的目标能够有效达到。在超级工程决策机制的构建方面，欧洲、美国、日本等发达国家，超级工程是否进行投资上马都要遵循相关法律规定的决策程序，并且每个国家都有各自相应的国家行政程序法。例如，在美国进行超级工程投资的决策时，需要遵守美国政府的《联邦行政程序法》；在冷战时期的联邦德国，进行超级工程决策要遵循《联邦德国行政程序法》；在日本的超级工程决策中相关决策主体也需要遵守日本政府的《行政程序法》。在我国，2004年国务院也发布了《全面推进依法行政实施纲要》，主要针对超级工程等有关系国计民生的重大项目的决策，在决策机制、决策程序、决策跟踪反馈和责任追究制度等方面为超级工程的科学决策和民主决策提供了原则性指导。

因此，制定超级工程决策过程的相关法律，完善有关法律体系，对超级工程的决策原则、决策机制、决策程序、决策主体等进行法律上的界定，并为超级工程决策过程的合法性论证提供法律上的依据，这是世界近现代超级工程决策实践的重要启示。

7.1.2 工程决策中的可行性评估与风险预警机制分析

超级工程体现的是国家意志，其规模宏大，对区域和社会经济发展影响重大。超级工程的决策主体包括多个部门，涉及多个不同群体的利益；其决策过程通常会受到政治、经济、技术、自然环境等多方面的影响，而这些影响因素又具有动态变化的特点，导致超级工程的决策风险性较高。

意大利的瓦伊昂大坝项目是二战后意大利的重大工程，是当时世界上最高的大坝。当时意大利北部城市工业快速发展，对电力的需求与日俱增，在该国电力协会的游说下，国会35位部长中的13位开会决定要在意大利北部修建一座当时世界上最高的拱形水坝。然而，这个决议从决策机制上是无效的，因为意大利政府的法律规定这类超级工程的决策必须有超过半数的部长到场并同意。尽管不合法，当时的意大利总统还是在 1948 年签署并批准了这一工程。在大坝建造过程中，施工还不满一年，建造计划就因为政客的意愿，对大坝的用途进行了改变，使得大坝的高度由原来设计的 230m 增加至 262m，库容也因此增大到初始设计的 3 倍。然而，这一修改没有经过详细的可行性论证，在工程专家和技术顾问向大坝建设方提出风险质疑时，也没有引起决策主体对这些风险的重视。由于缺少严格的可行性分析和风险预警机制，在大坝建成 3 年后，即 1963 年 10 月 9 日，在大坝周围发生了严重的山体滑坡灾难。横向滑落的山体掀起了滔天巨浪，涌浪分别袭击了大坝的上下游地区，共造成 1925 人遇难。同时，瓦依昂水库也因为被山体滑坡造成的泥浆与堆积物填满，失去了原本蓄水发电的功能。瓦依昂大坝肩负的使命还没开始就已彻底结束，不仅建成后没有发出一度电，还导致了巨大的经济损失和社会影响，留给幸存者的也只有惨痛的回忆。

为了应对粮食安全问题，埃及在 20 世纪末的 1997 年 1 月 9 日，由时任总统穆巴拉克正式重启了新河谷计划，这项超级工程也被称为图什卡工程。该超级工程将在阿斯旺水库附近的图什卡湾修建一座巨型扬水站，并修建长 70km 的主渠道和 4 条长 28km 的支渠构成灌溉网，每年取水 50 亿 m^3 向西部沙漠地区进行灌溉，从而实现将图什卡洼地附近的土地开垦为 300 多万亩[①] 良田的工程目标。后来随着降水量的增加，埃及政府在工程开始后就不断地修改初始决策，以扩充该工程的规模，但是这些决策并没有经过详细的可行性论证，也没有对决策更改可能带来的风险进行预警和分析，而是由穆巴拉克总统通过强人政治加以推行。最终的工程决策结果导致该工程的规模远远超过 1997 年的初始决策，其工程投资达到 865 亿美元（作为对比，我国的三峡工程的总投资为 260 亿美元），整个工程也被延迟到 20 年内完工，因而该工程被媒体称为"穆巴拉克的金字塔"。由于在决策过程中没有执行严格的可行性分析，并且在工程建设过程中没有对工程风险进行及时预警，该工程在初始阶段投资了 60 亿美元之后，就出现了严重的技术问题，同时国家经济也出现了困难，因而被迫烂尾。同时，该工程也导致了严重的生态环境问题，由于不断抽水，使得原来的图什卡湖群在没有了水源之后迅速干涸。

从上面两个失败的重大工程案例可以看出，可行性研究能够提高超级工程投

---

① 1 亩 ≈ 666.7m²。

资的有效性，避免盲目性，减少工程风险，是一套科学、系统的投资管理制度和风险防御机制，也是超级工程建设前期工作的重要步骤，它能够作为判断超级工程建设项目是否上马实施的重要依据。可行性研究阶段如果出现失真现象，或者在决策过程中没有建立科学的风险预警机制，将对超级工程项目的投资决策造成严重影响，甚至导致超级工程项目的烂尾或引发重大自然灾害。

因此，在超级工程的决策过程中，超级工程的多个决策主体要明确可行性研究的重要性，确保可行性研究报告的客观性、公正性、科学性，这样才能使可行性研究发挥作用。同时，在超级工程的不同阶段进行决策时，还需要建立完善的监督与风险预警机制，及时发现超级工程的决策方案可能对整个工程项目或自然环境造成的危害，进行风险预警，进而对其进行更加科学和客观的评估，以保障超级工程各阶段的决策实施能够实现最初的工程目标。

7.2 设计启示

7.2.1 超级工程整体结构的拓扑优化设计

国内外超级工程往往包含超大尺寸规模的新工程结构，这些结构往往复杂且需要满足特殊的外在工况环境。超级工程中的结构设计首先需要考虑结构实现的功能，同时也要考虑结构的质量以及材料利用率，即如何用合理的结构材料分布，满足承载和运行要求，最小化结构的总质量。拓扑优化正是进行结构材料分布优化的科学方法。拓扑优化针对给定结构的设计区域，以材料分布为决策变量，建立结构的受力平衡方程、受力变形约束，目标是最小化结构的整体质量；或者将质量作为约束，最小化结构的柔度。因为将结构的受力分析作为约束条件，结构的最终拓扑优化设计方案能够满足承载要求，且实现结构的整体减重，节省材料、降低成本。因此，拓扑优化被广泛应用到航空航天领域的结构优化设计，包括飞机零部件、航空发动机，以及空间站的设计。3D打印技术的日益成熟为拓扑优化提供了更广阔的应用前景。以往拓扑优化的设计方案受到传统制造工艺的限制，而3D打印打破了这个限制，拓扑优化被越来越多地应用到实际工程，包括超级工程中。

超级工程中经常采用桁架结构，桁架是由直杆彼此在两端用铰链连接而成的结构，一般具有三角形单元的平面或空间结构，桁架杆件主要承受轴向拉力或压力，从而能充分利用材料的强度，在跨度较大时可比实腹梁节省材料，减轻自重和增大刚度。国际空间站就是采用桁架结构设计的。通过多级拓扑优化设计进行桁架结构、具体尺寸的多级设计，模拟近地空环境进行载荷校验，最后完成空间站的整体结构设计方案。一些超级工程桥梁的桁架结构也是通过拓扑优化来寻找最佳的传力路径，使结构构件处于更加有利的受力状态，从而提高结构的承载能力和耐久性。采用拓扑优化进行桁架结构的设计，既能够保障桥梁的运行安全，又可以节省建设成本和缩短建设周期。

超级工程整体结构的拓扑优化设计突破以往的设计思维模式，创新性、科学性地给出合理的设计方案，能够为设计师提供更多设计选择。随着材料科学的创新发展，拓扑优化与新材料集成将在超级工程的结构设计中发挥更大的作用，极大地降低结构的重量，同时获得更高的强度，最大程度地发挥新材料的性能。随着 3D 和 4D 打印技术的发展，面向超级工程的拓扑优化设计方案，会更大程度地被应用到实际工程项目中。未来超级工程的设计应考虑结构的整体扩展性，拓扑结构设计还能为结构的扩展性留有很大的余地。

7.2.2 工程设计中的自然灾害风险评估

世界范围内极端气候愈发频繁，诸如地震、海啸、飓风和冰雪等毁灭性自然灾害给超级工程的设计带来了诸多制约。在超级工程设计中，提高工程超设计基准的事故应对能力，是保证其安全运行的基础，同时也是自然灾害发生时有效消除或降低危害的重要保证。

1）应对高风险、低概率的毁灭性自然灾害的工程设计方案

2011 年发生在日本福岛核电站的事故给工程设计人员提出了一个严峻挑战：如何有效应对高风险、低概率的毁灭性自然灾害所带来的安全问题。尽管福岛核电站的安全系统设计号称世界上最安全的设计，电站设有多重、多样性的专门安全设施，但在这次复合性灾害面前，所有这些安全设计均告失败。问题的本质在于对"复合性共模失效"的严重性认识不足。福岛核电站事故充分证明，比设计基准更严重的事故随时可能发生，没有绝对安全的设计。因此，应该系统性地考虑工程设计中的安全问题，在成本允许的情况下，尽可能提高工程设计超设计基准的事故应对能力，这样可以大幅度减小自然灾害所带来的危害和损失。

2）工程设计中的自然灾害事故预防和缓解措施

自然灾害的发生是难以避免的，因此在工程设计中，考虑自然灾害发生时的

营－移交的机制建设的。从设计－建设方式到建设－运营－移交方式，超级工程的建设组织模式和管理模式的发展体现了高度综合性的发展方向。同时，项目的风险结构变得越来越复杂，并要求先进的管理系统与之相适应。这种演变过程体现了超级工程建设系统化、整体化、一体化的趋势。

7.3.2　超级工程建设任务系统分解与协调管理的现代创新

复杂性是超级工程最典型的特征，因此为了更好地建设和管理，就需要从系统性的角度和高度，对超级工程科学合理的功能模块和结构要素进行专业任务分解。而协调管理的作用是实现超级工程建设的整体性目标，即对工程建设过程中的一切活动与人力资源加以协调，以达到协调一致的管理机能。

在将超级工程进行不同专业的任务系统分解后，对分解后各项子任务的多方协调管理，是超级工程建设过程中的主要工作之一。超级工程建设过程的协调管理从开始至完成，涉及多种专业的设计、施工和监理等单位，在每一阶段都离不开各单位中各专业的协调管理，如设计方的建筑、材料、结构、物流、能源、等专业设计；业主、监理和施工方机械类和装配类的专业管理。但各专业之间往往缺乏沟通交流，导致项目工期延误、质量缺陷和投资浪费，甚至会带来安全隐患。所以要实现超级工程建设的各项目标，无论从专业技术上讲，还是从项目管理上讲，各参建单位各专业的协调管理是至关重要，也是不容忽视的。

首先提高参建者专业协调管理的意识。无论是工程项目的建设者，还是管理者，都须本着对项目投资者和后期使用者负责任的态度，做好项目各环节中的协调管理工作。通过协调管理以减少协作问题，就必须提高专业之间互通有无的意识，建立以业主、监理为主，各参建方为辅的管理模式，保证协调管理工作作用的正常发挥。作为主导项目建设的业主和监理方，必须全面了解和掌握各专业的工序和设计要求，注重项目建设各阶段的实施重点并关注专业配合的焦点，同时需要加强组织间协调管理，建立和完善项目建设的会议协调制度。在项目建设期间，业主或监理方和施工方须定期召开不同层次的协调会议。通过组织专门的协调会，明确各专业的施工内容、方法、顺序和责任。最后建立大数据平台，建立由业主、监理方、设计方和施工方主要管理人员共同管理的项目建设信息平台，及时将项目设计变更、施工问题、协调事宜、施工进度等信息进行上传和传阅，让各参建方第一时间了解项目建设的各种信息和了解自身有无影响施工的工作内容等，并对可能发生的问题进行及时预警，以提前对问题进行预防和处理，提高组织间协调管理的效率。

在超级工程建设过程中，协调管理工作的涉及面广，纵横交错，不仅要做好单位之间和本专业之间的协调沟通工作，更要做好单位之间的专业与其他专业互通的协调管理工作。只有各参建单位加强专业协调沟通的管理，才能把问题消灭在萌芽之中，从而进一步实现超级工程建设的各项目标。

7.3.3 超级工程的复杂施工计划及应急管理

世界近现代超级工程的建设过程中往往存在多个彼此冲突的目标，大多数情况下，某目标的改善可能引起其他目标性能的降低，同时使多个目标均达到最优是不可能的，只能在各目标之间进行协调权衡和折中处理，使所有目标函数尽可能达到最优。超级工程的建造过程中，涉及质量、成本、时间、生态等多维要素，这些要素从不同的角度体现了超级工程的投入和价值，其单个要素的优化目标既可能是最大化，又可能是最小化。此外，这些要素之间往往是互斥的，例如，人们既希望投入的成本比较小，又希望工程的质量尽可能地高，这是矛盾的指标。为了使超级工程建造得更优化、更合理，需要采用多目标优化的方法对这些要素进行系统优化。

超级工程的建设过程是一个动态的过程，在技术、经济、人员等多个方面可能会出现很多突发情况，如何在这种情况下，及时有效地进行应急管理，保证工程能够持续进行建设，是非常重要的问题。

7.3.4 超级工程建设的资源配置及物流优化

超级工程的资源配置和物流优化是在超级工程的建设过程中对资源进行科学的配置、对物流进行有效的管理，目的是提供高效率的资源使用和物流服务。由于超级工程自身规模庞大、结构复杂等特点，使得在项目管理中会遇到资源冲突的问题，包括资金、技术、设备、人员、原材料等。为了使超级工程能够保质保量地按时完成，从整个系统的角度对超级工程进行资源优化配置是至关重要的。

从世界范围来看，目前工程所需资源的配置是一个全球产业链的问题，需要多个行业进行协调配置。多年来，随着世界经济发展和市场的不断完善，已经形成了很好的经济全球化市场基础，对世界范围内的超级工程建设起到了很好的支撑作用。新冠疫情给全球范围的工程资源配置带来了新的挑战，在未来的超级工程中，需要考虑新的协同模式。

7.3.5 政治经济变动对超级工程建设的影响

超级工程由于其规模的巨大性和工程技术的复杂性，受政治经济的影响很大；尤其是世界近现代超级工程中，很多工程的发展既受到了当时国家政治经济发展的积极推动，也遭遇过阻碍。在政治方面，以美国为例，其两党制的政体使得国家的决策具有不确定性，一个政党执政时规划的工程，另一个政党执政时很可能就不会积极推进建设。经济方面对超级工程的影响也非常大，如美国的胡佛水坝，就是由于 20 世纪 30 年代的大萧条，需要对经济进行刺激，才启动了胡佛水坝的建造工程，带动经济发展和就业，而且胡佛水坝工程还孕育了新兴城市拉斯维加斯。因此，政治经济的变动对超级工程的建设影响非常大，可能会兴建一个新的工程，也可能会使在建或规划的工程停滞甚至取消。

7.4 运维启示

7.4.1 超级工程运营体制和机制

超级工程运营体制机制设计是指超级工程为发挥其特定的系统功能，对运行过程涉及的运营管理的基本问题所做出的全局性总体管理决策与规划。超级工程运营体制机制设计是保障工程安全稳定运行，持久释放经济、社会价值的先决条件，是经营管理活动赖以进行的物质基础和一系列管理规则及其相互间有机联系所组成的复杂制度体系。同时，运营体制机制设计的目的是为支持和完成超级工程的总体战略目标服务的。超级工程运行过程中，难免会受到外部自然环境、社会环境、人文环境及生态环境等因素影响，同时也会受工程相关部门及内部条件制约。因此，有必要对工程相关的主要内部优势、劣势、外部机会和威胁进行详尽分析，对工程运营过程中所处的状态进行全面、系统、准确的分析，从而根据结果制定、调整和完善相应的发展战略、计划以及对策等。

引入外部竞争机制是促使超级工程持续发展的原动力。超级工程通常都具有外部性强的特点，竞争机制能够有效调节超级工程本体同外部环境的交互作用，实现资源的优化配置。以京沪铁路为例，通过招投标建立委托运输管理工作市场的竞争机制，通过选择将京沪高速铁路委托运输管理工作整体打包给一个铁路运输企业，或分拆给多个铁路运输企业，或按工种分拆给多个专业公司实行专业化管理，设定管理标准，遴选优质经营方；建立合同退出标准要求，实现优胜劣汰，以最大限度激发经营方活力。

倡导内部协调机制是保障超级工程整体运行效率的有效手段。由于超级工程项目涉及相关行业和部门多，运营管理任务繁重，管理界面十分复杂，管理主体和客体层面和种类都很多，亟须各部门在厘清各自职责的同时，建立联动协作机制，保障工程项目的运营安全，并提升安全应急保障能力。

加强约束监督机制是促使超级工程主体履行职责的重要依据。在超级工程经营过程中，单位之间、经济实体之间通过签订合同的方式，明确各自的权、责、利，努力建立起符合市场经济规则、符合公司治理需要、产权清晰、权责明确、管理科学的体制和机制。

推广运行反馈机制是实现超级工程稳定有序运行的基础。超级工程通常是一个开放的大系统，由众多的分系统和更细的子系统构成。按照系统工程理论，有效的反馈机制，将管理工作中各种资源信息、工作信息、效果信息及外部作用信息通过各种手段，包括现代化计算机网络手段及时反映给管理行为主体，由管理主体做出科学灵敏反应并采取正确管理措施，从而实现超级工程的高效运行。例如古里核电站、柏崎刈羽核能发电站等超级工程，由于其复杂性和高风险性，对运行反馈机制有着极高的要求。在核电领域，许多超级工程都构建了完善的经验反馈管理机制，以促进核电安全质量水平的不断提升。通过制定详细的经验反馈运行规则，确保反馈信息的准确性和及时性。建立信息化平台，实现经验信息的实时共享和在线管理，提高反馈效率。对重大事件进行快速识别、排查、分析和处理，提出共性管理要求，并实施纠正行动。通过对共性问题和异常趋势的监测，及时发现潜在问题，预防类似事件的再次发生。收集、筛选和利用外部经验，为自身工程提供参考和借鉴。

推行风险预控机制。一是建立安全风险预控机制。在工程运行阶段对安全隐患进行分级管理，定期进行安全风险调度、安全检查，全方位提升安全意识，强化安全管控。二是建立质量预警机制。对工程质量运营情况进行定时分析，系统解剖分析工程质量状况及其运营情况，及时纠偏扶正。对运营阶段中出现的安全质量、经济指标、突发事件等进行分析，强化红线预警，做好提前防范，针对偏差过大的项目，可成立督导组，及时督导纠偏。积极推广新技术、新系统、新管理理念的应用与实践，制定标准化管理流程，确保工程质量全面受控。

推行资源集约化管理机制。依据科学规划、统筹协调、利益共享的原则，积极推行资源集约化管理。集成人力、物力、资金、管理等要素进行统一配置，形成协同效应。同时推进资源集约节约循环利用，加强基础设施生态保护，实现社会、生态、经济三个利益兼顾的局面。

激发超级工程的品牌效应。任何一个超级工程项目品牌价值巨大，需要科技引领维护品牌，进一步将工程建设创下并积累的品牌发扬光大，并能在世界范围内保持引领作用。精心运营超级工程品牌，推动形成该品牌产业链，打造世界级营运项目。很多超级工程有"世界之最"的名号，承载着国家经济与文化传播功能。港珠澳大桥作为连接粤港澳三地的世界级跨海通道，品牌价值可开发空间和潜力巨大，赋予其很多经济功能和社会功能。一方面，工程投资巨大，有必要利用品牌资源、通道资源和其他资源进行综合开发，以弥补通行费收入不足，减轻三地政府财政负担；另一方面，港珠澳大桥已积累了一大批具有核心技术、自主知识产权的技术和管理成果。将其与市场企业紧密合作，实现科技成果推广转化。

创新关键技术转化为行业标准。超级工程运营中将工程建设中的突破性创新关键技术转化为行业标准和规范，使中国的创新技术走出国门，为世界提供中国标准，这有助于提高国际影响力和经济效益。随着工程建设顺利展开，成熟运营后，会带动新行业的发展、新技术的创新。

当今世界，技术革新步伐加快，国家的变化也是日新月异。衡量一国综合实力的大小，很大程度上要看其基础设施的建设能力。同样地，衡量一国对本国人民和国际社会的责任，也要看其基础设施的建设水平和质量。在过去的几年，中国的基础设施建设给世界带来了巨大变化。中国建设不仅仅是使用钢筋水泥修路架桥，构筑工程实体，也注重通过履行社会责任，实现一种民心交融的"软联通"。一个个从中国走向世界的超级工程，正在日益成为促进当地经济发展和改善居民生活的重要标志。坚持属地化运营管理，是有助于造福当地民众的。中国在肯尼亚承建的蒙内铁路是肯尼亚百年来建设的首条铁路，这条中国为肯尼亚量身定制的铁路，为当地开启新的工业化篇章打下坚实的基础。从长远规划来看，铁路将连接肯尼亚、坦桑尼亚、乌干达、卢旺达、布隆迪、南苏丹等东非六国，这条"铁路大动脉"将会为非洲带来新的发展机遇。日益延伸的铁路正在构成一个庞大的铁路网，越来越密集的线路交织在越来越多的国家的版图上。中国的"超级工程"逐渐把世界连接成为一个紧密的整体，为文明之间的沟通交流进一步缩短距离。

"全球责任，和谐共赢"理念已经深入人心，超级工程的主导者要将履行社会责任的意识传递给当地政府，定会获得社会各界的支持和赞誉。随着社会责任意识不断提升，社会责任实践逐渐改进，社会责任管理也在日臻完善。中国依托超级工程载体履行社会责任可以帮助行业企业打造负责任的国际形象，创造品牌影响力。

"中国建造"不仅打造了一个个令世界惊叹的超级工程，创造了蜚声海外的国家品牌，更是成为中国与"一带一路"共建国家民心相通的有力见证，同时也筑起了坚不可摧的友谊桥梁。超级工程从政治、经济、文化全面展示了中国作为一个大国的崛起，使人民增强了民族自豪感和自信心，使得国家的凝聚力和向心力更强，有助于社会稳定和谐发展。

新世纪以来一大批新兴市场国家和发展中国家快速发展，世界多极化加速发展，国际格局日趋均衡，国际潮流大势不可逆转[1]。构建人类命运共同体需要树立共商共建共享的全球治理观。中国将继续发挥负责任大国作用，积极参与全球治理体系改革和建设，不断贡献中国智慧和力量[2]。中国正在与世界深度互动，并积极参与并引领全球治理。作为新时代中国保持更大开放的象征，"一带一路"倡议已经从中国方案上升为国际共识，务实合作日益深化，并不断推动建设中国与世界互联互通的超级工程。2017 年 12 月 21 日，中泰铁路合作项目一期工程开工，将有效提升泰国的基础设施建设和互联互通水平，促进泰国经济可持续发展。未来中泰铁路和中老铁路将实现互联互通，促进"一带一路"共建国家经贸交流和人员往来，互利多赢，带动地区发展和民生改善。超级工程将拉动各国产业链的共同发展，并在运营过程中带动当地经济繁荣，共同推动构建人类命运共同体。

7.4.2 超级工程运营收益管理

超级工程的效益是通过运营来发挥的，而管理水平的高低直接关系到超级工程效益的发挥和运行。因此，合理的管理体制、现代化的管理设施与设备以及管理人员的管理能力是影响超级工程正常运营的重要因素。超级工程运行过程本质

---

① 国际在线 . 习近平接见 2017 年度驻外使节工作会议与会使节并发表重要讲话 .（2017-12-28）[2024-12-01]. https://news.cri.cn/20171228/3f8c7875-1a94-e67a-474a-25d9e65ea170.html。

② 中国政协网 . 习近平：决胜全面建成小康社会 夺取新时代中国特色社会主义伟大胜利——在中国共产党第十九次全国代表大会上的报告 .（2017-10-27）[2024-09-30]. https://www.rmzxw.com.cn/c/2017-10-27/1851777.shtml。

上是经济运作过程，是经济、社会、环境等综合效益最优化问题，运营中的收益管理需兼顾当下效益和长远使命。

超级工程在建设和运行管理过程中，消耗了物资和人力资源，使货币资本转化为生产资本，其价值转化为两部分：一是超级工程本身特定的功能发挥而获得的内部经济效益；二是超级工程的辐射效应所引发的外部经济和社会效益。以港珠澳大桥为例，内部经济效益主要包括大桥运营管理部门从收取车辆通行费和开发大桥沿线资源所获得的收入或利润，外部经济和社会效益包括其运行阶段所带来的通行效率的提高和通行成本降低而产生的效益。运输质量的提高，促进沿线产业带的形成，带动区域经济发展，扩大劳动力就业和提高国民收入等。超级工程大部分都是国家战略性基础工程，运营不仅仅以盈利为目的。因此，超级工程的效益主要体现在外部社会和经济效益方面。社会效益是社会经济活动成果的表现，超级工程的社会效益是指工程运行的一定时期内对一定的区域社会经济相关方面所带来的影响及效果。超级工程产生的社会效益主要包括两方面：一是超级工程对区域的社会经济总量和结构优化具有积极促进作用，宏观上具体表现为沿线区域社会经济指标的快速增长、生产力布局合理、产业结构优化等；二是超级工程促进区域社会经济环境转变，体现在对区域人民的思想认识、价值判断、道德观念、社会心理及社会事业发展等产生的积极影响。港珠澳大桥的开通运行，将产生很强的聚集效应，带动周边人流、物流、资金流、信息流在三地的流通共享，实现珠海物流业与香港物流业在土地资源、人力资源和劳动力成本等方面的优势互补，这方面带来的经济和社会效益不可估量。超级工程的运行过程本质上是一个经济运作过程，目标主要体现为经济回报和经济效益，同时涉及社会效益、生态环境效益等，是一个综合效益最优化的问题。

近现代的超级工程在设计之初，十分重视工程项目的投资回报，超级工程"由建转营"进入"下半场"后，关键在于工程如何用好管好，充分发挥其经济效益和社会效益。在保证安全运行的前提下，可深度挖掘潜在需求，充分发挥工程的社会影响力，扩大服务辐射面，开展相应的业务，实现生态效益、经济效益与社会效益多赢。

比如，英法海底隧道在决策前就关注了以下方面：

（1）交通便捷性价值：隧道的建成极大地缩短了英国和法国之间的旅行时间，为两地之间的贸易、旅游和人员往来提供了极大的便利，从而带动了相关产业的发展。

（2）多元化收入来源：除了铁路通行费外，隧道还通过提供商业设施（如零售店、餐饮店等）和广告收入等多元化渠道来增加收入。

（3）长期规划：项目在规划时就充分考虑了长期效益，通过科学的预测和规划来确保项目的经济可行性和可持续性。

美国的金门大桥在运营维护中也着重关注了以下方面：

（1）交通价值：金门大桥作为旧金山的重要交通枢纽，极大地促进了旧金山湾区的经济发展和人口流动，为当地带来了显著的经济效益。

（2）旅游价值：作为世界著名的旅游景点之一，金门大桥吸引了大量游客前来参观，为当地旅游业和相关产业带来了可观的收入。

（3）历史和文化价值：金门大桥作为美国工程技术的杰出代表之一，具有重要的历史和文化价值，对提升旧金山乃至美国的国际形象具有积极作用。

超级工程运营的不确定性因素有很多：维护管理模式、运营策略、理念等或多或少都会影响工程运行效益的释放。超级工程项目较一般工程项目而言，运营难度较高、生命周期较长、工程量浩大，且涉及地区范围较广，每个地区或地段的情况也各不相同，这些都使得我们不能采用传统的运作方式去管理，因而需要更为专业的管理运营体制。超级工程作为国家战略项目存在，本身运营需要投入的人力、物力、财力、时间等很多，因此投入和收益比应保持在一个合理有效的范围之内。其中，投入包括工程项目在运营中的养护修理的费用及人员工资、日常支出等费用。收益包括工程本身带来的经济、政治、文化等效益，而采用好的经营策略不但能增加工程本身的收益，对外部也能起到很好的经济释放作用。另外，服务态度、管理人员自身水平、管理层的科学决策及行业政策的变化等这些因素相互关联交叉都会对工程运营造成一定的影响。

对于工程本身而言，它作为社会资本而存在，对一个地区的经济、政治、文化思想、生态文明、形象改善等方方面面将产生深远影响，因而对其关注和运营不能仅停留在宏观经济方面，还要通过更加规范的标准去约束和管理，充分发挥社会责任。要降低养护成本，最直接有效的手段就是科学养护、市场化运作。①专业化的管理原则，即充分发挥专业技术管理人才的资源优势，培养高素质有责任感员工，将专业的深度和宽度综合起来，权责清晰，避免岗位重叠。②精简与效率原则，即有精确的长远规划和短期的时间统筹安排，分级管理将每一项事务落实到实处。③以人为本、精细化管理原则，即提高自动化和信息化管理水平，优化日常工作和运作模式，通过建立和实施标准化管理体系，提升专项管理水平，强化标准执行的过程控制并完善标准执行的评价机制，保证工程的安全和稳定运行。④绿色环保原则，即在工程项目运营的同时会不同程度地产生废气、粉尘、有害气体等污染，污染防治应能达到国家规定的标准。

另外，已逐渐成为人们日常消费项目之一的旅游，具有强大的市场潜力，而这些工程项目本身或者其沿线地区可以作为旅游景点，相关部门可以从不对运营产生破坏和威胁的情况下，从社会发展和多元化经营的角度考虑，以互联网、报纸、杂志、电视、广播、橱窗、招贴等媒介为载体做一些辅助性的旅游宣传和开发。另外，也可以与一些大型旅行社、企业合作：一方面，从某种程度上提升工程项目整体的美观程度，并诱导和刺激当地旅游业的发展，多渠道增加收入来源；另一方面，企业可以利用这些工程项目做一些广告宣传，如投放广告牌、宣传标语，播放广告视频、音频等，从而提升企业知名度，打造品牌效应，达到"双赢"的效果。

外部运营主要是指由于工程项目的辐射作用所带动区域性的位置优势增加，竞争能力增强，其他行业直接或者间接发展，并围绕发展又产生出了新的需求，从而产生传递效益和潜在效益。对外部的影响也存在多方面因素，而这些因素如果不采取相应的措施去管控和约束，则会产生负面效应，这就违背了工程项目原本建设的初衷。外部影响因素包括生态环境、污染防治、科技发展、行业规定、法律法规等。依托超级工程项目发展起来的工业、农业、建筑业等在发展的同时也会给周边环境带来一定的影响，而科技的发展带来的负面影响会制约行业发展的力度和规模，相关法律法规则从规定标准层面对其方方面面进行约束和管理，另外还有来自行业间的竞争与合作。因此如何在社会环境、生态环境、经济环境等方面谋求平衡是企业的一大难题。

超级工程一般具有国家战略性政治经济意义，除了用作基建增强民族凝聚力和国家综合实力之外，对其经营开发，带动周边经济增长也是大有裨益。例如，依托工程项目对沿线涉及土地的开发、物流的发展及高新科技的发展等。超级工程项目必须拥有顺畅的道路，涉及地区必定会做一些工程规划，而工程建设必定会带来大量物资交换和运输，这也为物流的发展打下坚实的基础。首先物流中心的选址需要综合考虑基础设施的配置、交通的便捷程度等社会因素及地势、气候、温度、水文等自然因素，其日常运营要有完整的内部规章制度、设施配置，另外日常车辆、货运的调度问题，时间的统筹安排和对超级工程项目的威胁程度和环境的破坏程度等都在考虑范围之内。各行业的发展也离不开通信信息行业，超级工程的辐射效应所引发的外部经济和社会效益的发展也同样需要通信服务的支持。加强基站建设、发展电子信息技术、提升信息化进程势在必行。

要想实现超级工程项目效益的有效释放，避免出现资源浪费的情况，还需要对工程涉及地区产业进行合理布局。但是对产业进行合理布局也需要考虑城市的发展情况，这就需要我们斟酌到底该如何进行合理的规划。城市人口密度大、发展饱和程度较高的地区，应发展"集约型"经济，依靠提高生产要素的质量和利用效率，优化产业结构，实现经济增长。而发展相对较慢、基础设施不完善，但资源较为充沛的地区，可以适当考虑"粗放型 + 集约型"共同发展模式，采用以中心点向四周辐射扩展的方式，在统筹规划的同时要为以后的城市发展留有余地，依托周边城市的发展、当地的资源配置及发展状况的综合衡量，选择最佳的发展方向，从而形成一定的产业规模。

法律规范和道德约束会将社会发展、经济发展、政治稳定和人员素质等方面紧密地联系在一起，其中产生的能量和效应会进一步促进这些工程项目的运营，达到我们期望的平衡。对于由这些工程项目衍生出的辐射性发展包括各行各业，这就需要从法治建设方面考虑。针对工程项目和依托项目的便利条件发展起来的工业、农业等对周边会造成影响。例如，环境治理和环保政策会加大运营成本，制约周边经济发展，因此，对周边工程项目的审核应严格；再例如，污染排放量和工程的危险指数应严格按照现行国家标准执行，使得在发展的过程中也能尽可能地将对环境的污染降到最低，实现生态效益。

第 8 章

未来建造趋势及重点领域

本章从契合国家战略、科学技术引领、推动社会进步和注重经济价值四个层面，探讨了世界近现代超级工程的未来建造趋势。超级工程的建造和发展必须符合国家战略的需求，因此需要深入分析国家战略的需求和目标，明确超级工程在国家战略中的定位和作用，未来超级工程将更加注重与国家战略的契合，以推动国家整体发展和提升国际竞争力。政府应加强对超级工程的政策支持，包括财政资金投入、税收优惠、人才引进等方面，以促进超级工程的建造和发展。超级工程需要加强国际合作，促进国际技术交流和资源共享，以提升超级工程的整体水平和国际竞争力。科学技术引领是超级工程建造的重要推动力，未来将更加注重创新思维和跨学科合作，以促进超级工程的建设和发展。加强基础研究，提高科技创新能力，是推动超级工程建造的重要支撑。

超级工程未来建造举措包括加大对基础研究的投入，鼓励科研机构和企业加强合作，共同推动科技创新和发展。超级工程建造需要不断推广和应用新技术，以提高工程效率和安全性。未来需要加强对新技术的研发和应用，推动新技术在超级工程中的应用和普及。培养人才队伍是推动超级工程建造的重要保障。未来需要加强对人才的培养和引进，建立完善的人才激励机制，吸引更多优秀人才投身超级工程建设事业。超级工程对当地社会和经济发展具有重要影响，未来将更加注重社会效益和经济效益的平衡。超级工程的建设和发展将带动相关产业的发展，促进区域经济的繁荣。未来需要加强产业协同创新，推动产业升级和转型，实现区域经济的可持续发展。超级工程的建设和发展需要充分考虑当地社会的需求和意见，以实现更好的社会效益。未来需要建立完善的社会参与机制，加强与当地社会的沟通和合作。超级工程建设和发展需要注重环境保护，减少对当地环境和生态的破坏。未来需要采取更加环保的技术和措施，加强环境监管和管理，实现可持续发展。超级工程的投资回报和社会贡献是关注焦点之一，未来将更加注重经济价值的实现。超级工程建设需要加强投资效益评估，确保工程的投资回报和社会贡献达到预期目标。未来需要建立完善的投资效益评估机制，对工程的投资效益进行全面评估和分析。

8.1 契合国家战略

超级工程由于其工程的规模、复杂性和专业性，更多是由国家层面进行论证和决策，因此超级工程服务国家战略需求的导向更加明显。

8.1.1　国家科技战略与超级工程融合明显

　　国家科技战略体现国家重大需求，解决重点问题。长期以来，科学技术是第一生产力成为共识，而科学技术的生产力推动作用最终体现在工程的实际推动力上。超级工程不仅成为国家科学技术发展水平的体现，更成为推动科学技术持久增长的动力。一大批超大型科技工程的兴建与完工，更有力地推动了国家整体科技战略的实施。由此，工程与科技发展从原本分时的、线性发展状态转变为相互结合、相互推动的发展状态。

8.1.2　超级工程是体现综合国力和国家经济体制优势的鲜明标志

　　当今世界的国际竞争从原本的资本、军事、人口、资源竞争转向对未来发展的引领能力竞争。随着人类认识能力的进一步提升，工程成为人类把握规律、认识世界的工具性属性更加凸显。同时，超级工程建设过程中的政治决心、资源消耗、整体协调反映着一个国家在工程建设中的领导力与号召力。每一项超级工程的兴建与完工背后，都是一个国家的政治优势、制度优势、文化优势与经济优势的体现；并且，出于对未来发展的担忧与未来竞争的准备，国家间对超级工程的需求都不断扩大，一个个更大、更广、更强的超级工程后面，体现的是不同国家对未来发展的谋划与预判。由此，超级工程已经从属性本体走向功能引领，也成为国家综合国力的鲜明代表。

　　超级工程代表着国家意志、时代需要，由此也决定了超级工程具有公共属性。作为公共产品，超级工程能否由国家投资、兴建成为超级工程能否成功的关键。反观人类历史中超级工程的成功、失败案例，最重要的结论在于是否形成了举国体制下的经济号召力。当今社会，人类需要更加大型、更加先进、更加环保、更加长寿的工程，这也决定了在整体的国家经济体制中，围绕超级工程需要进行经济全领域的布局与实施。同时，市场经济下的资本自由流动、资源竞争分配、人才分散布局等直接影响着看得见的手与看不见的手之间的协同关系，而超级工程的成功成为以工程需要凝聚资源、科技、人才、管理的具体表现，从而深层次地体现国家的经济体制优势。

8.1.3　超级工程成为时代需要与未来价值的统一体

　　超级工程作为科学与技术在工程上的集大成者，代表着时代的科学技术水平，体现着时代的需要与功能。同时，超级工程在作用上已经走出了传统满足某一需要的单个具体功能，表现出满足社会需要的具体工程属性与引领未来科学技术方向的工具属性。因此，对超级工程的价值评价，不仅要考察超级工程本身内在的满足社会需要的能力，同时也要从工程价值上考察超级工程的未来引领力。由此，评价超级工程，需要以具体的时代眼光与未来的时空视野评价，从而走出单独以投入 – 产出的绩效评价的局限性。

8.1.4 超级工程是国家时代精神与国家国土战略的集中体现

工程的复杂性与艰难性是区别一个时代与另一个时代工程难度与价值的指标。每一个时代都有属于那个时代的超级工程，而任何一个超级工程的兴建背后都是一个国家在某一具体时代下精神的鲜活体现，形成了独有的工程文化。这种工程文化根植于国家传统文化，以其创新性与未来难度构成了工程的独特属性与价值。由此，超级工程体现着一个国家在某一具体历史阶段下对科学技术的态度、对工程的价值认可与对文化的集中认识，反映在工程哲学、工程美学与工程精神中，从而形成一个时代独具特色的精神坐标与丰碑。每一项超级工程的背后，从工程决策、设计、施工、运营到评价，都代表了一个民族、一个国家、一个区域、一个组织的创新精神、奉献精神与管理文化。这些元素共同构建了一个时代鲜活的精神灵魂。

超级工程是对资源的利用与集成，反映着国家的国土战略。作为国家核心利益的主权、安全与发展利益，均在超级工程中得到体现与捍卫。任何一项超级工程不仅是科学技术的运用与集成，更是对国家整体国土战略的具体执行。土木工程、水利工程等超级工程的实施，改变了国家的国土资源分布与利用形态，运载工程、能源工程等更直接扩大了国家的管控面积与能力。由此，超级工程的强国属性根本在于改变了一个国家的国土形态与管理思维，从而强有力地推动了国家治理体系和治理能力现代化发展。由此，对超级工程的认识，要立足工程的国土属性，从国家领土、安全与发展利益角度，全方位认识超级工程的里程碑作用与标志意义。

8.2 引领科学技术发展

8.2.1 超级工程的技术目标从某一领域技术运用转向引导未来科技发展

传统来看，超级工程的技术复杂性与学科的交叉运用性显著，这种特征重点存在于工程建设过程中，长江三峡与青藏铁路等是此种技术复杂性的典型代表。但伴随国家科技进步，超级工程逐步由单一成熟技术的运用指向未来科学新发现与新技术研发，即超级工程不仅是工程本身技术应用，更重要体现在以现代科技发展为目标的工程建设。国家重大科技设施的布局与实施，更清楚地指明超级工程建设的此类方向转变。

按照国家建设科技强国战略要求，立足科学领域未来发展与竞争需要，进一步兴建利于科技创新与持久发展的重大科技设施与基础工程。材料领域、能源领域、通信领域、机械制造领域与人工智能领域的大型复杂性集成试验基地建设成为技术型超级工程的新趋势与新特点。

8.2.2 超级工程技术逐渐走向综合性、多功能的跨学科集成技术开发

历史上，各工程领域的学科界限比较分明，很多工程主要是取决于具体一种或几种工艺技术。随着社会科技的发展，从 20 世纪 70 年代开始，世界超级工程领域的发展特点是学科交叉。当前的超级工程建设过程，更需要多个学科进行交叉融合合作才能顺利完成，学科之间的相互交流、领域方面的相互渗透已经成为必然趋势。例如，港珠澳大桥、航空母舰、大飞机等现代超级工程，需要数学、计算机、机械、材料、物理、管理学等多学科的技术人员进行合作交叉融合。快速崛起的新动能，正在重塑经济增长格局、深刻改变生产生活方式，成为中国创新发展的新标志。因此，很多新的颠覆性的人工智能技术将出现在超级工程的建造过程中，一方面成就了超级工程，另一方面为人类科技发展和经济发展做出了贡献。

8.2.3 超级工程的安全设计逐步转变为全生命周期综合决策

随着信息技术的发展，超级工程的组织管理已经逐步转变为全生命周期综合管理与决策。"全生命周期"主要包括超级工程的设计、建造、使用和老化的全

过程。在不同的阶段，超级工程的风险来源不完全相同。建造阶段的风险主要来自对未完成结构和它的支撑系统缺乏分析，以及对人为错误的失控；而老化阶段的风险则主要来自结构或材料功能在长期自然环境和使用环境的逐渐退化。相对而言，超级工程使用阶段的平均风险率是最低的。传统的超级工程在设计阶段通常只考虑使用阶段的安全，今后的超级工程在设计过程中还要考虑安全以外更多的内容，如结构的功能能否得到保证、是否耐久，以及更多地考虑超级工程对整个环境可持续发展的影响等，同时要在综合考虑建造、使用、老化三个阶段后，才做最后的决策。

8.2.4 超级工程的设计与建设与人工智能等信息技术全方位融合

超级工程的建设效率严重依赖于工程各相关方面大量的技术、经济、管理信息的高效处理、交换和表达。在以往超级工程的建设过程中，技术与管理的信息化已经逐步展示出潜力。一方面，通过超级工程的信息化，可以显著提高工程建设的工作效率和工程质量，并降低建设成本；另一方面，信息化技术在超级工程设计和建设过程中的全方位融合，可以帮助实现更加宏大和复杂的超级工程。

例如，在超级工程的设计阶段，可以采用可视化、虚拟现实仿真等高级计算机技术，对超级工程的设计全过程进行可视化与虚拟现实仿真，这样可以大大降低超级工程建造的风险，同时，通过设计过程的可视化，可以使超级工程的论证更充分，使得拟建造的超级工程具有非常高的技术水平。超级工程设计全过程的可视化与虚拟现实仿真技术的应用，改变了传统超级工程的决策模式与评价方式，降低了超级工程的决策风险；同时，设计可视化与现实仿真技术改变了超级工程的投资模式，工程前端设计的大规模资金投入要求改变了超级工程的融资模式，并且催生了新的技术形态与产业模式。

此外，在超级工程的建造阶段，也可以使用新型实时仿真与监控技术，通过对建造过程的实时仿真和监控，可以实时了解超级工程建造的进展，对存在的风险进行预判分析，加强在建造过程中的管理水平。上海中心大厦为中国首座在建筑全生命周期中应用建筑信息模型（BIM）技术，利用 BIM 技术实现了复杂形态外幕墙参数化设计、异形空间密集管线综合、三维辅助出图、钢结构深化对接、幕墙深化对接、3D 打印等应用，有效推进了此高难度项目的进程，提高了设计质量，保证了施工有效对接，成功减少返工率 80%，节省投资

3 亿元人民币。

新兴科学技术对超级工程的影响更加显著，新一代信息技术的发展非常迅速，大数据、云计算、物联网和信息技术的深度应用使得超级工程的设计、规划、建设、运行和管理都更加高效和精准；新材料、3D 打印等技术为超级工程的实现提供了基础支撑；光伏、风电、生物质能等新能源技术可以进一步从建设资源和成本方面为国家开展超级工程提供保障。

8.2.5　超级工程材料的发展日趋活跃

从超级工程的历史发展可以看出，超级工程领域的每一次飞跃，都离不开工程材料的变革。工程材料的变革和进步，通常会使超级工程出现质的变化。例如，从古代超级工程中通常使用的土、木、石等传统材料，到近现代超级工程中开始使用的钢材、混凝土、轻质合金，土木工程、水利工程、交通运输工程等领域的超级工程已经实现了质的飞跃。当前，超级工程的发展对于能够大量使用的、具有极高稳定性能的、符合环保要求的全新工程材料提出了更多的需求，使得当前超级工程材料的发展日趋活跃。

8.2.6　工程技术的集成共生态

超级工程以工程规模的浩大性、工程难度的艰巨性和工程影响的持久性，决定了超级工程在技术选择中呈现多样技术的集成与传统技术的继承，体现出了异质性技术、同质性技术的相互耦合的特点。在这种继承与集成过程中，超级工程体现出对传统工程技术的继承与放弃，对新工程技术的使用与创新，由此超级工程表现出的工程形态不是单独的某一领域工程技术的最新使用，而更加注重在工程背景下对多样技术的集中整合，形成异质性技术与同质性技术的相互耦合，以新的集成方式与手段形成工程技术共生态。

8.2.7　行业技术与工程技术的颠覆性创新

工程的行业背景与工程的技术属性在超级工程中表现出某一具体行业下工程技术的集成创新与新工程下新技术的传承创新。由此，超级工程既以继承的方式进一步凝练在新的历史条件下技术的长久生命力，又以新的历史眼光选择新技术的采用与对传统技术的放弃。超级工程在行业中的里程碑式意义就表现在对技术的颠覆创新上，从而形成对新技术推广的拉力与对旧技术削弱的推力。

对中国来说，以超级工程带动科技创新，是一种具有鲜明特色的科技创新方法和路径。超级工程，从设计到施工，往往极其复杂，技术挑战巨大。自己不掌握的技术，不可能都靠引进、购买，关键核心技术更是要不来、买不来、讨不来的。只有通过建设重大工程，带动协同创新，攻克技术难关，从而掌握核心技术，才能加快"科技树"攀升进度，掌握创新和发展的主动权。这种"颠覆式创新"，在中国的超级工程建设史上获得一次又一次成功实践。比如三峡工程，建设之前，中国只能设计制造 30 万 kW 的水轮发电机组，在工程建设中，通过科技攻关，在较短时间内实现了水利水电重大装备和关键材料的技术自主能力；在青藏铁路建设过程中，曾面对多年冻土、高寒缺氧、生态脆弱这"三大世界性难题"，而这一铁路的最终建成，创造了世界铁路建设史上的奇迹，使中国在相关技术领域跻身国际先进行列；港珠澳大桥，取得了包括海底深埋隧道在内的一系列技术突破。

从桥梁、大坝、隧道，到航天、探月、深海探测，上天入地，跨江跨海，这一系列超级工程，一系列新空间探索，都是科技创新突破的推动器，更是展现中国想象力、创造力的广阔舞台。

8.2.8 科学技术化—技术科学化—工程产业化的未来导向

超级工程从科学意义上表现为人类对科学规律把握能力的进一步增强，从技术层面表现出对科学规律的现实化呈现，从工程层面表现出对行业工程的时代标识，以工程开启新产业。由此，超级工程下对科学发现、技术发明与工程创造的综合作用表现出对工程问题的科学化表达，对工程技术的继承式颠覆，以及对工程领域的产业化推广，构建起科学—技术—工程—产业的全路径方式，从而加速工程以生产力形式推动人类社会的向前发展。

8.2.9 科学—技术—工程—管理—教育的螺旋网状结构

超级工程从传统科学规律、技术发明与工程实践中集成融合形成独特的工程管理与具体的工程教育，体现了全生命周期的工程观。在当下，超级工程不仅是一项具体的工程案例，更表现出传统工程所不具备的管理创新与行业教育功能。每一项超级工程的背后，带动的是整个行业管理思维与管理模式的革新，引领的是新的工程教育方式与人才培养方式的创新。由此，超级工程的社会效用将更加凸显行业中管理与教育的全新变革。

8.3　推动社会进步

在不同的历史阶段，超级工程的建设目标是不一样的。新的时期，超级工程更关注当前社会的需求，与社会的政治、经济、文化密切相关，更关注生态环保、社会公平和可持续发展等新的发展理念。超级工程的实施过程中，从劳动资源密集型模式转为科技密集型模式。

8.3.1　能源结构调整与工程实践对超级工程的影响

从科技发展历史来看，能源结构变化是最深刻的科技变化。面向未来供能的持续化、能源结构的多元化和能源类型的绿色化，超级工程建设凸显三种发展趋势：一是多元能源消耗聚集体，进一步转变传统单一能源依赖，逐步向多种能源运用转变；二是集供能与消耗于一体的工程建设，不断降低能源消耗，导向能量平衡；三是能源持续绿色发展态势明显，降低能源消耗后的环境承载。

8.3.2　经济发展模式与工程投资对超级工程的影响

面向国家经济高质量发展，超级工程导向综合化、功能化与长久性。由此，经济发展的低速度与高质量内涵发展，要求超级工程投资更加有效、设计更加长远、功能更加多元、结构更加简单。超级工程在未来建设中，表现出功能导向与未来可变的综合体，从而转变传统工程难以变化、不易改造的工程模式。

8.3.3　文化发展形态与工程建构对超级工程的影响

从工程建设过程来看，工程建设取决于科技发展下材料的应用与文明的理解。农耕文明下的工程以土木建设为主，工业文明下以钢筋混凝土和玻璃使用为主。面向未来人类对更轻、更强、更易塑性的功能材料的需求，表现为未来工程建设体现人类对现代文明的理解，这种理解体现出工程更富智能化、更加可变化。由此，未来工程建构体现人与工程的互动关系，解决当前工程建设需求与未来改进的工程弹性问题。灵活、智慧是未来工程最明显的特征。

8.4　注重经济价值

"经济价值"是指任何事物对于人和社会在经济上的意义，经济学上所说的"商品价值"及其规律则是实现经济价值的现实必然形式。经济价值是经济行为体从产品和服务中获得利益的衡量标准。超级工程的回报与收益虽然因为其投资规模大，建设周期长而不得不"延后"，但只有做到持续运营，实现良性的资金回报才是超级工程能够持续存在并布局建设的重中之重。单纯依靠政府投资、维护，会导致工程丧失活力，这不是长久之计。英国的千禧巨蛋工程，就是因为后期经营不善，导致其频繁易主，无法达到收支平衡，不但没有成为工程典范，反倒变成"烫手山芋"，沦为英国不同政党相互攻击的手段。因此，超级工程在筹划与设计之初，必须充分考虑到工程未来的持续运营能力，找到创造经济价值的方法和途径。另外，如果超级工程能够持续稳定地运营，必定会带动当地周边的经济发展，产生持续效应，创造更高的社会效益。

8.4.1 提高效率

超级工程的建设往往需要投入大量的人力、物力和财力，因此提高效率是实现经济价值的重要手段。在未来的建设中，需采用先进的工程技术和管理方法，提高工程建设的速度和质量。例如，通过数字化设计和预制构件的生产，可以大幅缩短工程建设的时间和成本。同时，采用智能化的施工设备和机器人技术，可以提高施工的精度和效率，减少人力成本和误差。

超级工程未来建设注重提高效率的原因是多方面的。首先，提高效率可以降低工程建设的成本和时间，从而减少人力、物力和财力的浪费。这不仅可以提高超级工程的经济效益，还可以为投资者和建设者带来更多的利润和收益。其次，提高效率可以促进超级工程建设的创新和发展。通过采用清洁能源、节能技术和智能化的施工设备，可以降低工程建设对环境的影响，提高工程建设的环保性和可持续性。

通过提高效率，可以降低成本、缩短时间、促进创新和发展、提高质量和可靠性、增强可持续性和环保性。因此，在未来的超级工程建设中，应该采取各种有效的措施和方法，不断提高工程建设的效率和效益，为推动超级工程的可持续发展做出更大的贡献。

8.4.2 降低成本

降低成本是实现经济价值的另一种重要手段。在未来的超级工程建设中，需注重采用低成本的技术和材料，同时优化设计方案，减少浪费。例如，通过采用可再生能源和节能技术，可以降低能源成本和环境污染。同时，采用新型的材料

济损失和人员伤亡，还会对社会稳定和国家形象造成不良影响。通过加强风险管理，可以及时发现和解决工程建设中存在的潜在问题和缺陷，提高工程建设的可靠性和稳定性，减少后期维护和更换的费用。

再次，风险管理可以保障超级工程建设的社会效益和环境效益。工程建设往往会对环境和社会造成一定的影响，例如破坏生态环境、影响当地居民的生活和工作等。通过加强风险管理，可以预测和评估工程建设对环境和社会的影响，采取相应的措施来减少和缓解这些影响，保护工程建设的社会效益和环境效益。

最后，风险管理可以促进超级工程建设的可持续发展。可持续发展是当今社会的重要趋势和目标，工程建设作为社会发展的重要领域之一，也应该贯彻可持续发展的理念。通过加强风险管理，可以促进工程建设的可持续性和环保性，提高工程建设的市场竞争力，为推动超级工程的可持续发展做出更大的贡献。

通过降低风险和不确定性、提高可靠性和稳定性、保护社会效益和环境效益、促进可持续发展等措施和方法，可以更好地应对未来工程建设中的各种风险和挑战，为推动超级工程的可持续发展做出更大的贡献。

8.4.5 注重环境保护

超级工程建设不仅要考虑短期的经济效益，还要考虑长期的可持续发展。未来的工程建设将更加注重环境保护和资源利用的可持续性，推动可持续发展是实现经济价值的重要方向之一。

可持续发展是当今社会的重要趋势和目标，它强调在满足当代人需求的同时，不损害未来世代的需求和权益。因此，推动可持续发展是超级工程建设的必然选择。随着社会对可持续发展和环保要求的不断提高，投资者和消费者更加注重工程建设的可持续性和环保性。如果超级工程建设能够贯彻可持续发展的理念，采用环保、节能、低碳等技术，就可以提高其市场竞争力，吸引更多的投资者和消费者。工程建设往往会对环境造成一定的影响和破坏，而采用可持续发展的理念和技术可以减少对环境的破坏和污染。例如，采用清洁能源、节能技术可以降低能源消耗和环境污染，同时减少对自然资源的开采和破坏。这些措施可以保护环境和生态的平衡，为未来的可持续发展留下更好的基础。

通过保护环境和生态，可以更好地推动超级工程的可持续发展，为人类社会的未来做出更大的贡献。

8.5 重点建设领域

未来超级工程建设可能关注的重点领域包括以下领域。

（1）能源领域：随着人类对能源需求的不断增加，能源领域的发展是一个重点。未来，超级工程建设需加大利用清洁能源，如太阳能、风能、核能等。同时，对于传统的石油、天然气和煤炭等能源，也需采用更高效、更环保的利用方式。

（2）智能制造领域：随着科技的发展，智能制造将成为未来超级工程的一个重要方向。通过引入人工智能、机器人等技术，可以提高超级工程建设效率和质量，同时也可以降低生产成本和资源消耗。

（3）基础设施建设领域：随着全球人口的增长和城市化进程的加速，基础设施短缺的问题日益突出。未来需继续加强基础设施建设，包括交通运输、水利、电力、通信等方面。

（4）科技创新领域：科技创新是推动超级工程未来建设的重要驱动力。未来需继续加强科技创新，包括人工智能、机器人、新材料、生物技术等方面，以推动超级工程的建设和发展。

（5）环保领域：随着人们对环境保护的重视，未来超级工程建设也将更加注重环保。需采取更环保的材料和技术，以减少对环境的影响，同时也会更加注重资源的回收和再利用。

8.5.1 能源领域

超级工程未来在能源领域建设的重点包括清洁能源的开发和利用、能源储存技术的开发、智能电网的建设、核能技术的开发和节能减排等方面。

（1）清洁能源：随着环保意识的提高，清洁能源的开发和利用将成为未来能源领域的重点。包括太阳能、风能、水能、地热能等清洁能源的开发和利用将成为超级工程建设的重点。同时，对于传统能源的利用方式，也需要开发更环保、更高效的技术。

（2）能源储存：随着可再生能源的开发和利用，能源储存技术也将成为未来能源领域的重点。通过开发高效的能源储存技术，可以解决可再生能源不稳定的问题，提高能源利用效率。

（3）智能电网：智能电网是未来能源领域的一个重要方向，通过引入人工智能、物联网等技术，可以实现对能源的高效管理和利用，提高能源利用效率。

（4）核能技术：核能作为一种高效、清洁的能源，在未来能源领域仍将发挥重要作用。开发更安全、更高效的核能技术将成为未来超级工程建设的重点。

（5）节能减排：在传统能源的利用上，节能减排将是未来超级工程建设的重点。通过开发更高效的能源利用技术，可以减少能源浪费和环境污染。

8.5.2　智能制造领域

超级工程未来在智能制造领域建设的重点包括智能工厂、智能设备、智能供应链、智能质量管理系统和工业互联网等方面。这些领域的发展将有助于推动制造业的转型升级。同时，这些领域的建设也将促进科技创新和人才培养，为超级工程未来的发展提供强有力的支撑。

（1）超级智能工厂：智能工厂是智能制造的核心，包括工厂自动化、数字化、智能化等方面。未来，需通过引入物联网、大数据、人工智能等技术，实现工厂的智能化升级，提高生产效率和质量。

（2）智能设备：智能设备是智能制造的基础，包括智能机器人、智能机床、智能物流设备等。未来，需加强智能设备的研发和应用，提高设备的自动化和智能化水平，减少人工干预和资源浪费。另外，需通过引入人工智能、大数据等技术，实现质量管理的智能化升级，提高产品质量和生产效率。

（3）工业互联网：工业互联网是智能制造的重要平台，可以实现设备之间、设备与系统之间、系统与系统之间的互联互通。未来，需加强工业互联网的研发和应用，实现工业生产的数字化和智能化。

8.5.3　基础设施建设领域

超级工程未来在基础设施建设领域建设的重点包括交通基础设施、水利基础设施、信息基础设施和城市基础设施等方面。这些领域的发展将有助于提高基础设施的覆盖率和品质，为经济发展提供更加完善的基础设施保障，促进经济社会的可持续发展。同时，这些领域的建设也将带动相关产业的发展和就业机会的增加，为经济增长和社会稳定做出重要的贡献。

（1）交通基础设施：交通基础设施是经济发展的重要支撑，包括高速公路、铁路、航空、水运等方面。未来，需继续加强交通基础设施的建设，提高交通网络的覆盖率和通达性，为经济发展提供更加便捷的交通条件。

（2）水利基础设施：水利基础设施是保障人民生命财产安全的重要设施，包括水库、堤防、灌溉等方面。未来，需加强水利基础设施的建设，提高防洪抗旱的能力，为保障人民生命财产安全提供更加可靠的保障。

（3）信息基础设施：信息基础设施是经济发展的重要基础，包括互联网、物联网、云计算等方面。未来，需加强信息基础设施的建设，提高信息网络的覆盖率和速度，为经济发展提供更加便捷的信息服务。

（4）城市基础设施：城市基础设施是城市发展的重要保障，包括城市道路、桥梁、隧道、公共交通等方面。未来，需加强城市基础设施的建设，提高城市的服务水平和品质，为城市发展提供更加完善的设施保障。

8.5.4 航空航天领域

超级工程未来在航空航天领域建设重点包括重型运载火箭工程实施、低成本运载火箭、新型上面级、天地往返可重复使用运输系统，以及卫星遥感、卫星通信广播、卫星导航定位三大系统的提升和建设。这些领域的发展将有助于推动科技创新，提高科技实力和国际竞争力。例如，中国空间站是中国政府正在建设的超级工程，该工程一旦成功，一定会成为中国航天事业重要的里程碑。此外，提升卫星系统水平和基础产品能力，构建形成卫星遥感、卫星通信广播、卫星导航定位三大系统。按照一星多用、多星组网、多网协同的发展思路，发展陆地观测、海洋观测、大气观测系列，研制发射高分辨率多模式光学观测、L 波段差分干涉合成孔径雷达等卫星，逐步形成高、中、低空间分辨率合理配置，多种观测手段优化组合的综合高效全球观测和数据获取能力。这些工程不仅体现了最先进的技术水平或重大的原创性突破，能够引领未来技术进步方向，而且通过技术整合、系统集成、资源优化配置等方式达成了整体目标，呈现出显著的系统集成创新特色。此外，这些工程还催生新产业、新动能，具有重要的产业带动和经济驱动价值，代表新质生产力发展方向。

超级工程在航空航天领域的未来建设将进一步推动人类对太空的探索和利用，加快构建人类命运共同体。

8.5.5 环境保护领域

超级工程未来在环境保护领域建设的重点包括生态环境保护、资源高效利用、绿色低碳发展等方面。这些领域的发展将有助于实现可持续发展的目标，促进经济、社会和环境的协调发展。同时，这些领域的建设也将为超级工程赢得更广泛的社会认可和支持，提升其可持续发展的形象和影响力。

（1）生态环境保护：超级工程未来建设应注重保护生态环境，采取更加环保和可持续的措施，减少对自然资源的开采和破坏，保护生物多样性，促进生态环境的恢复和保护。

（2）资源高效利用：超级工程未来建设应注重资源的高效利用，包括能源、水资源、土地资源等。通过采用高效的资源利用技术和管理模式，提高资源利用效率，减少浪费和污染，实现资源的可持续利用和发展。

（3）绿色低碳发展：超级工程未来建设应注重绿色低碳发展，采用清洁能源和节能技术，减少碳排放和能源消耗。同时，应注重发展循环经济，推动废弃物的减量化、资源化和无害化处理，实现经济社会的可持续发展。

参考文献

[1] 姚星旭. 英吉利海峡隧道项目管理分析与启示. 中国建设信息化, 2021(8): 66, 67.

[2] 郭振英. 三峡工程建设运行效益的研究及评价. 长江技术经济, 2019, 3(4): 4−9.

[3] Flyvbjerg B, Priemus H, Wee B. Decision−Making on Mega−Projects: Cost−Benefit Analysis, Planning and Innovation. Cheltenham and Camberley, Northampton: Edward Elgar Publishing, 2008.

[4] Sergeeva N, Zanello C. Championing and promoting innovation in UK megaprojects. International Journal of Project Management, 2018, 36: 1068−1081.

[5] Davies A, Mackenzie I. Project complexity and systems integration: Constructing the London 2012 Olympics and Paralympics Games. International Journal of Project Management, 2014, 32: 773−790.

[6] Altshuler A, Luberoff D. Mega−Projects: The Changing Politics of Urban Public Investment. Washington, D. C.: Brookings Institution Press, 2003.

[7] 朱毅麟. "国际空间站" 建造十年经验初探. 航天器工程, 2010(1): 50−59.

[8] 王民寿. 世界第一流地下厂房的机械化施工——访加纪实之三. 四川水力发电, 1994(3): 74−79.

[9] 孙铭伟. 抽水蓄能电站建设项目设计管理研究. 工程技术研究, 2023, 5(1): 100−102.

[10] 杨明清, 杨一鹏, 卞玮, 等. 俄罗斯超深井钻井进展及技术进步. 石油钻采工艺, 2021, 43(1): 15−20.

[11] 田莉, 金航, 马宗诚. 前苏联载人航天活动（一）. 北京: 中国空间技术研究院, 1993.

[12] 田莉, 金航, 马宗诚. 前苏联载人航天活动（二）. 北京: 中国空间技术研究院, 1995.

[13] Pietrosemoli L, Rodríguez Monroy C. The impact of sustainable construction and knowledge management on sustainability goals. A review of the Venezuelan renewable energy sector. Renewable & Sustainable Energy Reviews, 2013, 27(7): 683−691.

[14] 谢佐慰. 苏联 "卫星号" 运载火箭. 中国航天, 1984(1): 8.

[15] 邵超峰, 国内外生态港口建设现状分析及启示. 中国港湾建设, 2012(1): 68−73.

[16] 子喻. 图 −160 轰炸机. 百科探秘（航空航天）, 2018(11): 12, 13.

[17] 东冬. GE90 以新求胜. 航空知识, 1997(1): 30, 31.

[18] 徐晨华. 美国 MQ-9 无人机的新发展与技术性能. 飞航导弹, 2018(7): 48−53, 66.

[19] 舰船知识杂志社. 二战后苏俄潜艇全记录. 舰船知识, 2006(增刊): 50−55.

[20] 陈伟. 丰田 VS 本田: 机器人对决. 东方企业家, 2008, 2: 18, 19.

[21] 覃唐. 克莱斯勒为何重蹈险境. 中国新时代, 2006(12): 50−52.

[22] 胡玉银. 超高层建筑的起源、发展与未来（二）. 建筑施工, 2006(12): 1020−1022, 1025.

[23] 帝国大厦——景观导览. 地图, 2016(5): 14, 15.

[24] 张志会. 世界经典大坝——美国胡佛大坝概览. 中国三峡, 2012(1): 2, 69−78.

[25] 小戴维·P. 比林顿, 计宏亮, 等. 美国的造坝运动. 21 世纪商业评论, 2022(7): 80−85.

[26] 欧阳琪, 张远东. 加利福尼亚州水资源调配工程. 南水北调与水利科技, 2006(6): 1−12.

[27] van der Zee J. The True Story of the Design and Construction of the Golden Gate Bridge. New York: Simon Schuster, 1986: 199, 200.

[28] Ludks R. Structural engineers and architects of the Golden Gate Bridge: The real story: Part l. Structure Magazine, 2012(6): 14–17.

[29] Group A O & G. AP Moeller–Maersk to utilize the oil tanker knock nevis as an oil storage facility at the al shaheen field. Arab Oil & Gas, 2004(789): 33.

[30] 伍赛特. 航空母舰核动力系统技术特点研究及未来发展趋势展望. 机电信息, 2020(18): 147，148.

[31] 石稼. 走近新一代海上"巨无霸"美军"福特"号航空母舰. 黄埔, 2021(3): 41–46.

[32] 潘光. 世界航母之最. 人才资源开发, 2014(11): 85.

[33] 魏光华, 肖红媛, 朱晓华. 中国首艘 LNG 运输船岸站试气及消耗气量计算. 化工学报, 2009, 60(S1): 110–117.

[34] 张玉梅. 多元视角下邮轮旅游的社会价值分析. 中国水运, 2021(5): 39–42.

[35] 袁红良, 陈晓莹, 严孝钦. 24000TEU 级超大型集装箱船快速性优化设计. 上海船舶运输科学研究所学报, 2022, 45(5): 9–14.

[36] 周鼎. 奇迹是如何诞生的圣保罗大教堂: 诞生于谎言的奇迹. 家族企业, 2020(10): 19–21.

[37] 马月兰. 圣保罗大教堂的"雷恩风格". 世界文化, 2005(12): 19，20.

[38] 詹姆斯·W·P·坎贝尔, 潘一婷. 英国圣保罗大教堂重建时期石材采运研究 (1675–1710 年). 中国名城, 2020(4): 51–65.

[39] 新华网. 英白金汉宫要大修! 历时 10 年花 3. 69 亿英镑. (2016–11–20) [2023–09–19]. http://www.xinhuanet.com/world/2016–11/20/c_129371017.htm.

[40] 李涛. 白金汉宫主人——一个政治摆设的意义. 领导文萃, 2008(19): 90–93.

[41] 刘阳. 圆明园的故事. 北京: 故宫出版社, 2017.

[42] 何瑜. 圆明园始建之年考辨. 清史研究, 2020, 120(4): 146–156.

[43] 亨利·福特. 福特与汽车革命. 支点, 2022,(8): 72–79.

[44] 阚四进. 法国爱丽舍宫的参谋辅助体制. 秘书工作, 2020(10): 78，79.

[45] 张林初. 漫步法国总统府. 世界文化, 2009(10): 32，33.

[46] Aysha B. Centuries of exploitation in the Coalfields of Appalachia. NEW SOLUTIONS: A Journal of Environmental and Occupational Health Policy, 2022, 31(4): 104829112110554.

[47] Fones–Wolf K. Coalfield Jews: An Appalachian History by Deborah R. Weiner (review). Ohio Valley History, 2015, 7(1).

[48] 谢小琴. 大英博物馆: 一个帝国文化空间的建构 (1800–1857). 南京: 南京大学, 2011.

[49] 穆瑞凤. 大英博物馆概览. 中国美术馆, 2017(5): 105–111.

[50] 大英博物馆世界自然保护和展览中心博物馆扩建. 城市环境设计, 2013(Z1): 152–157.

[51] 刘洋. 当代博物馆展示设计研究. 南宁: 广西艺术学院, 2018.

[52] 谢小琴, 洪霞. 现代性视角下的大英博物馆. 英国研究, 2010: 245–264.

[53] 杨光. 大英博物馆. 中国文化遗产, 2006(2): 79.

[54] 李慧秋, 杨慧. 圣彼得堡城市建筑对我国城市建筑的启示. 现代交际, 2019(8): 38, 39.

[55] 毕洛春. 俄罗斯冬宫. 上海房地, 2015(5): 56.

[56] 钟夏. 历史建筑的保护性改造和扩建——以俄罗斯圣彼得堡为例. 中外建筑, 2014(5): 37–39.

[57] 吴妍, 马建章. 历史文化名城圣彼得堡城市特色与保护经验研究. 城市发展研究, 2012, 19(7): 151–155.

[58] 雨涛, 王涛, 李维立. 俄罗斯散记之四——圣彼得堡冬宫. 中外建筑, 2011(12): 24–29.

[59] 未央. 辉煌冬宫. 上海文博论丛, 2010(3): 14–19.

[60] 侯贺良, 橄榄. 凝目灿烂的冬宫. 走向世界, 2010(19): 78–83.

[61] 孙辰文. 国立埃尔米塔日博物馆（冬宫）的建筑与收藏. 俄罗斯中亚东欧市场, 2005(12): 43–53.

[62] 张海峰. 冬宫与爱尔米塔什. 紫禁城, 2005(1): 152–165.

[63] 戈蒂娜. 新古典主义建筑在中国和西方. 华中建筑, 2005(5): 40–42.

[64] 苑金生. 法国巴黎凯旋门及"马赛曲"石雕艺术欣赏. 石材, 2003(6): 46, 47.

[65] 邢世嘉. 拿破仑与凯旋门. (2008–01–03)[2022–05–12]. https://www.gmw.cn/01gmrb/2008–01/03/content_718321.htm.

[66] 杨婷. 旅游文化传播与旅游经济发展. 鄂州大学学报, 2022, 29(1): 48, 49.

[67] 姜林炜, 周俊, 刘威. 人造大理石概述. 江西化工, 2017(6): 264, 265.

[68] 史春林, 李秀英. 苏伊士运河与航运安全——兼论中国的通航对策. 太平洋学报, 2014, 22(10): 79–90.

[69] 李杰. 世界航道的"十字路口"——苏伊士运河. 现代军事, 2000(6): 54.

[70] 张思, 魏一珍. 19世纪中叶法国凿通苏伊士运河原因刍议. 运河学研究, 2021(2): 169–178.

[71] 于红. 从苏伊士运河的开凿看英法对埃及的掠夺. 辽宁大学学报(哲学社会科学版), 1999(5): 49–52.

[72] 吴金甲, 乔英. 苏伊士运河的地缘政治学分析. 运河学研究, 2021(2): 179–189.

[73] 王明中. 巴拿马运河. 北京: 商务印书馆, 1975.

[74] 汪鑫波, 徐剑华. 巴拿马运河的苦难与光荣. 海贸周刊, 2021, 42: 20–28.

[75] 曹廷. 百年巴拿马运河. 世界知识, 2017, 16: 63–65.

[76] 陈蕴真, 江恩慧, 李军华. 治黄系统工程的形成、演化和未来. 人民黄河, 2022, 44(2): 58–64, 70.

[77] 陈方舟, 王瑞芳. 20世纪以来治黄方略与流域管理体系演变关系研究. 人民黄河, 2022, 44(5): 61–66.

[78] 陶大伟, 殷卫国, 胡星. 浅析治淮工程建设发展趋势. 治淮, 2012(12): 63, 64.

[79] 肖幼. 治淮70年的历程和主要经验. 中国新闻网, (2020–11–21)[2023–09–28]. https://www.chinanews.com/gn/2020/11–21/9344020.shtml.

[80] 郭书林, 王瑞芳. 从治标到治本: 新中国成立初期的黄河治理. 兰州学刊, 2017(3): 60–68.

[81] 谢守祥. 治黄史上一次伟大而成功的实践——记三门峡水利工程的兴建与运用. 中国三峡建设, 1996(8): 30, 31.

[82] 董保华, 刘晓燕. 人民治黄50年科技工作回顾与展望. 人民黄河, 1996(4): 1–4, 15.

[83] Lorenzon A S, Ribeiro C A A S, Dos Santos A R, et al. A new methodology for royalties distribution of the Itaipu hydroelectric plant: The hydrographic basin as the unit of analysis. Journal of Environmental Management, 2018, 217: 710–717.

[84] 周倩. 百年流水线的前世今生. 中国工业和信息, 2018(12): 76–85.

[85] 贾红谱. 汽车史上的第一之世界上第一条汽车装配流水线. 汽车纵横, 2012(6): 138, 139.

[86] Encyclopedia Titanica. The Olympic–Class Ships: Olympic, Titanic, Britannic. Mark Chirnside: The History Press, 2004.

[87] 大卫 E·奈诺, 阿细. 福特的流水线革命. 二十一世纪商业评论, 2017(12): 82–87.

[88] 林涵. 从美国汽车行业的起步与发展看美利坚民族的原始创新思维模式——以美国福特汽车公司为例. 科教导刊(上旬刊), 2010(13): 240, 241.

[89] 西翼. 改变世界的客机波音747的兴衰迭起. 航空世界, 2021(12): 17–22.

[90] Rehbock–Sander M, Wieland G, Jesel T. Advance probing measures on the TBM drives of the south contracts of the Gotthard Base Tunnel–experience and implications for other projects/Vorauserkundungsmaßnahmen bei den TBM–Vortrieben der Südlose des Gotthard–Basistunnels–Erfahrungen und Folgerungen für andere Projekte. Geomechanics and Tunnelling, 2014, 7(5): 551–561.

[91] 何开辉, 罗德隆, 王敏, 等. ITER计划国际大科学工程工作进展. 中国核电, 2020, 6(13): 736–740.

[92] 高杰. 高能粒子对撞机加速器物理与设计. 上海: 上海交通大学出版社, 2020.

[93] 杨俊哲. 神东矿区井上井下生态环境综合治理技术. 煤炭科学技术, 2020(9): 56-65.

[94] Johnson H D, Stewart D J. Role of clastic sedimentology in the exploration and production of oil and gas in the North Sea. Geological Society London Special Publications, 1985, 18(1): 249-310.

[95] 中国农机工业协会风能设备分会. 世界上几个大型风电场简况. 风能产业, 2014(3): 82.

[96] 毛宏宇. 固定式基础海上风机的工业应用. 中国海洋平台, 2015, 30(2): 96-100.

[97] 林玉鑫, 张京业. 海上风电的发展现状与前景展望. 分布式能源, 2023, 8(2): 1-10.

[98] 肖玉珍. 青海海南:"碳"寻清洁能源的绿色发展密码. 新能源科技, 2022(12): 8-10.

[99] 崔娜. 韩国核电"走出去"的经验与启示. 中国核工业, 2014(7): 52-55.

[100] 姚家祥. 法国格拉沃利讷核电站的安全防护. 劳动保护, 1986(4): 20, 21.

[101] 彭旭峰. 西部大庆崛起——写在长庆油田年油气当量跃上 5000 万吨之际. 中国石油企业, 2013(12): 20-24.

[102] 蒋吕一. 新加坡港港口发展及政策研究. 上海: 上海师范大学, 2015.

[103] 杨旸. 港口空间布局与土地集约利用规划. 天津: 天津大学, 2014.

[104] 郑直. 新加坡加快港口建设. 海洋信息, 1994(7): 10.

[105] 罗本成. 新加坡智慧港口建设实践与经验启示. 港口科技, 2019(7): 1-3, 17.

[106] 姚泽山. 新加坡港运集团有限公司发展战略建议. 上海: 上海交通大学, 2017.

[107] 刘晓琴. 新加坡港——绿色智慧港口探索实践. 海运纵览, 2017(12): 20-22.

[108] 陈秋杰. 西伯利亚大铁路修建及其影响研究 (1917 年前). 长春: 东北师范大学, 2011.

[109] 陈秋杰. 西伯利亚大铁路建设方案述评. 西伯利亚研究, 2012, 39(3): 69-76.

[110] 陈秋杰. 西伯利亚大铁路修建中的主要问题及应对措施. 西伯利亚研究, 2012, 39(1): 47-52.

[111] 马蔚云. 俄国的远东政策与西伯利亚大铁路的修筑. 俄罗斯学刊, 2012, 2(1): 73-82.

[112] 陈秋杰. 西伯利亚大铁路对俄国东部地区开发的意义. 西伯利亚研究, 2011, 38(2): 69-75.

[113] 程国栋. 青藏铁路工程与多年冻土相互作用及环境效应. 中国科学院院刊, 2002, 17(1): 21-25.

[114] 冈田宏. 日本新干线的现状和未来的发展. 中国铁道科学, 2002(2): 21-25.

[115] 吴国栋, 李碧波. 法国 TGV 的发展历史和技术特点. 国外铁道车辆, 2007, 44(1): 1-4.

[116] 齐鹏. 神舟五号——中国航天科技的骄傲——神五飞船技术探析. 机械工业信息与网络, 2003(3): 6, 7.

[117] 佚名. 神舟十四号载人飞船将创多个"首次" 任务期间完成天宫空间站建造. 中国军转民, 2022(12): 6, 7.

[118] 罗福午. 埃菲尔铁塔的结构特色. 建筑技术, 2001, 32(8): 550, 551.

[119] 盛勇, 陈艾荣. 从埃菲尔铁塔看结构艺术的表现. 结构工程师, 2005, 21(1): 1-5.

[120] 张付宾, 李辉. 北京市大兴国际机场线高架区间总体设计. 铁道标准设计, 2020, 64(4): 83-88.

[121] 刘晓庆. 空客 A380 项目经济性研究. 大飞机, 2017(4): 52-55.

[122] 罗丹. 最大的火箭"土星五号". 国外科技动态, 2003(8): 1.

[123] 刘少才. 巴黎歌剧院: 剧场建筑的精品. 上海房地. 2013(8): 58.

[124] 李荣. 巴黎歌剧院的建筑艺术. 艺术科技. 1994(4): 31.

[125] 向世海. 从巴黎歌剧院的成功经验试论中国国家大剧院的经营管理. 北京: 中国艺术研究院, 2005.

[126] Hornblower M. Heresy or homage in Barcelona. Time, 1991, 137(4): 92.

[127] 梁立新. 国家风光储输示范工程之最. 华北电业, 2018(11): 54, 55.

[128] 赵西安. 世界最高建筑迪拜哈利法塔结构设计和施工. 建筑技术, 2010, 41(7): 625-629.

[129] 夏林, 钱大勋, 罗武, 等. 上海中心大厦. 智能建筑电气技术, 2020, 14(4): 9-13.

[130] 阿斯旺坝——世界上透水地基最深的土石坝. 河北水利, 2020(1): 27.

[131] 张乃丽. 日本核电力资源开发的特点及问题. 现代日本经济, 2007(4): 5.

[132] 杨昊林, 刘霞光, 汪捷. 日本沸水堆核电站建造技术分析. 商品与质量, 2016(8): 207.

[133] Cantrell D L, Hagerty R M. Reservoir rock classification, Arab-D reservoir, Ghawar field, Saudi Arabia. GeoArabia, 2003, 8 (3): 435-462.

[134] 王凤山, 田荃, 王思淇, 等. 大庆油田分层注水工艺技术现状与发展趋势. 采油工程, 2022(3): 1-6, 95.

[135] Jones P. Ove Arup: Masterbuilder of the Twentieth Century. New Heaven: Yale University Press, 2006.

[136] 郭巍, 侯晓蕾. 荷兰三角洲地区防洪的弹性策略分析. 风景园林, 2016(1): 34-38.

[137] 韩·梅尔, 周静, 彭晖. 荷兰三角洲: 寻找城市规划和水利工程新的融合. 国际城市规划, 2009, 24(2): 4-13.

[138] Pawley S, 杨永辉, 杨艳敏, 等. 雪山工程——水力发电与跨流域调水综合工程. 南水北调与水利科技, 2007, 5(2): 97-100.

[139] 张力威, 徐子恺, 郭鹏, 等. 澳大利亚雪山工程水质安全与运营管理经验及思考. 南水北调与水利科技, 2007, 5(2): 94-96.

[140] 徐元明. 国外跨流域调水工程建设与管理综述. 人民长江, 1997, 28(3): 11-13.

[141] 魏昌林. 澳大利亚雪山调水工程. 世界农业, 2001, 11: 29-31.

[142] 田君芮, 丁继勇, 万雪纯. 国内外重大跨流域调水工程管理模式研究. 工程建设与管理, 2022, 6: 49-52.

[143] 陆海明, 邹鹰, 丰华丽. 国内外典型引调水工程生态环境影响分析及启示. 水利规划与设计, 2018, 12: 88-92.

[144] 庞中鹏. 试析日本重视发展核能的深层原因及其面临的挑战. 当代世界, 2017(8): 4.

[145] 潘蓉. 日本柏崎·刘羽核电厂新潟地震震害经验. 核安全, 2008(1): 4.

[146] 刘乙竹. 日本近期核能发展研究分析. 全球科技经济瞭望, 2020, 35(6): 8.

[147] 谭德明. 国外核电站建设对我国核电发展的启示. 南华大学学报: 社会科学版, 2009, 10(2): 4.

[148] 章卫兵, 王一端, 闫建文, 等. 大国气脉——西气东输20年科技创新成果回眸. 石油知识, 2020(6): 4-21.

[149] 张兆孔. 神华煤直接液化示范工程项目管理集成技术. 项目管理技术, 2012, 10(4): 19-22.

[150] 郭红锋. 中国"天眼"——500米口径球面射电望远镜. 军事文摘, 2021(16): 52-55.

[151] 侯玉陶. 欧洲门户: 鹿特丹港. 中国物流与采购, 2008(17): 36, 37.

[152] 温赛博. 鹿特丹: 浴火重生的高科技巨港. 看世界, 2019(8): 34-37.

[153] 鹿特丹港的建设. 水运工程, 1980(1): 5456.

[154] 李红兵, 佟东. 荷兰鹿特丹港城一体化发展的思考. 中国国情国力, 2014(11): 70-72.

[155] 魏路阁. 鹿特丹港发展现状及对策分析. 港口经济, 2017(5): 20-23.

[156] 包汉民. 变革和发展中的荷兰鹿特丹港. 中国港口, 2005(2): 13, 55-57.

[157] 罗本成. 鹿特丹智慧港口建设发展模式与经验借鉴. 中国港口, 2019(1): 20-23.

[158] 宁靖. 飞向太空的人类文明—阿波罗探月计划. 百科探秘(航空航天), 2018(Z2): 44-49.

[159] 张海涛. 沪宁高铁与京沪高铁建设对比分析. 上海铁道科技, 2010(4): 84-86.

[160] 官华, 唐晓舟, 何力武. 基于多源流框架的港珠澳大桥建设决策过程研究. 广东开放大学学报, 2022, 31(6): 105-110.

总后记

古往今来，著作可以留世，其过程很少记录。为此，公开记录开创性"超级工程研究"的基本过程和所有参与的研究人员，应该是一件非常有意义的事情，其最大的价值是还原学术研究的公正。

2017年，秋冬之交，中国工程院"工程哲学理论体系"和"工程管理理论"研究获得了重大的学术成就，鼓舞了工程管理学部一批热心工程建造的院士，提出系统研究超级工程的设想，得到了工程管理学部主任孙永福院士的首肯，也得到了殷瑞钰院士、何继善院士、翟光明院士、傅志寰院士、王礼恒院士的赞许和积极支持，2018年还得到了中国工程院副院长何华武院士的支持。

为此，2018年6月25日，在中国工程院316会议室，胡文瑞院士主持召开了首次"超级工程研究"会商会议，参与会商的有殷瑞钰院士、何继善院士、王礼恒院士、王基铭院士、黄维和院士、杨善林院士、丁烈云院士、凌文院士、金智新院士、向巧院士、卢春房院士、刘合院士，以及智能工业数据解析与优化教育部重点实验室（东北大学）唐立新教授、中国石油吕建中教授和杨虹首席专家等，就立项"超级工程研究"和"超级工程排行榜"研究，初步达成一致，特别是殷瑞钰院士认为，这是"继'工程哲学理论体系'和'工程管理理论'研究之后又一重大学术研究，对工程管理学部学科建设有着重要的现实意义"。何继善院士认为，这是"工程管理学部职责所在"。凌文院士提议，"将研究成果作为向中华人民共和国国庆70周年献礼"项目。

为了加快进度，2018年7月1日，胡文瑞院士在亚运村无名居召开了"超级工程研究"立项筹备小组会议，同意设立"超级工程研究"课题组，确定由胡文瑞院士任课题组组长，请王基铭院士、刘合院士担任课题组副组长，唐立新教授担任课题组秘书长，初步确定课题组成员由中国石油、中国国际工程咨询有限公司（以下简称中咨公司）、智能工业数据解析与优化教育部重点实验室（东北大学）、中国石化、清华大学、北京大学、天津大学等单位专家和学者组成，由中国石油和智能工业数据解析与优化教育部重点实验室（东北大学）承担主要研究任务。

2018 年 8 月 5 日，课题组在中国工程院 218 会议室召开了"超级工程研究"会议，初步确定研究内容为古今中外四大板块，即中国古代和近现代、世界古代和近现代超级工程。会议根据王基铭院士提议，确定先期立项研究"中国近现代超级工程"，同时就"中国近现代超级工程研究"的目的意义、主要背景、主要框架、预期成果等进行了讨论。委托智能工业数据解析与优化教育部重点实验室（东北大学）积极准备课题立项和启动研讨会事宜，建议课题组长胡文瑞院士作主题报告，唐立新教授作专题理论报告。2018 年 8 月 14 日，唐立新教授在沈阳召开了课题立项和启动研讨会筹备工作首次会议。

在两年多的咨询和组织准备基础上，2019 年，经中国工程院工程管理学部七届十八次常委会通过立项，正式设立"超级工程研究"课题。2019 年 4 月 26 日，在中国工程院 316 会议室召开"超级工程研究"启动研讨会，会议由课题组副组长王基铭院士主持，胡文瑞、殷瑞钰、何继善、翟光明、袁晴棠、傅志寰、王礼恒、陆佑楣、孙永福、黄维和、杨善林、周建平、丁烈云、凌文、向巧、金智新、卢春房、陈晓红、刘合等 20 位院士，中国工程院三局高战军副局长及聂淑琴主任和来自中国石油、中咨公司、中国石化、国家能源集团、清华大学、天津大学、同济大学、智能工业数据解析与优化教育部重点实验室（东北大学）、中南大学、上海交通大学、北京交通大学、中国石油经济技术研究院、中国石油西南油气田公司等单位的领导专家和学者共 50 余人出席了启动研讨会。胡文瑞院士代表课题组作了"中国近现代超级工程研究"主题报告，唐立新教授作了"中国近现代超级工程研究"理论专题报告。启动研讨会经过热烈讨论、思想碰撞和智慧交锋，认为"超级工程研究"是一项开创性的填补空白的学术研究，具有极强的学术价值和极高的现实意义，值得组织力量进行深入的科学研究。

2019 年 12 月 8 日，由中国工程院工程管理学部主办，智能工业数据解析与优化教育部重点实验室（东北大学）承办的"中国近现代超级工程前沿技术研讨会"在北京五洲皇冠国际酒店召开。会议由七届工程管理学部主任胡文瑞院士主持，新当选的智能工业数据解析与优化教育部重点实验室（东北大学）唐立新院士和清华大学方东平教授、河海大学王慧敏教授分别作了专题报告。中国工程院王玉普、孙永福、黄维和、刘合、卢春房、孙丽丽、唐立新等 9 位院士，中国工程院三局高战军副局长、聂淑琴主任和常军乾副主任，来自清华大学、北京航空航天大学、中国空间技术研究院、中国水利水电科学研究院、苏州科技大学、河海大学、华东理工大学等单位的 40 余名专家学者出席研讨会。与会院士、专家、学者针对课题研究提出了中肯的意见和建议，包括分行业细化完善超级工程筛选标准，做到既反映行业特征，又符合超级工程筛选标准；重点突出超级工程价值的部分；案例研究与整体研究内容中的共性解析、系统解析之间的联系要进一步凝练；加强超级工程发展演化规律研究，如超级工程与国家发展阶段、经济水平以及超级工程群之间的协同效应研究；加强超级工程认识规律的凝练，争取上升到工程哲学的高度。

2020年3月7日，在北京西藏大厦召开了"超级工程研究"骨干研究团队会议，来自中国石油、智能工业数据解析与优化教育部重点实验室（东北大学）、中咨公司、中国石化、清华大学的专家学者参加了本次会议。会议根据"超级工程研究"先后次序问题，进行了认真的讨论，最终形成一致意见。研究的目标以中国超级工程建造为重点，涵盖古今、覆盖国内外的超级工程建造，总架构为"1+4"（总研究课题＋四个专题研究课题），即一个总研究课题为"超级工程研究"课题，四个专题研究课题为"中国古代超级工程研究""中国近现代超级工程研究""世界古代超级工程研究"和"世界近现代超级工程研究"课题。除2019年已经立项的"中国近现代超级工程研究"外，同步开展中国古代超级工程研究、世界古代超级工程研究和世界近现代超级工程研究，立项工作分别于2020年、2021年、2022年按程序启动。

天有不测风云，人有旦夕祸福。在"超级工程研究"紧张有序进行之时，2020年初突如其来的一场新冠疫情，给超级工程后续研究带来了极大的冲击。课题组马上调整了工作方式，通过线上线下结合的方式，增加沟通次数，召开视频研讨会，保证研究工作持续进行。同时，不失时机地召开线下研讨会议，千方百计地推进"超级工程研究"深入进行。

2020年8月30日，"中国近现代超级工程研究及排行榜汇报研讨会"在中国工程院316会议室成功举行。会议由胡文瑞院士主持，唐立新院士受项目组委托作了专题报告，王基铭院士对研讨会进行了系统总结。中国工程院殷瑞钰、傅志寰、王礼恒、孙永福、陆佑楣、袁晴棠、黄其励、苏义脑、周建平、黄维和、柴洪峰、刘合、卢春房、孙丽丽等20位院士参加了会议，来自中国石油、智能工业数据解析与优化教育部重点实验室（东北大学）、中国交通建设集团有限公司（以下简称中国交建）、中国空间技术研究院、北京理工大学、北京航空航天大学、清华大学、中国海油、中国铁道科学研究院集团有限公司、中国水利水电科学研究院等企业与研究机构的30余名专家学者出席了研讨会。研讨会的主要成果是对中国近现代超级工程研究项目做出较高的评价，走出了"超级工程研究"第一步，并通过中国工程院工程管理学部的评审，顺利结题。

"中国近现代超级工程研究"结题后，除了分板块研究外，工作量最大的是超级工程案例研究、案例筛选工作，采取的方式分为行业，按照超级工程的定义、分类、标准进行筛选，同行对比，归类梳理，最后形成一致意见。

比较突出的示例，黄其励院士带领的电力系统超级工程案例研究团队，从2020年9月到2021年2月，历经6个月，组织国家能源集团、中国华能集团有限公司（以下简称华能）、中国大唐集团有限公司（以下简称大唐）、中国华电集团有限公司（以下简称华电）、国家电力投资集团有限公司（以下简称国电投）等电力行业中的知名企业专家学者，组成超级工程案例研究课题组，共同针对电力行业的超级工程案例进行系统遴选，并召开多次专题超级工程案例线上线下会议，审定电力系统超级工程经典案例，起到了非常好的带头作用。

值得特别记述的是钢铁超级工程案例审定会。2021年8月27日，钢铁冶金行业超级工程案例审查会在北京举行，殷瑞钰院士主持会议。中国工程院胡文瑞院士、刘合院士、唐立新院士，中国石油王俊仁教授，河钢集团有限公司（以下简称河钢）王新东副总经理，以及来自河钢、首钢集团（以下简称首钢）、东北大学30多位专家学者参加审定会。著名冶金学家殷瑞钰院士的一席话，给参会专家留下了非常深刻印象。他说："在中国钢铁行业够得上超级工程案例的就是鞍钢、宝钢、武钢（一米七轧机）和首钢，它们最具代表性，代表了一个时代建设成就，代表了一个时代民族不屈的精神，将超级工程经典案例记述下来是非常有意义的。"

2021年4月24日，在湖南长沙召开了"超级工程研究"专题研讨会。胡文瑞院士主持会议，唐立新院士作专题报告。刘合院士、黄维和院士、陈晓红院士、范国滨院士和智能工业数据解析与优化教育部重点实验室（东北大学）、湖南工商大学等20余名专家学者出席了研讨会。在热烈讨论的基础上，最后形成一致意见，一是加快超级工程整体研究报告的撰写；二是完善和确定"古今中外"超级工程名录名称；三是积极开展对部分超级工程案例进行调研；四是积极策划"超级工程丛书出版物"事宜。

2021年8月29日，石油煤炭行业超级工程案例审查讨论会在中国石油勘探开发研究院举行，胡文瑞院士主持，刘合院士、金智新院士、赵文智院士、唐立新院士等参加。来自中国石油、中咨公司、智能工业数据解析与优化教育部重点实验室（东北大学）、大庆油田、长庆油田、胜利油田、新疆油田、玉门油田勘探开发研究院、中煤平朔集团有限公司（以下简称中煤平朔）、国能神东煤炭集团、中原油田分公司、普光分公司等40多位院士、专家学者出席了本次研讨会，系统梳理了该领域超级工程案例，特别是对大庆油田、玉门油田、平朔露天煤矿的历史地位给予了高度的评价。

2021年10月18日，在中国工程院218会议室召开了超级工程案例撰写讨论会，胡文瑞院士主持会议，重点讨论了超级工程案例撰写的原则要求和组织形式，在坚持超级工程定义、分类、标准的基础上，必须坚持案例撰写的统一模式，先期撰写超级工程案例示范篇，委托中国交建试写"港珠澳大桥工程"，东北大学试写"万里长城"工程，中国长江三峡集团有限公司试写"三峡水利枢纽工程"，北京理工大学试写"两弹一星"工程，作为超级工程案例撰写示范篇，为全面开展案例撰写提供经验和参考。黄维和院士、刘合院士、唐立新院士、孙丽丽院士、林鸣院士、王自力院士，以及王俊仁教授、方东平教授、宋洁教授、许特博士、鲍敬伟博士等参加了会议。

2021年10月28日，在中国石油研究总院小范围召开《超级工程概论》第五版审稿会议，对目录进行了较大幅度的修改，增加了理论部分和补充了工程哲学启示方面的内容。参加会议的有胡文瑞院士、王俊仁教授、许特教授、鲍敬伟博士等，最后建议王俊仁教授抽时间到智能工业数据解析与优化教育部重点实验室（东北大学）与唐立新院士团队协商落实，尽快使《超级工程概论》进入审稿和修改阶段，总体要求不断打磨，使《超级工程概论》成为精品学术著作。

2021年12月16日，在北京西藏大厦召开《超级工程概论》研讨会，胡文瑞院士主持会议，专题讨论《超级工程概论》目录，一致确定"古今中外"四个板块研究著作，为了"四个板块"著作与《超级工程概论》有所区别，统统由"概论"改为"概览"，即《中国古代超级工程概览》《中国近现代超级工程概览》《世界古代超级工程概览》《世界近现代超级工程概览》，并且委托王俊仁教授牵头，与许特、郎劲、赵任、赵国栋老师继续修改完善"四个概览"目录。

2022年2月17日，在六铺炕石油大楼8楼第一会议室，召开了有关排行榜学术"名称"会议，即关于超级工程"排行榜"名称问题，依据清华大学方东平教授建议，并征求各方意见，有四个可供选择名称，①超级工程排行榜；②超级工程榜；③超级工程名录；④超级工程年表。多数专家认为"超级工程排行榜"比较提气，具有较强的吸引力，其他"名称"显得比较平淡。最终建议：所有超级工程以公认的开始建设时间为起点，按历史年代时间顺序排行，统统称之为"超级工程排行榜"，避免了超级工程地位、重要程度、大小的争议。会议由胡文瑞院士主持，唐立新院士、王俊仁教授、吕建中教授、方东平教授、宋洁教授、杨虹首席专家等25人参加了会议。

2022 年 4 月 19 日，在北京召开"超级工程研究调整实施方案和案例撰写"视频会议，唐立新院士在沈阳主持会议，胡文瑞院士在北京作"超级工程研究"课题调整实施方案和案例撰写报告，特别强调：这是超级工程研究四年来规模最大、内容非常重要的一次视频会议，希望各研究、撰写团队给予高度关注。视频会议在全国设 23 个分会场。参加视频会议的院士有：胡文瑞、王基铭、唐立新、黄其励、杨善林、丁烈云、邵安林、金智新、卢春房、向巧、陈晓红、范国滨、王坚、李贤玉、孙丽丽、王自力、孙友宏、张来斌、林鸣、杨宏、杨长风等。刘合院士、黄维和院士、谢玉洪院士请假委托团队代表参加了会议。中国工程院工程管理学部办公室聂淑琴主任参加了会议。中国石油天然气集团、中国石化集团、中国国际工程咨询有限公司、中国铁路集团公司、中国航天科技集团公司、中国交建集团公司、国家能源投资公司、中国鞍钢集团公司、河钢集团公司、中国工程物理研究院、中国海洋集团公司、中国航发集团公司、阿里巴巴公司、华为公司、中国中车股份有限公司（以下简称中国中车）、能新科国际有限公司、中国石油国家高端智库研究中心、中国石油长庆油田公司、解放军 301 医院、陕西盛世唐人文化产业集团有限公司（以下简称唐人文化公司）、中国卫星通信有限责任公司、火箭军研究院、国家安全部科技委、冶金工业规划研究院、东旭集团有限公司、东北大学工业智能与系统优化国家级前沿科学中心 / 智能工业数据解析与优化教育部重点实验室、清华大学、北京大学、华中科技大学、河海大学、北京航空航天大学、合肥工业大学、北京理工大学、太原理工大学、中国石油大学（北京）、北京建筑大学、中南大学、湖南工商大学、中国地质大学（北京）、西安交通大学、成都理工大学等 24 家国内知名企业、16 所知名大学、40 多个超级工程案例撰写团队的 250 多位专家学者出席了视频会议。

2022 年 7 月 1 日，在北京六铺炕 8 楼第一会议室召开"超级工程研究"视频会议，唐立新院士（沈阳）主持，胡文瑞院士作"超级工程研究"报告与出版物编辑编审方案报告，王基铭院士（上海）做总结讲话，刘合院士（北京）做了发言。聂建国院士、王自力院士参加了会议，研究团队主要成员王俊仁、方东平、宋洁、王新东、许特、郎劲、赵国栋、赵任、吕建中、杨虹、魏一鸣、付金华、钟晟、杨虹、鲍敬伟、祝磊、张磊、何欣、徐立坤、王京峰、贾枝桦、罗平平等 70 多人参加了会议。会议主题是"超级工程研究出版物编辑编审"。

2022 年 8 月 31 日，在北京召开"超级工程排行榜及名录"案例最终版本审定会议，胡文瑞院士主持，唐立新院士、刘合院士参加，主要研究成员王俊仁、方东平、宋洁、杨虹、许特、郎劲、赵国栋、赵任、鲍敬伟、祝磊、何欣、徐立坤等参加。"超级工程排行榜及名录"是超级工程研究课题重点工作之一，超级工程案例选取工作，以超级工程定义、分类、标准为依据，在组织多场行业领域超级工程案例的遴选与研讨会议的基础上，采取专家论证、同行对比、专家打分等方法，结合不同历史年代、不同国家地区、不同民族文化特征、不同行业领域的超级工程在工程规模、工程科技、工程价值方面自身的特点，最终确定了"超级工程排行榜及名录"。

2022年9月5日到9月15日，超级工程研究团队连续11天通过视频形式讨论"超级工程排行榜名录"问题。视频会议分别由胡文瑞院士和唐立新院士主持，郎劲、许特、赵国栋、赵任老师对古今中外入选"超级工程排行榜及名录"的各案例名称、建设时间和入选理由作了报告。参加视频会议的有王俊仁（中国石油）、方东平（清华大学）、宋洁（北京大学）、许特（东北大学工业智能与系统优化国家级前沿科学中心/智能工业数据解析与优化教育部重点实验室，后同）、郎劲、赵国栋、赵任、王新东（河钢）、钟晟（西安交通大学）、祝磊（北京建筑大学）、张磊［中国石油大学（北京）］、贾枝桦（唐人文化公司）、杨虹（中国石油，后同）、鲍敬伟、何欣、徐立坤等46人，在北京、沈阳、唐山、西安设6个分会场，由于沈阳疫情严重，大部分研究人员都在各自的家里参加视频会议，由于5G网络发达，视频效果非常好。

视频会议对入选超级工程的古今中外600多个案例，逐一进行了审查和讨论，对每项超级工程逐一做出评定性用语，特别是对每个入选的超级工程地位的评价文字进行了认真严格的审查，有权威机构评价的选择权威机构评语，没有权威机构评语的，根据专家讨论给出评语。如中国的"村村通工程"，是中国近现代299个超级工程中唯一用"伟大"一词形容的超级工程，其评语为"人类历史上最伟大的惠民工程"。由于对超级工程案例逐个审查，这次视频会议持续了11天。

为了保证入选超级工程排行榜案例的权威性与可靠性，会议对如下问题达成了共识：①对大运河工程、万里长城工程的起始时间，确定为以隋唐大运河建设时间为起始时间，万里长城以秦朝建设时间为起始时间；②对苏联建设的超级工程分别归属于独立后的国家，如苏联的超级工程分别标注为苏联（俄罗斯）、苏联（乌克兰）、苏联（土库曼斯坦）等；③凡是超级工程名称使用"工厂"或"公司"字样，统统改为"工程"，保证超级工程的研究对象是工程本体，而非公司或企业；④不同时期的同一类型且相互之间有联系的超级工程，考虑将两个案例进行合并，避免重复，同时，也反映其不断升级与更新趋势；⑤所有超级工程都应该具备"地标性""标志性"的地位，"第一、最大、最早"是超级工程最重要评价用语，"唯一性""誉谤性"是影响极大的超级工程的基本特征；⑥课题组在视频会议期间邀请了三一重工股份有限公司（以下简称三一重工）、中联重科股份有限公司（以下简称中联重科）、中国铁建重工集团股份有限公司（以下简称铁建重工）、山河智能装备股份有限公司等企业参加视频讨论，对准备入选超级工程的 24 项现代装备制造工程案例进行了讨论，如中国第一台盾构机、1 号盾构机、859 号掘进机、DZ101 号掘进机、隧道钻爆法施工智能成套装备、极寒盾构机、"京华号"盾构机、"深江 1 号"盾构机、HBT9050CH 超高压混凝土输送泵等；⑦入选的古代超级工程案例，在历史中确实存在过，已经没有实体保存，依据史料证明和考古验证，则依然可以入选古代超级工程排行榜。

2023 年 5 月 23 日至 24 日，在沈阳东北大学工业智能与系统优化国家级前沿科学中心 S23 会议室，胡文瑞院士主持召开了超级工程研究阶段检查与讨论会。会议对《超级工程概论》、"古今中外超级工程概览""超级工程排行榜""超级工程图册""系列丛书出版""编辑编审"等问题进行了讨论，对分工和完成时间均做出具体的安排，可以说是一次重要的会议，确定的问题如何落实，关系超级工程研究的成败。会议请王俊仁教授任总执笔人，负责本次会议确定事项逐一落实。

2023 年 5 月 27 日上午，在西安华邑酒店咖啡厅，胡文瑞院士主持召开了"超级工程研究"图册审定讨论会。罗平平副总经理汇报了"超级工程研究"图册设计进展情况。经过讨论，会议形成了以下共识：①图册中地图部分与文字占比最好符合 0.618 的黄金比例，以求和谐美观。要以淡蓝色的中国地图和世界地图为背景底图。②排行榜中每个案例最关键的要素是时间，时间要突出排在首位。古代超级工程地理分布图要出两套线图，标明其地理位置。③图册要注明设计单位，审核人、制图人、研究单位等关键信息，同时增加中国工程院标志以及"中国工程院重大战略咨询研究项目"文字内容。④重大的历史转折点要清晰注明，如 1840 年（晚清时期）、1912 年（民国时期）、1949 年（新中国成立）以及 1978 年（改革开放）。⑤图册要设计两套，一套在书中作为插页，另一套图集合成册出版。单独出版的图册，考虑更大规格，可以上墙挂示。

2023 年 6 月 1 日，按照胡文瑞院士的总体部署要求，在中国石油勘探开发研究院廊坊科技园区会议中心第二会议室，编辑编审小组召开了《超级工程概论》编辑编审研讨会，会议结合《超级工程概论》初稿基本情况及科学出版社对书稿的要求，针对编辑编审需要完善的工作进行了讨论，落实责任人和参与人员、途径、时间节点、工作要求、工作标准，并安排部署下一步工作任务。

2023 年 6 月 3 日下午，在西安未央区唐人文化公司会议室召开图册修改讨论会，罗平平副总经理详细解说了修改内容。会议形成了三项修改共识：①图册封面重新优化设计，封面语录要注明作者；②中国近现代案例较多，平分为上下两册设计；③图册封面设计时考虑下面用万里长城，上面用中国空间站的背景照片，分别作为古代及近现代超级工程的典型代表。何欣博士、闫丽娜、李晓飞等参加了会议。

2023 年 6 月 5 日，为落实胡文瑞院士近期对《超级工程概论》编辑编审工作的批示和要求，在中国石油勘探开发研究院廊坊科技园区会议中心 518 会议室，编辑编审团队、东北大学工业智能与系统优化国家级前沿科学中心 / 智能工业数据解析与优化教育部重点实验室、科学出版社及唐人文化公司的相关人员召开了《超级工程概论》编辑编审工作交流协调会。会议针对《超级工程概论》编辑编审工作所遇到的一些困难和问题进行了交流和协调。

2023 年 6 月 12 日，胡文瑞院士组织编辑编审团队、东北大学工业智能与系统优化国家级前沿科学中心 / 智能工业数据解析与优化教育部重点实验室、科学出版社及唐人文化公司相关人员，在中国石油勘探开发研究院廊坊科技园区会议中心第二会议室召开《超级工程概论》编辑编审工作研讨会。参会人员包括胡文瑞、王俊仁、闫建文、于鸿春、王焕弟、何军、何欣、徐立坤、张杰、韩墨言、张剑峰、朱德明、耿建业、吴凡洁、赵国栋、苏丽杰、沈芬、罗平平。会议针对《超级工程概论》编辑编审工作进展进行了审查，并针对工作中所遇到的一些困难和问题进行了沟通协调，本次会议有效地推动了《超级工程概论》编辑编审工作的顺利完成。

2023 年 6 月 21 日，在中国石油勘探开发研究院主楼第九会议室，中国石油团队、东北大学工业智能与系统优化国家级前沿科学中心 / 智能工业数据解析与优化教育部重点实验室团队、科学出版社团队及唐人文化公司相关人员召开超级工程研究有关工作沟通协调会。会议针对超级工程研究相关成果进入空间站以及《超级工程概论》交接备忘录中未尽事宜的完善情况进行了沟通和协调。

2023 年 6 月 25 日，在中国工程院 318 会议室召开"超级工程研究与排行榜"项目深化研究讨论会，会议采用线上线下结合方式，刘合院士主持会议，胡文瑞院士在会议开始时做了重要发言，充分肯定了超级工程四年的研究成果，并对后续工作开展做出了详细的部署和安排。中国工程院参加视频会议的院士有：胡文瑞（现场）、王基铭（线上）、刘合（现场）、唐立新（线上）。中国石油团队、东北大学工业智能与系统优化国家级前沿科学中心／智能工业数据解析与优化教育部重点实验室团队、清华大学（含北京建筑大学）团队、北京大学团队、合肥工业大学团队、河钢集团团队、成都理工大学团队、北京航空航天大学团队、长庆油田团队、东北石油大学团队、西安交通大学团队、中国石油化工集团公司、中国石油大学（北京）、中国石油企业杂志社、中国科学院科创发展办公室、中石化勘探开发研究、北京博奥问道企业管理咨询有限公司等17个研究团队或单位（学校）的70多位专家学者出席了本次会议。会议针对项目研究及编辑编审工作提出了具体的建议及安排。

2023年7月6日，为了推动"超级工程研究与排行榜"项目稳步实施，胡文瑞院士组织相关人员，在北京中国石油勘探开发研究院科技会议中心第一会议室召开专题研讨会。王俊仁、付金华、鲍敬伟、何欣、徐立坤线下参会，许特、郎劲、赵国栋线上参会。会议针对"超级工程研究与排行榜"项目实施中的一些具体问题进行了讨论并达成共识。

2023年7月23日，胡文瑞院士组织相关人员，在北京大学博雅国际酒店大学堂2号厅召开"超级工程研究与排行榜"推进会，针对"中国古代超级工程排行榜"进行研讨。会议采用线上和线下相结合的方式召开。参加会议的院士有胡文瑞、王基铭、刘合、杨善林和唐立新等。中国石油团队、东北大学工业智能与系统优化国家级前沿科学中心／智能工业数据解析与优化教育部重点实验室团队、清华大学（北京建筑大学）团队、北京大学团队、合肥工业大学团队、河钢集团团队、成都理工大学团队、唐人文化公司、科学出版社9个团队或单位的共75位院士、专家参加会议。通过本次会议：①完成了"中国古代超级工程排行榜"编审交接工作；②明确了"超级工程概览"的撰写与编辑编审工作；③明确了各研究团队关于"超级工程排行榜"编辑编审的下一步工作任务；④提出了编辑编审工作的具体要求。

2023年7月26日，胡文瑞院士在西安组织相关人员召开"超级工程地理分布图和历史年代时间轴图研究"出版讨论会。会议完成了"超级工程地理分布图和历史年代时间轴图研究"的设计委托，并针对图册设计的相关期望和要求进行了讨论，达成一致意见。设计需要从受众的角度出发，以扩大影响为目标。由唐人文化团队，发挥自己专业的设计思路，进一步提升单册出版的地理分布图和历史年代时间轴图的设计水平和设计质量，兼顾封面和内容，按照合同完成12张基础图的设计内容，每张图给出两套方案，与科学出版社进一步商讨图册的组合出版方式，提出整体的设计方案。

2023 年 8 月 6 日，针对"超级工程研究与排行榜"研究项目，胡文瑞院士组织相关人员在北京邯钢宾馆二楼会议室召开"世界近现代超级工程排行榜"编辑编审讨论会，中国石油团队王俊仁、付金华、张磊、鲍敬伟、何欣、徐立坤，河钢集团王新东、钟金红、王凡、张倩、杨楠、郝良元、刘金哲、侯长江，东北大学许特、张颜颜，科学出版社吴凡洁，北京大学何冠楠、王宗宪，北京建筑大学祝磊，合肥工业大学李霄剑，成都理工大学王丹，唐人文化罗平平共 24 人参加了会议。会议完成了"世界近现代超级工程排行榜"编辑编审交接工作，胡院士作了总结讲话，对编辑编审工作提出了具体要求，细化明确了"超级工程研究与排行榜"各研究团队在编辑编审过程中的注意事项。

2023 年 8 月 8 日，为了进一步推动"超级工程研究与排行榜"稳步实施，胡文瑞院士在清华大学新土木馆 429 会议室组织并召开"中国近现代超级工程排行榜"（案例 1 ～ 150）编辑编审讨论会。会议完成了"中国与世界古代、近现代超级工程名录"与"中国近现代超级工程排行榜"（案例 1 ～ 150）编辑编审交接工作。胡文瑞院士对编辑编审工作提出了具体要求，并进一步细化明确了"超级工程研究与排行榜"各研究团队在编辑编审过程中的注意事项。中国石油团队胡文瑞、王俊仁、付金华、张磊、何欣、徐立坤，清华大学方东平、冯鹏、施刚、马吉明、胡羿霖、沈宇斌、刘年凯、刘磊、黄玥诚、王尧、张桎淮、李泊宁，东北大学工业智能与系统优化国家级前沿科学中心／智能工业数据解析与优化教育部重点实验室郎劲、赵国栋，科学出版社耿建业，北京大学陆胤、王剑晓、黄静思，河钢集团王新东，北京建筑大学祝磊、易伟同、蒋永慧、刘兴奇、路鸣宇，合肥工业大学李霄剑，成都理工大学王丹，唐人文化贾枝桦、罗平平共 34 人参加了本次会议。

2023 年 8 月 15 日，课题组针对"超级工程研究与排行榜"研究项目，在成都理工大学行政楼三楼第三会议室，组织召开"世界古代超级工程排行榜"编辑编审讨论会，会议由王俊仁教授主持，胡文瑞院士在会议中作了重要讲话，王基铭院士作了总结讲话，通过本次会议完成了"世界古代超级工程排行榜"编辑编审交接工作。中国工程院胡文瑞院士、王基铭院士，中国石油团队王俊仁、付金华、张磊、鲍敬伟、任利明、陆浩、李莉、何欣、徐立坤，成都理工大学刘清友、许强、范宣梅、李智武、罗永红、赵伟华、吉锋、马春驰、崔圣华、张岩、罗璟、林汐璐、王丹，东北大学工业智能与系统优化国家级前沿科学中心／智能工业数据解析与优化教育部重点实验室许特、赵国栋，科学出版社吴凡洁，北京大学宋洁、吴林瀚、黄晶、袁业浩，河钢集团王新东、郝良元，北京建筑大学祝

附3 中国工程院"超级工程研究"主要成员名单

胡文瑞：中国石油天然气集团有限公司，中国工程院院士、教授级高级工程师、博士生导师、中国工程院工程管理学部第六届副主任和第七届主任、全国企业管理现代化创新成果评审委员会主任，丛书主编（课题组组长）、总策划人、总审稿人

王基铭：中国石化集团公司，中国工程院院士、教授级高级工程师、博士生导师、中国工程院工程管理学部第五届主任，丛书副主编（课题组副组长）、总审稿人

刘　合：中国石油勘探开发研究院，中国工程院院士、教授级高级工程师、博士生导师、国际石油工程师协会专家咨询委员会委员、SPE东南亚区域执行主席，丛书副主编（课题组副组长）、总审稿人

唐立新：东北大学工业智能与系统优化国家级前沿科学中心，中国工程院院士、副校长、教授、博士生导师、第十四届全国人大代表、中心主任、首席科学家，智能工业数据解析与优化教育部重点实验室主任，丛书副主编（课题组副组长）兼秘书长、总审稿人

卢春房：国家铁道部原副部长、中国国家铁路集团有限公司原常务副总经理、中国铁道学会第七届会长、正高级工程师、博导、中国工程院工程管理学部第八届主任、中国工程院院士，铁路工程案例撰稿人

黄其励：国家电网公司一级顾问、国家能源集团电力首席科学家、教授级高级工程师、博士生导师、能源与矿业工程学部第八届主任、中国工程院院士，能源工程案例撰稿人

黄维和：中国石油原副总裁、中国石油企业协会学术委员会主任、国家管网公司技术委员会主任、教授级高级工程师、博士生导师、中国工程院院士，管道工程案例撰稿人

丁烈云：华中科技大学原校长、教授、博士生导师、中国工程院院士，建筑工程案例撰稿人

戴厚良：中国石油天然气集团公司董事长、党组书记、教授级高级工程师、博士生导师、中国工程院院士，重点支持超级工程研究

孙丽丽：中国石化炼化工程集团和中国石化工程建设有限公司董事长、全国工程勘察设计大师、正高级工程师、博士、博士生导师、北京市科协副主席、中国工程院院士，石化工程案例撰稿人

曹建国：中国航空发动机研究院集团董事长、教授级高级工程师、博士生导师、中国工程院院士，参与研究

杨善林：合肥工业大学教授、博士生导师、中国工程院院士，综合工程案例撰稿人

谢玉洪：中国海油集团首席科学家、科学技术委员会主席、教授级高级工程师、博士生导师、中国工程院院士，海洋工程案例撰稿人

特别说明：该名单不包括顾问团队名单。"超级工程研究"主要成员按参与超级工程研究先后时间、承担任务权重排序。均参与了超级工程概论、古今中外超级工程概览部分的研究，有些还是超级工程排行榜的撰稿人或超级工程图册的设计者。

陈晓红：湖南工商大学校长、教授、博士生导师、中国工程院院士，制造工程案例撰稿人

范国滨：中国工程物理研究院、教授、博士生导师、中国工程院院士，军工工程案例撰稿人

金智新：太原理工大学学术委员会主任、教授级高级工程师、博士生导师、中国工程院院士，煤炭工程案例撰稿人

凌　文：山东省人民政府副省长、教授级高级工程师、博士生导师、中国工程院院士，参与超级工程研究

向　巧：中国航发副总经理、教授、博士生导师、中国工程院院士，航空工程案例撰稿人

林　鸣：中国交建总工程师、首席科学家、教授、博士生导师、中国工程院院士，交通工程案例撰稿人

王自力：北京航空航天大学教授、博士生导师、中国工程院院士，军工工程案例撰稿人

李贤玉：解放军火箭军研究院某所所长、研究员、解放军少将、军队卓越青年、中国工程院院士，导弹工程案例撰稿人

王俊仁：中国石油天然气集团有限公司教授级高级经济师，曾任中亚地区公司副总经理、西非地区公司总经理，中国石油国家高端智库特聘专家，丛书副秘书长（执行）［课题组（执行）副秘书长］、总执笔人

许　特：东北大学工业智能与系统优化国家级前沿科学中心副主任、副教授，丛书副秘书长（课题组副秘书长）、"超级工程丛书"主要撰稿人

方东平：清华大学土木水利学院院长、教授、博士生导师，土木工程案例撰稿人

宋　洁：北京大学工学院党委书记、长江学者、北京大学博雅特聘教授、博士生导师，信息工程案例撰稿人

郎　劲：东北大学工业智能与系统优化国家级前沿科学中心副教授、博士，"超级工程丛书"主要撰稿人

赵国栋：东北大学工业智能与系统优化国家级前沿科学中心主任助理、博士，"超级工程丛书"主要撰稿人

赵　任：东北大学工业智能与系统优化国家级前沿科学中心副教授，"超级工程丛书"主要撰稿人

聂淑琴：中国工程院工程管理学部办公室主任，丛书副秘书长（课题组副秘书长）

鲍敬伟：中国石油勘探开发研究院科技中心副主任、高级工程师，丛书副秘书长（课题组副秘书长）

王新东：河钢集团专家委员会副主任和首席技术官、河北金属学会理事长、正高级工程师，钢铁等工程案例撰稿人

钟　晟：国家发改委与西安交通大学共建改革试点探索与评估协同创新中心研究员、陕西省决咨委委员，工程案例撰稿人

刘清友：成都理工大学书记、长江学者、博士、教授、博士生导师，地质工程案例撰稿人

梁　樑：合肥工业大学原校长、杰青、长江学者、教授、博士生导师，综合工程案例撰稿人

祝　磊：北京建筑大学土木与交通学院、教授、博士生导师，土木工程案例撰稿人

罗平平：唐人文化公司副总经理，超级工程地理分布图等主要设计人

邵安林：鞍钢集团副总经理、教授级高级工程师、中国工程院院士，工程案例撰稿人

李家彪：自然资源部第二海洋研究所原所长、浙江省海洋科学院院长、浙江省科协副主席、中

国海洋学会副理事长、联合国海洋十年大科学计划首席科学家、博士、研究员、中国工程院环境与轻纺工程学部副主任、中国工程院院士，海洋工程案例撰稿人

　　黄殿中：中国信息安全测评中心教授、中国工程院院士，信息工程案例撰稿人

　　孙友宏：中国地质大学（北京）校长、博士、教授、中国工程院院士，钻井工程案例撰稿人

　　张来斌：中国石油大学（北京）原校长、全国政协常委、国家应急部油气生产安全及技术重点实验室主任、教授、博士生导师、中国工程院院士，石油工程案例撰稿人

　　赵文智：中国石油勘探开发研究院原院长、工学博士、石油地质勘探专家、教授级高级工程师、博士生导师、国家能源局油气战略研究中心专家委员会主任、中国工程院院士，油田工程审稿人

　　聂建国：清华大学学术委员会主任、杰青、长江学者、教授、博士生导师、中国土木工程学会副理事长、中国工程院土木建工程学部主任、中国工程院院士，土木工程审稿人

　　杨　宏：中国航天集团空间技术研究院（五院）研究员、中国载人航天工程空间站系统总设计师、工学博士、中国工程院院士，空间站工程案例撰稿人

　　王　坚：阿里巴巴集团公司技术委员会主席、教授级高级工程师、中国工程院院士，信息工程案例撰稿人

　　王金南：生态环境部环境规划院原院长、研究员、中国环境科学学会理事长、全国政协常委、人资环委副主任、中国工程院院士，环境工程案例撰稿人

　　杨长风：中国卫星导航系统工程管理办公室原主任、北斗卫星导航系统工程总设计师、正高级工程师、中国工程院院士，卫星工程案例撰稿人

　　郭庆新：东北大学工业智能与系统优化国家级前沿科学中心教授，超级工程撰稿人

　　孟　盈：东北大学工业智能与系统优化国家级前沿科学中心教授，超级工程撰稿人

　　王显鹏：东北大学工业智能与系统优化国家级前沿科学中心教授，超级工程撰稿人

　　汪恭书：东北大学工业智能与系统优化国家级前沿科学中心教授，超级工程撰稿人

　　苏丽杰：东北大学工业智能与系统优化国家级前沿科学中心副教授，超级工程撰稿人

　　吴　剑：东北大学工业智能与系统优化国家级前沿科学中心讲师，超级工程撰稿人

　　宋　光：东北大学工业智能与系统优化国家级前沿科学中心讲师，超级工程撰稿人

　　刘　畅：东北大学工业智能与系统优化国家级前沿科学中心讲师，超级工程撰稿人

　　杜金铭：东北大学工业智能与系统优化国家级前沿科学中心副教授，超级工程撰稿人

　　高　振：东北大学工业智能与系统优化国家级前沿科学中心副教授，超级工程撰稿人

　　许美玲：东北大学工业智能与系统优化国家级前沿科学中心讲师，超级工程撰稿人

　　陈宏志：东北大学工业智能与系统优化国家级前沿科学中心副教授，超级工程撰稿人

　　李开孟：中国国际工程咨询有限公司总经济师、研究员，参与研究

　　张秀东：中国石化集团工程公司副总经理、教授级高级工程师，石化工程案例撰稿人

　　张颜颜：东北大学工业智能与系统优化国家级前沿科学中心教授，超级工程案例撰稿人

　　杨　阳：东北大学工业智能与系统优化国家级前沿科学中心教授，超级工程案例撰稿人

　　宋相满：东北大学工业智能与系统优化国家级前沿科学中心主任助理，超级工程案例撰稿人

　　魏一鸣：北京理工大学副校长、教授、博士生导师，参与研究

　　贾枝桦：唐人文化董事长、中国工业设计协会常务理事、中国油画学会理事、经济学博士、独立艺术家、教授级高级工程师，超级工程地理分布图设计人

李新创：冶金工业规划研究院院长、教授、中国钢铁论坛创始人，钢铁工程案例撰稿人

王慧敏：河海大学教授、博士生导师、长江学者，水利工程案例撰稿人、参与超级工程研究

张家宁：智能工业数据解析与优化教育部重点实验室（东北大学）副教授，超级工程撰稿人

郭振飞：智能工业数据解析与优化教育部重点实验室（东北大学）讲师，超级工程撰稿人

董志明：智能工业数据解析与优化教育部重点实验室（东北大学）讲师，超级工程撰稿人

白　敏：智能工业数据解析与优化教育部重点实验室（东北大学）讲师，超级工程撰稿人

王佳惠：智能工业数据解析与优化教育部重点实验室（东北大学）副主任，超级工程撰稿人

王　尧：清华大学博士生，超级工程审稿人

马琳瑶：清华大学博士生，超级工程审稿人

曹思涵：清华大学博士生，工程案例撰稿人

王丽颖：清华大学博士生，工程案例撰稿人

何冠楠：北京大学助理教授、博士生、国家级青年人才，工程案例撰稿人

赵伟华：成都理工大学副教授，工程案例撰稿人

王剑晓：北京大学助理研究员、科技部国家重点研发计划青年科学家，工程案例撰稿人

张　磊：中国石油大学（北京）副教授，石油工程案例撰稿人

杨钟毓：智能工业数据解析与优化教育部重点实验室（东北大学）科研与教学科科长，超级工程撰稿人

常军乾：中国工程院正处级巡视员、工程管理学部办公室副主任，参与超级工程研究

吕建中：中国石油国家高端智库专职副主任、学术委员会秘书长、教授级高级经济师，参与超级工程研究

杨　虹：中国石油经济技术研究院首席专家、教授级高级工程师，古建筑工程案例撰稿人

徐文伟：华为技术有限公司科学家咨询委员会主任、教授级高级工程师，信息工程案例撰稿人

张建勇：能新科能源技术股份有限公司创始人，能源工程案例撰稿人

林　枫：中国船舶集团第七〇三所所长、研究员，船舶工程案例撰稿人

曲天威：中国中车副总经理兼总工程师、教授级高级工程师，制造工程案例撰稿人

王　军：中国中车集团有限公司副总裁、教授级高级工程师，制造工程案例撰稿人

李　青：东旭光电科技集团总工程师、博士生导师、教授级高级工程师，工程案例撰稿人

王京峰：中国石油长庆油田公司巡察办处长、高级经济师，石油工程案例撰稿人

何江川：中国石油天然气股份有限公司副总裁、教授级高级工程师，石油工程案例审稿人

王建华：中国水利水电科学研究院副院长、正高级工程师，水利工程案例撰稿人

王安建：中国地质科学研究院矿产资源战略研究所首席科学家、教授、博士生导师，矿产工程案例撰稿人

王荣阳：中国航空工业集团公司政研室主任、研究员，航空工程案例审稿人

李　达：中国海油研究总院结构总师、教授级高级工程师，海洋工程案例撰稿人

徐宿东：东南大学东港航工程系主任、教授级高级工程师、博士生导师，工程案例撰稿人

刘泽洪：国家电网原副总经理、教授级高级工程师，能源工程案例审稿人

张来勇：中国寰球工程有限公司首席技术专家、技术委员会主任、正高级工程师，石化工程案例撰稿人

傅　强：中集（烟台）来福士海洋工程公司设计研究院副院长、高级工程师，海洋工程案例撰

稿人

王道军：火箭军研究院室副主任、研究员、博士，导弹工程案例撰稿人

李晓雪：解放军总医院医学创新研究部灾害医学研究中心主任、上校、副主任医师，医院建造工程案例审稿人

陈晓明：上海建工集团股份有限公司总工程师、教授级高级工程师，建筑工程案例撰稿人

袁红良：沪东中华造船（集团）有限公司研究所副所长、教授级高级工程师，船舶工程案例撰稿人

邵　茂：北京城建集团有限责任公司工程总承包部项目总工程师、高级工程师，建筑工程案例撰稿人

王定洪：冶金工业规划研究院总设计师、正高级工程师，冶金工程案例撰稿人

关中原：国家管网研究总院《油气储运》杂志社社长、教授级高级工程师，管道工程案例撰稿人

何　欣：中国石油勘探开发研究院高级工程师，编辑编审人

徐立坤：中国石油勘探开发研究院高级工程师，编辑编审人

范体军：华东理工大学教授，工程案例撰稿人

李妍峰：西南交通大学教授，工程案例撰稿人

罗　彪：合肥工业大学教授，工程案例撰稿人

翁修震：合肥工业大学硕士生，工程案例撰稿人

陈佳仪：合肥工业大学硕士生，工程案例撰稿人

张　勇：国家能源投资集团科技与信息化部经理、教授级高级工程师，能源矿业工程案例撰稿人

李　治：北京大学博士生，工程案例撰稿人

王宗宪：北京大学博士后，工程案例撰稿人

钟金红：河钢集团有限公司科技创新部副总经理、正高级工程师，钢铁工程案例撰稿人

王　凡：河钢集团有限公司科技创新部高级经理、高级工程师，钢铁工程案例撰稿人

任　羿：北京航空航天大学可靠性工程研究所副所长、研究员，军工案例撰稿人

冯　强：北京航空航天大学可靠性工程研究所工程技术中心主任、副研究员，军工案例撰稿人

田京芬：中国铁道出版社原社长和总编辑、中国铁道学会副秘书长、铁路科技图书出版基金委员会秘书长、高级工程师，铁道工程案例撰稿人

贾光智：中国铁道科学研究院信息所副所长、研究员，铁道工程案例撰稿人

附4　中国工程院"超级工程研究"全体参与人员名单

1. 东北大学工业智能与系统优化国家级前沿科学中心／智能工业数据解析与优化教育部重点实验室团队（骨干团队，负责理论研究、案例撰写、编辑编审）

唐立新：东北大学工业智能与系统优化国家级前沿科学中心，中国工程院院士，副校长

许　特：东北大学工业智能与系统优化国家级前沿科学中心，副主任

郎　劲：东北大学工业智能与系统优化国家级前沿科学中心，副教授

赵国栋：东北大学工业智能与系统优化国家级前沿科学中心，主任助理

赵　任：东北大学工业智能与系统优化国家级前沿科学中心，副教授

郭庆新：东北大学工业智能与系统优化国家级前沿科学中心，常务副主任、教授

孟　盈：东北大学工业智能与系统优化国家级前沿科学中心，副主任、教授

王显鹏：东北大学工业智能与系统优化国家级前沿科学中心，教授

汪恭书：东北大学工业智能与系统优化国家级前沿科学中心，教授

苏丽杰：东北大学工业智能与系统优化国家级前沿科学中心，副教授

张颜颜：东北大学工业智能与系统优化国家级前沿科学中心，教授

杨　阳：东北大学工业智能与系统优化国家级前沿科学中心，教授

宋　光：东北大学工业智能与系统优化国家级前沿科学中心，博士

吴　剑：东北大学工业智能与系统优化国家级前沿科学中心，博士

刘　畅：东北大学工业智能与系统优化国家级前沿科学中心，博士

杜金铭：东北大学工业智能与系统优化国家级前沿科学中心，副教授

高　振：东北大学工业智能与系统优化国家级前沿科学中心，副教授

陈宏志：东北大学工业智能与系统优化国家级前沿科学中心，副教授

宋相满：东北大学工业智能与系统优化国家级前沿科学中心，主任助理

张家宁：东北大学工业智能与系统优化国家级前沿科学中心，副教授

许美玲：东北大学工业智能与系统优化国家级前沿科学中心，副教授

赵胜楠：智能工业数据解析与优化教育部重点实验室（东北大学），博士

白　敏：智能工业数据解析与优化教育部重点实验室（东北大学），博士

王　坤：智能工业数据解析与优化教育部重点实验室（东北大学），副教授

秦诗悦：智能工业数据解析与优化教育部重点实验室（东北大学），博士

常爽爽：智能工业数据解析与优化教育部重点实验室（东北大学），博士

郭振飞：智能工业数据解析与优化教育部重点实验室（东北大学），博士

纪　东：智能工业数据解析与优化教育部重点实验室（东北大学），博士

特别说明：该名单包括"超级工程研究"领导小组成员、顾问团队成员、主要研究成员、案例撰写成员、编辑编审成员，称之为"'超级工程研究'全体参与人员名单"。按照承担任务权重、参与研究先后排序。

董志明：智能工业数据解析与优化教育部重点实验室（东北大学），博士

王佳惠：智能工业数据解析与优化教育部重点实验室（东北大学），副主任

杨钟毓：智能工业数据解析与优化教育部重点实验室（东北大学），科长

齐　曦：智能工业数据解析与优化教育部重点实验室（东北大学），科研助理

2. 中国石油团队（骨干团队、负责策划设计、理论研究、案例撰写、编辑编审）

胡文瑞：中国石油天然气集团公司，中国工程院院士

翟光明：中国石油天然气集团公司，中国工程院院士

赵文智：中国石油勘探开发研究院，中国工程院院士

刘　合：中国石油勘探开发研究院，中国工程院院士

戴厚良：中国石油天然气集团公司，中国工程院院士

黄维和：中国石油规划总院，中国工程院院士

孙焕泉：中国石化集团公司，中国工程院院士

王俊仁：中国石油国家高端智库特聘专家，教授级高级经济师

马新华：中国石油勘探开发研究院，教授级高级工程师

何江川：中国石油天然气股份有限公司，教授级高级工程师

李国欣：中国石油天然气集团公司，教授级高级工程师

付金华：中国石油长庆油田，教授级高级工程师

刘新社：中国石油长庆油田勘探开发研究院，副院长，教授级高级工程师

孙新革：中国石油新疆油田，首席技术专家，教授级高级工程师

王玉华：中国石油玉门油田党委宣传部，副部长，教授级高级工程师

王　鹏：中国石油大庆油田勘探开发研究院，常务副院长，高级工程师

闫建文：中国石油勘探开发研究院，文献档案馆书记、副馆长，石油精神（石油科学家精神）研究中心首席专家，正高级政工师

鲍敬伟：中国石油勘探开发研究院，科技中心副主任，高级工程师

何　欣：中国石油勘探开发研究院，高级工程师

徐立坤：中国石油勘探开发研究院，高级工程师

于鸿春：中国石油辽河油田，教授级高级工程师

何　军：中国石油规划总院，教授级高级工程师

张　杰：中国石油勘探开发研究院，美术编辑

王焕弟：石油工业出版社，编审

戴　娜：中国石油长庆油田，教授级高级工程师

陈　潇：中国石油规划总院，中级编辑

3. 清华大学团队（骨干团队，负责理论研究、综合案例撰写、编辑编审）

聂建国：清华大学，中国工程院院士

方东平：清华大学，教授

祝　磊：北京建筑大学，教授

曹思涵：清华大学，博士生

王　尧：清华大学，博士生

马琳瑶：清华大学，博士生

黄玥诚：清华大学，助理研究员
王丽颖：清华大学，博士生
徐意然：清华大学，博士生
傅远植：清华大学，硕士生
徐健朝：清华大学，本科生
张思嘉：清华大学，本科生
尹　飞：北京建筑大学，博士后
易伟同：北京建筑大学，博士生
蒋永慧：北京建筑大学，博士生
刘兴奇：北京建筑大学，博士生
路鸣宇：北京建筑大学，博士生
郭天裕：北京建筑大学，硕士生
白　杨：北京建筑大学，硕士生
申民宇：北京建筑大学，硕士生
左凌霄：北京建筑大学，硕士生
张福瑶：北京建筑大学，硕士生
吕冬霖：北京建筑大学，硕士生
李　湛：北京建筑大学，硕士生
张建勋：北京建筑大学，硕士生
吴　尧：北京建筑大学，硕士生
杨立晨：北京建筑大学，硕士生
陈　宇：北京建筑大学，硕士生
潘天童：北京建筑大学，硕士生
黄春程：北京建筑大学，硕士生
李隆郅：北京建筑大学，硕士生
姚　宇：北京建筑大学，硕士生
吴宇航：北京建筑大学，硕士生
孙博文：北京建筑大学，硕士生
刘　振：北京建筑大学，博士生
戚正浩：北京建筑大学，硕士生
谭信睿：北京建筑大学，硕士生
徐新瑞：北京建筑大学，硕士生
刘靖宇：北京建筑大学，硕士生

4. 中国石油国家高端智库团队（参与理论研究、案例撰写）
吕建中：中国石油国家高端智库研究中心，专职副主任，教授级高级工程师
杨　虹：中国石油集团经济技术研究院，首席专家，教授级高级工程师
吴　潇：中国石油集团经济技术研究院，高级工程师
孙乃达：中国石油集团经济技术研究院，高级工程师

5. 现代电力团队（电力工程案例撰写）

黄其励：国家电网公司，一级顾问，中国工程院院士

刘泽洪：国家电网公司，全球能源互联网合作组织驻会副主席，教授级高级工程师

张　勇：国家能源投资集团公司科技与信息化部，经理，教授级工程师

田汇冬：国家电网公司设备监造中心，高级主管，高级工程师

张　进：国家电网公司特高压部技术处，处长，高级工程师

刘　杰：国家电网公司特高压部技术处，副处长，高级工程师

韩先才：国家电网公司交流建设部，副主任，教授级高级工程师

李燕雷：国家电网公司特高压部线路处，处长，高级工程师

吕　铎：国家电网公司，高级主管，高级工程师

程述一：国家电网公司经济技术研究院，高级工程师

杜晓磊：国家电网公司经济技术研究院，高级工程师

卢亚军：国家电网经济技术研究院青豫工程成套设计项目，经理，高级工程师

臧　鹏：国家电网公司国外工程公司，经理，高级工程师

刘前卫：国家电网公司科技创新部，副主任，高级工程师

付　颖：国家电网公司，副处长，高级工程师

崔军立：国家电网青海省电力公司，董事长，党委书记，教授级高级工程师

周　杨：国家电网公司直流建设部，高级工程师

魏　争：国家电网经济技术研究院，高级工程师

张亚迪：国家电网公司西南分部，高级工程师

王彦兵：国家电网经研院设计咨询中心水电技术处，副处长，高级工程师

田云峰：国家电网新源张家口风光储示范电站公司，总经理，高级工程师

刘宇石：中国电力科学研究院，高级工程师

陈海波：国家电网智能电网研究院，副院长，教授级高级工程师

郝　峰：国家电网内蒙古东部电力有限公司，高级工程师

黄　坤：国家电网运检部高级主管，高级工程师

刘永奇：国家电网抽水蓄能和新能源部，主任，教授级高级工程师

朱法华：国家能源集团科学技术研究院有限公司，副总经理，教授级高级工程师

许月阳：国家能源集团科学技术研究院有限公司，三级主管，高级工程师

管一明：国家能源集团科学技术研究院有限公司，高级工程师

陆　烨：国家能源集团浙江北仑电厂，高级工程师

许科云：国家能源集团浙江北仑电厂，高级工程师

陈　笔：国家能源集团浙江北仑电厂，高级工程师

闫国春：中国神华煤制油化工有限公司，党委书记、董事长，教授级高级工程师

王　海：国家能源集团浙江公司安全生产部，主任

杨萌萌：国家能源集团大港发电厂，总工程师，高级工程师

周保精：国家能源集团，高级主管，高级工程师

尧　顺：陕西榆林能源集团有限公司，副总经理，教授级高级工程师

杨　文：国家能源集团神东煤炭公司，高级工程师

许联航：国家能源集团神东煤炭公司，高级工程师

郭洋楠：神东煤炭技术研究院，高级工程师

王学深：四川白马循环流化床示范电站公司，董事长，教授级高级工程师

甘　政：四川白马循环流化床示范电站公司，高级工程师

谢　雄：四川白马循环流化床示范电站公司，高级工程师

许世森：华能集团科技部，主任，教授级高级工程师

刘入维：华能集团科技部，副处长，高级工程师

陈　锋：华能国际电力股份有限公司玉环电厂，董事长、党委书记，教授级高级工程师

张　欢：华能集团清洁能源技术研究院有限公司，高级工程师

曹学兴：华能集团华能澜沧江水电公司，高级主管，高级工程师

余记远：华能集团华能澜沧江水电公司，高级主管，高级工程师

任永强：华能集团华能清洁能源研究院，绿色煤电部主任，高级工程师

王瑞超：华能（天津）煤气化发电有限公司，高级工程师

王　超：华能澜沧江水电公司，高级主管，高级工程师

王鹤鸣：大唐集团科技创新部，主任，教授级高级工程师

赵兴安：大唐集团，高级工程师

唐宏芬：大唐集团新能源科学技术研究院太阳能研究所，副所长，高级工程师

李国华：大唐集团科学技术研究总院，院长，教授级高级工程师

李兴旺：内蒙古大唐国际托克托发电有限责任公司，副总经理，教授级高级工程师

董树青：大唐集团，高级主管，高级工程师

赵计平：内蒙古大唐国际托克托发电有限责任公司，高级工程师

龙　泉：大唐集团，主任工程师，高级工程师

夏怀祥：大唐集团新能源科学技术研究院，副院长，教授级高级工程师

陈晓彬：华电集团华电山西公司，党委书记、董事长，教授级高级工程师

杨宝银：华电集团华电乌江公司，副总经理，教授级高级工程师

湛伟杰：华电集团华电乌江公司工程管理部，主任，教授级高级工程师

6. 唐人文化团队（图册设计、综合案例撰写）

贾枝桦：唐人文化，董事长，教授级高级工程师

罗平平：唐人文化，副总经理

沈　芬：唐人文化，副总经理

苏　威：唐人文化，常务副总经理

李晓飞：唐人文化，设计总监

闫丽娜：唐人文化，经理

王浩平：唐人文化，经理

蔺苗苗：唐人文化，设计师

牛玲玲：唐人文化，经理

雷　蕾：唐人文化，设计师

7. 北京航空航天大学团队（军工系统案例撰写）

王礼恒：中国航天科技集团有限公司，中国工程院院士

王自力：北京航空航天大学，中国工程院院士

任　羿：北京航空航天大学可靠性工程研究所，副所长，研究员

冯　强：北京航空航天大学可靠性工程研究所，工程技术中心主任，副研究员

张　悦：北京航空航天大学，博士生

郭　星：北京航空航天大学，博士生

王荣阳：中国航空工业集团有限公司，政研室主任，研究员（审核人员）

汪亚卫：中国航空工业集团有限公司，原集团总工程师，研究员

张聚恩：中国航空工业集团有限公司，原集团科技部部长，航空研究院副院长，研究员

李　志：中国航空工业集团有限公司沈阳飞机设计研究所，科技委专职委员，研究员

8. 中国交建团队（交通行业案例撰写）

林　鸣：中国交建集团，中国工程院院士

刘　攀：东南大学，校党委副书记，教授级高级工程师

陈　峻：东南大学交通学院院长，教授级高级工程师

董　政：中国交建集团港珠澳项目部，副总工程师，高级工程师

徐宿东：东南大学东港航工程系，系主任，教授级高级工程师

冒刘燕：东南大学，博士生

郝建新：东南大学，博士生

刘春雨：东南大学，博士生

谢　雯：东南大学，博士生

刘考凡：东南大学，博士生

陈香橦：东南大学，博士生

韩鹏举：东南大学，博士生

刘佰文：东南大学，博士生

王奕然：东南大学，博士生

何俐烨：东南大学，博士生

吴世双：东南大学，博士生

9. 中国海油团队（海洋工程案例撰写）

谢玉洪：中国海洋石油集团有限公司，中国工程院院士

李　达：中海油研究总院工程研究设计院，结构总师，教授级高级工程师

陈国龙：中海油研究总院工程研究设计院，浮体结构高级工程师

易　丛：中海油研究总院工程研究设计院，浮体结构资深高级工程师

谢文会：中海油研究总院工程研究设计院，深水浮体首席工程师

蒋梅荣：中海油研究总院工程研究设计院，浮体高级工程师

时光志：中海油能源发展股份有限公司 LNG 船务分公司，副经理，高级工程师

傅　强：中集（烟台）来福士海洋工程有限公司设计研究院，副院长，高级工程师

全　刚：中海油研究总院钻采研究院，工程师

王杏娜：中海石油（中国）有限公司勘探部，主管，工程师

沈怀磊：中海石油（中国）有限公司勘探部，高级主管，高级工程师

王　晨：中海油研究总院勘探开发研究院，部门秘书，经济师

张春宇：中海油研究总院勘探开发研究院，沉积储层工程师

冯晨阳：中海油研究总院勘探开发研究院，实习生

10. 河钢集团团队（钢铁行业案例撰写、参与编辑编审）

殷瑞钰：钢铁研究总院，中国工程院院士

王新东：河钢集团，副总经理，首席技术官，教授级高级工程师

钟金红：河钢集团科技创新部，副总经理，正高级工程师

王　凡：河钢集团科技创新部，高级经理，高级工程师

张　倩：河钢集团《河北冶金》杂志社，社长，高级工程师

杨　楠：河钢集团科技创新部，经理，高级工程师

刘金哲：河钢集团低碳发展研究中心，研究员，高级工程师

侯长江：河钢集团低碳发展研究中心，研究员，高级工程师

郝良元：河钢集团低碳发展研究中心，研究员，高级工程师

李国涛：河钢集团低碳发展研究中心，研究员，高级工程师

刘宏强：河钢集团科技创新部，总经理，教授级高级工程师

田京雷：河钢集团低碳发展研究中心，主任，首席研究员，高级工程师

马　成：河钢材料技术研究院，博士

曹宏玮：河钢材料技术研究院，博士

刘帅峰：河钢材料技术研究院，博士

侯环宇：河钢材料技术研究院低碳发展研究中心，研究员，高级工程师

王雪琦：河钢材料技术研究院，工程师

王耀祖：北京科技大学，副教授

11. 河海大学团队（水利工程案例撰写）

王慧敏：河海大学，教授

薛刘宇：河海大学，副处长

仇　蕾：河海大学，教授

赖小莹：天津大学，副教授

薛　诗：河海大学，硕士生

吴星妍：河海大学，硕士生

庞甜甜：河海大学，硕士生

李天骄：河海大学，硕士生

马蓓文：河海大学，硕士生

王子勍：河海大学，硕士生

蔡思琴：河海大学，硕士生

贺子高：河海大学，硕士生

朱锦迪：河海大学，硕士生

刘　艺：河海大学，硕士生

余　潞：河海大学，硕士生

李佳静：河海大学，硕士生

张子千：河海大学，硕士生

陈　红：河海大学，硕士生

12. 阿里巴巴团队（云计算案例撰写）

王　坚：阿里巴巴集团技术委员会，主席，中国工程院院士

王中子：阿里巴巴集团科研项目支持办公室，高级专家，博士

13. 华为公司团队（信息行业案例撰写）

徐文伟：华为技术有限公司战略研究院，院长，正高级工程师

张宏喜：华为技术有限公司 ICT Marketing，部长

王敬源：华为技术有限公司，高级专家

金　铭：华为技术有限公司，营销专家

乔　卿：华为技术有限公司，营销专家

14. 北京大学团队（综合案例撰写、编辑编审、参与理论研究）

宋　洁：北京大学工学院，党委书记，教授

何冠楠：北京大学，助理教授

王剑晓：北京大学，助理研究员

李　治：北京大学，工程管理博士

黄　晶：北京大学，工程管理博士

王宗宪：北京大学，博士后

高　锋：北京大学，博士后

黄静思：北京大学，博士后

何　璇：北京大学，工程管理硕士

赵　岳：北京大学，工程管理硕士

侣　庚：北京大学，工程管理硕士

郑耀坤：北京大学，工程管理硕士

王先阳：北京大学，工程管理硕士

李胤臣：北京大学，工程管理硕士

王伟明：北京大学，工程管理硕士

方　隆：北京大学，工程管理硕士

冯　伟：北京大学，工程管理硕士

汪志星：北京大学，工程管理硕士

李颖溢：北京大学，工程管理硕士

赵　耀：北京大学，工程管理硕士

徐少龙：北京大学，工程管理硕士

张栩萌：北京大学，工程管理硕士

麦艺海：北京大学，工程管理硕士

肖亨波：北京大学，机械硕士

高晨宇：北京大学，中国史硕士

李逸飞：北京大学，中国史硕士

王娇培：北京大学，中国史硕士

陈榕欣：北京大学，中国史硕士

15. 中国石化团队（石化案例撰写）

孙丽丽：中国石化炼化工程集团，中国工程院院士

王基铭：中国石化集团，中国工程院院士

袁晴棠：中国石化集团，中国工程院院士

张秀东：中国石化集团工程公司，副总经理，教授级高级工程师

门宽亮：中国石化集团工程公司，高级工程师

蔡晓红：中国石油抚顺石化公司，主办，政工师

陈国瑜：中国石油抚顺石化公司，科长，政工师

毛　军：中国石油抚顺石化公司，处长，正高级政工师

张志军：中国石油独山子石化公司乙烯厂，总工程师，教授级高级工程师

周湧涛：中国石化工程建设有限公司，专业副总监，高级工程师

吴佳晨：中国石化工程建设有限公司，主办，政工师

李　真：中国石化工程建设有限公司，主办，助理经济师

范传宏：中国石化工程建设有限公司，副总经理，正高级工程师

高云忠：中国石化工程建设有限公司，副总裁，正高级工程师

王卫军：中国石化工程建设有限公司，高级项目经理，高级工程师

崔一帆：中国石化工程建设有限公司，项目经理，高级工程师

霍宏伟：中国石化工程建设有限公司，首席专家，正高级工程师

苏胜利：中国石化工程建设有限公司，首席专家，高级工程师

李可梅：中国石化工程建设有限公司，项目设计经理，高级工程师

秦永强：中国石化工程建设有限公司，总经理助理，正高级工程师

魏志强：中国石化工程建设有限公司，主任助理，正高级工程师

简　铁：中国石化工程建设有限公司，控制部副经理，高级工程师

秦有福：中国石化工程建设有限公司，项目经理，高级工程师

张宝海：中国石化工程建设有限公司施工管理部，原经理，高级工程师

邵　壮：中国石化工程建设有限公司项目执行部，副经理，高级工程师

宁　波：中国石化工程建设有限公司，高级项目经理，正高级工程师

马洪波：中国石化工程建设有限公司施工管理部，经理，高级工程师

卫　刚：中国石化工程建设有限公司土建室，主任，高级工程师

费宏民：中国石油大庆石化公司，副处长，高级工程师

杜海平：中国石化燕山石化公司，部长，高级经济师

宋鸿礼：中国石化燕山石化公司，科长，高级政工师

赵书萱：中国石化燕山石化公司，高级业务主管，高级政工师

朱嬿萍：中国石化上海石化公司，调研主管，馆员

杨祖寿：中国石化上海石化公司党委办公室，调研保密科科长，高级政工师

胡燕芳：中国石化上海石化公司党委宣传部，宣教文化科科长，经济师

李　娟：中国石化上海石化公司党委宣传部，新闻舆情科科长，记者

严　峻：上海赛科石油化工有限责任公司党群工作部，政工师

付卫东：中海油惠州石化有限公司，项目副总经理，高级工程师

赵明昌：中海油惠州石化有限公司项目设计管理部，经理，高级工程师

王辅臣：华东理工大学，博士生导师，教授

范体军：华东理工大学人文社会科学处，处长，教授

张来勇：中国寰球工程有限公司，首席技术专家，技术委员会主任，正高级工程师

李胜山：中国石油华东设计院有限公司，原总经理，正高级工程师

何　勇：中国石油广西石化分公司，常务副总经理，正高级工程师

邢忠起：中沙（天津）石化有限公司，专业经理，高级工程师

曹　群：中石化炼化工程（集团）沙特有限责任公司，部门经理，工程师

刘克伟：中石化炼化工程（集团）沙特有限责任公司，副总经理，高级工程师

俞家生：中石化炼化工程（集团）沙特有限责任公司，副总经理，高级工程师

姜　明：中国石化天津分公司，党委副书记，纪委书记，高级工程师

刘旭军：国家能源集团宁夏煤业有限责任公司建设指挥部，总指挥，正高级工程师

丁永平：国家能源集团宁夏煤业有限责任公司，副科长，高级工程师

李　丽：中国天辰工程有限公司，业务主任助理，高级工程师

石小进：中国石化集团南京化学工业有限公司化机公司党群部，副部长，高级经济师

陈登茂：中国石化集团南京化学工业有限公司，政工师

叶晓东：中国石化集团南京化学工业有限公司，执行董事，党委书记，正高级工程师

叶迎春：中国石化集团南京化学工业有限公司，党群管理高级主管，高级政工师

谭　晶：中国石化集团南京化学工业有限公司，党群管理高级专家，高级政工师

王世华：中国石化集团南京化学工业有限公司，副总经理，高级政工师

16. 湖南工商大学团队（制造工程案例撰写）

陈晓红：湖南工商大学，中国工程院院士

何继善：中南大学，中国工程院院士

唐湘博：湖南工商大学环境管理与环境政策评估中心，主任，副教授

易国栋：湖南工商大学前沿交叉学院学科科研办公室，主任，副教授

张威威：湖南工商大学前沿交叉学院教师，讲师

苏翠侠：铁建重工科技发展部，高级工程师，副总经理

龙　斌：铁建重工科技发展部掘进机事业部，执行总经理兼总工程师，高级工程师

郝蔚祺：铁建重工科技发展部，高级工程师，副总经理

秦念稳：铁建重工电气与智能研究设计院，副院长，高级工程师

张海涛：铁建重工交通工程装备事业部，总工程师兼院长，高级工程师

肖正航：铁建重工基础与前沿技术研究设计院，副院长，高级工程师

孙雪峰：铁建重工掘进机总厂，副总经理，总工程师，高级工程师

李鹏华：铁建重工科技发展部科技成果所，负责人，工程师

张帅坤：铁建重工掘进机研究设计院，副院长，高级工程师

周方建：铁建重工掘进机研究设计院，工程师，技术员

姚　满：铁建重工掘进机研究设计院，院长，高级工程师

杨书勤：铁建重工掘进机研究设计院前沿与基础所，所长，高级工程师

黄运明：三一重工泵路事业部泵送公司研究院，院长

何志伟：三一重工泵路事业部泵送公司研究院隧装研究所，所长

曹思林：三一重起事业部 CEO 办公室，副主任

李利斌：浙江三一装备有限公司研究院臂架研究所，副所长

周　平：中联重工建筑起重机械分公司研究院，科管室主任，工程

张玉柱：中联重科工程起重机分公司研发中心，技术总监，高级工程师

罗贤智：中联重科工程起重机分公司研发中心，副主任，高级工程师

屈乐宏：山河智能装备股份有限公司基础装备研究院工法研究所，副所长，工程师

彭　诚：山河智能装备股份有限公司技术中心技术市场支持部，市场调研员

赵宏强：山河智能装备股份有限公司，研究员，资深专家

陈冬良：山河智能特种装备有限公司特种装备研究总院，院长，正高级工程师

17. 能新科团队（综合案例撰写）

张建勇：能新科国际有限公司，董事长兼 CEO

张　娟：能新科国际有限公司，北美区域执行合伙人

张　英：能新科国际有限公司专家委员会，资深委员，高级建筑师，国家一级注册建筑师，注册城乡规划师

王腾飞：能新科国际有限公司，中国区联席总裁，教授级高级工程师

18. 合肥工业大学团队（综合案例撰写、编辑编审）

杨善林：合肥工业大学管理学院，中国工程院院士

梁　樑：合肥工业大学，原校长，教授

王静峰：合肥工业大学土木与水利工程学院，院长，教授

刘心报：合肥工业大学管理学院，校长助理，教授

张　强：合肥工业大学管理学院，院长，教授

张振华：合肥工业大学土木与水利工程学院，副院长，教授

胡笑旋：合肥工业大学管理学院研究生院，常务副院长，教授

李　早：合肥工业大学建筑与艺术学院，原院长，教授

李霄剑：合肥工业大学管理学院，研究员

丁　帅：合肥工业大学管理学院，教授

顾东晓：合肥工业大学管理学院，教授

项乃亮：合肥工业大学土木与水利工程学院道桥地下系副主任，研究员

汪亦显：合肥工业大学土木与水利工程学院道桥地下系副主任，教授

张爱勇：合肥工业大学土木与水利工程学院，教授

刘　武：合肥工业大学土木与水利工程学院，副教授

钟　剑：合肥工业大学土木与水利工程学院，副教授

王艳巧：合肥工业大学土木与水利工程学院水利系，支部书记，副教授

刘　广：合肥工业大学土木与水利工程学院水利系，副主任，副教授

刘佩贵：合肥工业大学土木与水利工程学院，副教授

韩　丁：合肥工业大学土木与水利工程学院，副教授

梁昌勇：合肥工业大学管理学院研究生院，副院长，教授

徐宝才：合肥工业大学食品与生物工程学院，院长，教授

陈从贵：合肥工业大学食品与生物工程学院，书记，教授

付　超：合肥工业大学管理学院，副院长，教授

姜元春：合肥工业大学管理学院，副院长，教授

高伟清：合肥工业大学物理学院，常务副院长，教授

李中军：合肥工业大学物理学院，副院长，教授

宣　蔚：合肥工业大学建筑与艺术学院，院长，教授

蒋翠清：合肥工业大学管理学院，教授

刘业政：合肥工业大学管理学院，教授

罗　贺：合肥工业大学管理学院，教授

焦建玲：合肥工业大学管理学院，教授

周开乐：合肥工业大学管理学院，教授

李贝贝：合肥工业大学土木与水利工程学院，研究员

郅伦海：合肥工业大学土木与水利工程学院建工系，主任，教授

赵春风：合肥工业大学土木与水利工程学院建工系，副主任，教授

袁海平：合肥工业大学土木与水利工程学院，教授

欧阳波：合肥工业大学管理学院，研究员

高　鹏：合肥工业大学土木与水利工程学院，研究员

蒋翠侠：合肥工业大学管理学院，教授

赵　菊：合肥工业大学管理学院，教授

周　谧：合肥工业大学管理学院，教授

柴一栋：合肥工业大学管理学院，教授

周　啸：合肥工业大学土木与水利工程学院，副研究员

胡中停：合肥工业大学土木与水利工程学院，副教授

莫杭杰：合肥工业大学管理学院，副教授

彭张林：合肥工业大学管理学院，副教授

蔡正阳：合肥工业大学管理学院，副研究员

马华伟：合肥工业大学管理学院，副教授

王国强：合肥工业大学管理学院，副教授

周志平：合肥工业大学管理学院，副教授

孙见山：合肥工业大学管理学院，副教授

丁　勇：合肥工业大学管理学院，副教授

孙春华：合肥工业大学管理学院，副教授

陆文星：合肥工业大学管理学院，副教授

赵树平：合肥工业大学管理学院，副教授

刘军航：合肥工业大学管理学院，副教授

付　红：合肥工业大学管理学院，副教授

王晓佳：合肥工业大学管理学院，副教授

李方一：合肥工业大学管理学院，副教授

杨冉冉：合肥工业大学管理学院，副教授

李兰兰：合肥工业大学管理学院，副研究员

罗　彪：合肥工业大学管理学院，教授

杨远俊：合肥工业大学物理学院，副研究员

黎启国：合肥工业大学建筑与艺术学院，副教授

唐晓凤：合肥工业大学食品与生物工程学院，副教授

苗　敏：合肥工业大学食品与生物工程学院，副教授

贺为才：合肥工业大学建筑与艺术学院，副教授

徐　震：合肥工业大学建筑与艺术学院，副教授

曹海婴：合肥工业大学建筑与艺术学院，副教授

19. 解放军火箭军研究院团队（导弹系统工程案例撰写）

李贤玉：解放军火箭军研究院，中国工程院院士，教授

王道军：解放军火箭军研究院，室副主任，研究员

张连伟：解放军火箭军研究院，室副主任，副研究员

安庆杰：解放军火箭军研究院，副研究员

王　昊：解放军火箭军研究院，副研究员

皮嘉立：解放军火箭军研究院，助理研究员

姜　伟：解放军火箭军研究院，副研究员

20. 中国铁路总公司团队（铁道工程案例撰写）

卢春房：中国铁道科学研究院，中国工程院院士

傅志寰：中国铁道科学研究院，中国工程院院士

孙永福：中国铁道科学研究院，中国工程院院士

何华武：中国工程院，中国工程院院士

田京芬：中国铁道学会，副秘书长，高级工程师

贾光智：中国铁道科学研究院信息所，副所长，研究员

史俊玲：中国铁道科学研究院，部门副主任，研究员

李子豪：中国铁道科学研究院，研究实习员

杜晓洁：中国铁道科学研究院，助理研究员

刘　坦：中国铁道科学研究院，研究实习员

方　奕：中国铁道科学研究院，副研究员

刘曲星：中国铁道科学研究院，研究实习员

郭　静：中国铁道学会，工程师

马成贤：中国铁道学会，高级工程师

王　德：中国铁道学会，正高级工程师

苏全利：国家铁路局，原副局长，正高级工程师

张　航：国家铁路局，工程师

才　凡：中国铁路文联，原秘书长，正高级政工师

21. 煤炭团队（煤炭行业案例撰写）

金智新：太原理工大学，中国工程院院士

凌　文：国家能源投资公司，中国工程院院士

韩　进：中煤平朔集团有限公司，总工程师，高级工程师

刘俊昌：中煤平朔集团有限公司，副总工程师兼生产技术部主管，高级工程师

张荣江：中煤平朔集团有限公司生产技术部，技术员，工程师

肖　平：抚顺矿业集团有限责任公司，总经理，教授级高级工程师

张千宇：抚顺矿业集团有限责任公司，科长，高级工程师

王世军：抚顺矿业集团有限责任公司，调研员，工程师

杨　真：国能神东煤炭集团布尔台煤矿，矿长，高级工程师

曹　军：国能神东煤炭集团布尔台煤矿，总工程师，工程师

杨永亮：国能神东煤炭集团布尔台煤矿，副总工程师，工程师

刘兆祥：国能神东煤炭集团补连塔煤矿，总工程师，工程师

李金刚：国能神东煤炭集团补连塔煤矿生产办，主任，工程师

范文胜：国能神东煤炭集团补连塔煤矿生产办，副主任，高级工程师

王　炜：国能准能集团有限责任公司，高级主管，高级工程师

李福平：国能准能集团有限责任公司，高级主管，高级工程师

李海滨：国能准能集团有限责任公司，副科长，工程师

何长文：黑龙江龙煤鸡西矿业集团有限责任公司宣传部，常务副部长，高级工程师

刘维久：黑龙江龙煤鸡西矿业集团有限责任公司，原《鸡西矿工报》编辑，主任记者

王　学：黑龙江龙煤鸡西矿业集团有限责任公司，原《鸡西矿工报》编辑，主任编辑

毛培柱：黑龙江龙煤鹤岗矿业有限责任公司兴安煤矿综合办公室，副主任，助理政工师

张茂秋：黑龙江龙煤鹤岗矿业有限责任公司兴安煤矿宣传部，原部长，教授级高级政工师

关立国：黑龙江龙煤鹤岗矿业有限责任公司兴安煤矿技术部，副部长，高级工程师

闫朝斌：开滦（集团）有限责任公司开滦档案馆，馆长，高级工程师

许　斌：开滦（集团）有限责任公司开滦档案馆，副馆长，高级政工师

赵　彤：开滦（集团）有限责任公司开滦档案馆，科长，英语副译审

刘树弟：开滦（集团）有限责任公司开滦技术中心，主任，正高级工程师

王福强：开滦（集团）有限责任公司开滦技术中心，科长，高级经济师

雷贵生：陕煤集团黄陵矿业集团有限责任公司，党委书记，董事长，教授级高级工程师

王鹏飞：陕煤集团黄陵矿业集团有限责任公司，党委副书记，总经理，教授级高级工程师

李团结：陕煤集团黄陵矿业集团有限责任公司，总工程师，高级工程师

闫敬旺：陕煤集团神木柠条塔矿业有限公司，党委书记，董事长，正高级政工师

王建文：陕煤集团神木柠条塔矿业有限公司，总工程师，正高级工程师

陈　菲：陕煤集团神木柠条塔矿业有限公司，副部长，工程师

杨　征：陕西小保当矿业有限公司，党委书记，董事长，总经理，高级工程师

梁　旭：陕西小保当矿业有限公司，副总经理，总工程师，高级工程师

张慧峰：陕西小保当矿业有限公司，主管，工程师

王向阳：徐州矿务集团有限公司资产开发管理部，部长，研究员，高级工程师

任　毅：徐州矿务集团有限公司资产开发管理部资产开发科，副科长，中级经济师

蔡光琪：中煤平朔集团有限公司，矿长，教授级高级工程师

李国君：抚顺矿业集团有限责任公司，总工程师，教授级高级工程师

贺安民：国能神东煤炭集团布尔台煤矿，院长，教授级高级工程师

22. 中国空间技术研究院团队（空间站案例撰写）

杨　宏：中国空间技术研究院，中国工程院院士

陈国宇：航天科技集团五院人力资源部，副部长，研究员

周昊澄：中国空间技术研究院，工程师

张　昊：中国空间技术研究院，空间站系统主任设计师，研究员

23. 船舰团队（舰船案例撰写）

刘　合：中国石油勘探开发研究院，中国工程院院士

张金麟：中国船舶集团有限公司，中国工程院院士

林　枫：中国船舶集团有限公司七〇三所，所长，研究员

李名家：中国船舶集团有限公司燃气轮机事业部，党总支书记，研究员

徐文燕：中国船舶集团有限公司院士办，主任，研究员

李雅军：中国船舶集团有限公司燃烧技术中心，主任，研究员

刘　勋：中国船舶集团有限公司，高级工程师

刘世铮：中国船舶集团有限公司，工程师

张智博：中国船舶集团有限公司，高级工程师

纪宏志：中国船舶集团有限公司，副总冶金师，高级工程师

左艳军：中国船舶集团有限公司，副主任，研究员

潘　俊：中国船舶集团有限公司，研究员

吴　炜：中国船舶集团有限公司，副主任，研究员

刘　薇：中国船舶集团有限公司，高级工程师

胡　震：中国船舶集团有限公司，船舶集团首席专家，研究员

王　帅：中国船舶集团有限公司，高级工程师

韩　龙：中国船舶集团有限公司，高级工程师

吴思伟：中国船舶集团有限公司，高级工程师

袁红良：沪东中华造船（集团）有限公司，副所长，教授级高级工程师

屠佳樱：沪东中华造船（集团）有限公司，工程师

24. 华中科技大学团队（建筑行业等案例撰写，参与理论研究）

丁烈云：华中科技大学，中国工程院院士

孙　峻：华中科技大学，副教授

陈晓明：上海建工集团股份有限公司，总工程师，教授级高级工程师

樊　剑：华中科技大学，副教授

陈　珂：华中科技大学，副教授

董贺轩：华中科技大学，教授

高　翔：华中科技大学，博士生

杨清章：华中科技大学，硕士生

郁政华：上海市机械施工集团有限公司，副主任，高级工程师

郑　俊：上海市机械施工集团有限公司，高级工程师

邵　泉：广州市建筑集团有限公司，副总工程师，教授级高级工程师

邵　茂：北京城建集团有限责任公司，工程总承包项目总工程师，高级工程师

25. 鞍钢集团团队（冶金工程案例撰写）

邵安林：鞍钢集团矿业有限公司，中国工程院院士

雷平喜：鞍钢集团矿业有限公司，总工程师，教授级高级工程师

尹升华：北京科技大学，院长，教授

柳小波：北京科技大学，主任，教授

寇　玉：北京科技大学，副主任，教授

韩　斌：北京科技大学，副教授

曲福明：北京科技大学，副主任，副教授

荆洪迪：北京科技大学，副研究员

张永存：鞍钢集团矿业有限公司，工会副主席，高级经济师

丛培勇：鞍钢集团矿业有限公司，调研主任，政工师

26. 中国中车团队（机车等案例撰写）

王　军：中国中车，副总裁，教授级高级工程师

曲天威：中国中车，副总兼总工师，教授级高级工程师

李　敏：中国中车，行政部长，教授级高级工程师

吴胜权：中国中车，副总兼总工师，教授级高级工程师

沙　淼：中国中车，总工程师，教授级高级工程师

梁建英：中国中车，主任，教授级高级工程师

于跃斌：中国中车，主任，教授级高级工程师

赵明元：中国中车，副院长，教授级高级工程师

张新宁：中国中车，总工程师，教授级高级工程师

侯　波：中国中车，副主任，教授级高级工程师

田　钢：中车工业研究院有限公司，技术总监，教授级高级工程师

刘　昱：中车工业研究院有限公司，行政部长，教授级高级工程师

汪琳娜：中车工业研究院有限公司，工程师

徐　磊：中车青岛四方机车车辆股份有限公司，总工师，教授级高级工程师

林　松：中车青岛四方机车车辆股份有限公司，主任设计师，教授级高级工程师

王　浩：中车青岛四方机车车辆股份有限公司，首席设计师，教授级高级工程师

林　鹏：中车青岛四方机车车辆股份有限公司，技术中心书记，教授级高级工程师

王树宾：中车长春轨道客车股份有限公司，总体部部长，教授级高级工程师

邓　海：中车长春轨道客车股份有限公司，中车科学家，教授级高级工程师

王　超：中车长春轨道客车股份有限公司，技术专家，教授级高级工程师

陈澍军：中车唐山机车车辆有限公司，总体部部长，教授级高级工程师

宋焕民：中车唐山机车车辆有限公司，总体部副部长，高级政工师

吴可超：中车唐山机车车辆有限公司，主管，高级政工师

张宗康：中车大连机车车辆有限公司，总体部副部长，高级工程师

苏屹峰：中车大连机车车辆有限公司，工程师

宁　娜：中车大连机车车辆有限公司，高级经济师

27. 核武器团队（核武案例撰写）

范国滨：中国工程物理研究院，中国工程院院士

李　静：中国工程科技创新战略研究院，助理研究员

毛朋成：中国工程科技创新战略研究院，研究生

彭现科：中国工程科技创新战略研究院，副秘书长

曹晓阳：中国工程科技创新战略研究院，副研究员

28. 中国信息安全测评中心团队（信息工程案例撰写）

黄殿中：中国信息安全测评中心国际关系学院，中国工程院院士

王　标：中国信息安全测评中心国际关系学院，教授

巩朋贤：中国信息安全测评中心国际关系学院，研究生

信　欣：中国信息安全测评中心国际关系学院，研究生

袁　艺：中国信息安全测评中心国际关系学院，研究生

29. 解放军总医院（301 医院）团队（医院建设案例撰写）

李晓雪：解放军总医院（301 医院），主任，副主任医师

王彬华：解放军总医院（301 医院），工程师

郝昱文：解放军总医院（301 医院），副主任，高级工程师

马延爱：解放军总医院（301 医院），主管护师

南　杰：解放军总医院（301 医院），助理工程师

吉巧丽：解放军总医院（301 医院），助理研究员

30. 中国石油大学（北京）团队（能源案例撰写）

张来斌：中国石油大学（北京），中国工程院院士

张　磊：中国石油大学（北京），副教授

徐凌波：中国石油大学（北京），硕士生

赵潇楠：中国石油大学（北京），硕士生

杨　潇：中国石油大学（北京），硕士生

聂中华：中国石油大学（北京），硕士生

31. 中国地质大学（北京）团队（深井工程案例撰写）

孙友宏：中国地质大学（北京），中国工程院院士

李　冰：中国地质大学（北京），副教授

李亚洲：中国地质大学（北京），讲师

PavelTalalay：吉林大学极地科学与工程研究院，院长，教授

孙宝江：中国石油大学（华东），教授

刘洪涛：塔里木油田公司油气工程研究院，院长，高级工程师

周　波：塔里木油田公司油气工程研究院，副院长，高级工程师

赵　力：塔里木油田公司油气工程研究院，副所长，高级工程师

唐　斌：塔里木油田公司油气工程研究院，副主任，工程师

张绪亮：塔里木油田公司油气工程研究院，副主任，工程师

32. 卫星团队（卫星案例撰写）

杨长风：中国卫星导航系统管理办公室，中国工程院院士，正高级工程师

王慧林：中国卫星导航系统管理办公室，主管
蔡洪亮：中国卫星导航系统管理办公室，高级工程师
曹坤梅：中国卫星导航系统管理办公室，高级工程师

33. 东旭集团团队（综合案例撰写）

李　青：旭新光电科技有限公司，董事长
斯沿阳：旭新光电科技有限公司，技术总监，高级工程师
王世岚：东旭集团有限公司，高级经理，工程师
郝　艺：东旭集团有限公司，高级经理，工程师
王丽红：东旭集团有限公司，技术总监，高级工程师
李瑞佼：东旭集团有限公司，高级经理，工程师
郑　权：东旭集团有限公司，总经理，工程师
王耀君：东旭集团有限公司精密玻璃研究院，院长，高级工程师
张紫辉：河北工业大学，教授
张勇辉：河北工业大学，教授
王玉乾：石家庄旭新光电科技有限公司，项目部部长
史　俭：石家庄旭新光电科技有限公司，项目部职员
陈志强：石家庄旭新光电科技有限公司，工程师
任晟冲：石家庄旭新光电科技有限公司，技术部主管
刘广旺：石家庄旭新光电科技有限公司，工程师
何怀胜：芜湖东旭光电科技有限公司，副总经理，高级工程师

34. 冶金工业规划研究院团队（综合案例撰写）

殷瑞钰：钢铁研究总院，中国工程院院士
李新创：冶金工业规划研究院，原院长，正高级工程师
姜晓东：冶金工业规划研究院，副院长，正高级工程师
王定洪：冶金工业规划研究院，总设计师，正高级工程师
高　升：冶金工业规划研究院，总设计师，处长，高级工程师
李　闯：冶金工业规划研究院，总设计师，正高级工程师
李晋岩：冶金工业规划研究院，总设计师，高级工程师
安成钢：冶金工业规划研究院，总设计师，高级工程师
周园园：冶金工业规划研究院，高级工程师
樊　鹏：冶金工业规划研究院，副处长，高级工程师
高　金：冶金工业规划研究院，高级工程师
谢　迪：冶金工业规划研究院，高级工程师
刘彦虎：冶金工业规划研究院，高级工程师
张　明：冶金工业规划研究院，副主任，高级工程师
武建国：冶金工业规划研究院，高级工程师

35. 中国石油规划总院团队（管道系统工程案例撰写）

黄维和：中国石油规划总院，国家管网研究总院，中国工程院院士，教授级高级工程师
关中原：国家管网研究总院，《油气储运》杂志社社长，教授级高级工程师

（工作人员未计入名单）

36. 中国航发团队（航天飞行器案例撰写）

曹建国：中国航空发动机研究院，集团董事长，中国工程院院士

向　巧：中国航空发动机研究院，副总经理，中国工程院院士

李　明：中国航空发动机研究院，高级工程师

朱大明：中国航空发动机研究院，教授级高级工程师

付　玉：中国航空发动机研究院，工程师

谭　米：中国航空发动机研究院，工程师

刘翠玉：中国航空发动机研究院，工程师

廖忠权：中国航空发动机研究院，高级工程师

刘博维：中国航空发动机研究院，工程师

晏武英：中国航空发动机研究院，高级工程师

37. 环境规划院团队（环境工程案例撰写）

王金南：生态环境部环境规划院，中国工程院院士

雷　宇：生态环境部环境规划院，所长，研究员

王夏晖：生态环境部环境规划院，副总工，研究员

王　东：生态环境部环境规划院，副总工，研究员

徐　敏：生态环境部环境规划院，首席专家，研究员

张文静：生态环境部环境规划院，研究员

彭硕佳：生态环境部环境规划院，高级工程师

张　鹏：生态环境部环境规划院，工程师

王　波：生态环境部环境规划院，主任，副研究员

郑利杰：生态环境部环境规划院，工程师

车璐璐：生态环境部环境规划院，助理研究员

颜亦磊：浙江省能源集团有限公司，主管，工程师

吕佳慧：浙江天地环保科技股份有限公司，经济师

金　军：浙江浙能嘉华发电有限公司，主管，高级工程师

38. 中国水利科学研究院团队（水利工程案例撰写）

王建华：中国水利水电科学研究院，副院长，正高级工程师

张　诚：国际洪水管理大会常设秘书处，主任，正高级工程师

吕　娟：中国水利水电科学研究院减灾中心，主任，正高级工程师

李文洋：中国水利水电科学研究院国际合作处，翻译

陈　娟：中国水利水电科学研究院国际合作处，高级工程师

张洪斌：中国水利水电科学研究院减灾中心，高级工程师

毕吴瑕：中国水利水电科学研究院减灾中心，高级工程师

穆　杰：中国水利水电科学研究院减灾中心，高级工程师

王　刚：中国水利水电科学研究院减灾中心，正高级工程师

王　力：中国水利水电科学研究院减灾中心，高级工程师

李云鹏：中国水利水电科学研究院减灾中心，高级工程师

周　波：中国水利水电科学研究院减灾中心，正高级工程师

39. 成都理工大学团队（综合案例撰写、参与编辑编审）

刘清友：成都理工大学，书记，教授

许　强：成都理工大学，校长，教授

范宣梅：成都理工大学地质灾害防治与地质环境保护国家重点实验室，副主任，研究员

赵伟华：成都理工大学环境与土木工程学院地质工程系，系副主任，副教授

王运生：成都理工大学环境与土木工程学院地质工程系，教授

林汐璐：成都理工大学地质灾害防治与地质环境保护国家重点实验室，讲师

罗永红：成都理工大学环境与土木工程学院地质工程系，系主任，教授

吉　锋：成都理工大学环境与土木工程学院地质工程系，教授

马春驰：成都理工大学环境与土木工程学院地质工程系，教授

张　岩：成都理工大学环境与土木工程学院地质工程系，研究员

罗　璟：成都理工大学环境与土木工程学院地质工程系，研究员

崔圣华：成都理工大学环境与土木工程学院地质工程系，副教授

陈婉琳：成都理工大学环境与土木工程学院地质工程系，讲师

刘　明：成都理工大学环境与土木工程学院地质工程系，讲师

王　丹：成都理工大学环境与土木工程学院地质工程系，讲师

汤明高：成都理工大学环境与土木工程学院土木工程系，系主任，教授

赵　华：成都理工大学环境与土木工程学院土木工程系，系副主任，副教授

高涌涛：成都理工大学环境与土木工程学院土木工程系，副教授

朱思宇：成都理工大学环境与土木工程学院土木工程系，副教授

武东生：成都理工大学环境与土木工程学院土木工程系，研究员

李　延：成都理工大学环境与土木工程学院土木工程系，副教授

焦　彤：成都理工大学环境与土木工程学院土木工程系，副教授

李龙起：成都理工大学环境与土木工程学院土木工程系，教授

吕　龙：成都理工大学环境与土木工程学院土木工程系，副教授

陈　旭：成都理工大学环境与土木工程学院土木工程系，副教授

钟志彬：成都理工大学环境与土木工程学院土木工程系，副教授

袁维光：成都理工大学环境与土木工程学院土木工程系，讲师

魏振磊：成都理工大学环境与土木工程学院土木工程系，研究员

黄　健：成都理工大学环境与土木工程学院土木工程系，副主任，副教授

解明礼：成都理工大学环境与土木工程学院地质工程系，讲师

夏明垚：成都理工大学地质灾害防治与地质环境保护国家重点实验室，研究员

赖琪毅：成都理工大学地质灾害防治与地质环境保护国家重点实验室，助理研究员

闫帅星：成都理工大学地质灾害防治与地质环境保护国家重点实验室，研究员

陈　政：成都理工大学地质灾害防治与地质环境保护国家重点实验室，研究员

陈　明：成都理工大学地质灾害防治与地质环境保护国家重点实验室，研究员

王剑超：成都理工大学地质灾害防治与地质环境保护国家重点实验室，助理研究员

赵建军：成都理工大学地质灾害防治与地质环境保护国家重点实验室，副主任，教授

高继国：成都理工大学党委组织部，副部长，学校党校副校长，副教授

黄　寰：成都理工大学学术期刊中心、商学院应用经济系，教授

40. 中国地质科学院团队（有色金属矿产案例撰写）

王安建：中国地质科学院，首席科学家，教授

刘　云：中国地质科学院，教授级高级工程师

41. 中国石油长庆油田团队（综合案例撰写、参与编辑编审）

何江川：中国石油天然气股份有限公司，教授级高级工程师

王京锋：长庆油田，教授级高级工程师

刘　涛：长庆油田党委办公室，副主任，政工师

杨　卫：长庆油田企管法规部，副主任，高级政工师

王　浩：长庆油田政策研究二室，主管，工程师

范　敏：长庆油田机关党总支，书记，工会主席，高级政工师

杨彦春：长庆油田党委宣传部，干事，高级政工师

何昕睿：长庆油田党委办公室，副主任，工程师

李　林：长庆油田党委办公室，副主任，工程师

李云鹏：长庆油田，工程师，干事

王　琳：长庆油田党委宣传部，干事，助理政工师

42. 西安交通大学团队（综合案例撰写）

汪应洛：西安交通大学，中国工程院院士，教授，博士生导师

钟　晟：国家发改委与西安交通大学共建改革试点探索与评估协同创新中心，研究员

徐立国：国家发改委与西安交通大学共建改革试点探索与评估协同创新中心，研究员

郑维博：国家发改委与西安交通大学共建改革试点探索与评估协同创新中心，研究员

周　勇：西安交通大学汪应洛院士研究团队，高级工程师

魏　航：西安交通大学汪应洛院士研究团队，高级工程师

43. 上海外高桥团队（邮轮案例撰写）

王　琦：上海外高桥造船有限公司，党委书记（董事长），正高级工程师

陈　刚：上海外高桥造船有限公司，总经理，正高级工程师

周　琦：上海外高桥造船有限公司，副总经理，高级工程师

许艳霞：上海外高桥造船有限公司，成本总监／企划部部长，正高级经济师